# 伟大推销员的成功之道

郭玲玲◎主编

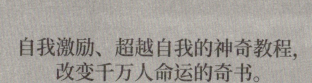

自我激励、超越自我的神奇教程，
改变千万人命运的奇书。

团结出版社

图书在版编目（CIP）数据

伟大推销员的成功之道 / 郭玲玲主编． —北京：
团结出版社，2018.1
　　ISBN 978-7-5126-5924-7

　　Ⅰ．①世… Ⅱ．①郭… Ⅲ．①推销—基本知识 Ⅳ.
①F713.3

中国版本图书馆 CIP 数据核字（2017）第 310914 号

出　　版：团结出版社
　　　　　（北京市东城区东皇根南街 84 号　邮编：100006）
电　　话：(010) 65228880　65244790（出版社）
　　　　　(010) 65238766　85113874　65133603（发行部）
　　　　　(010) 65133603　　（邮购）
网　　址：http：//www.tipress.com
E－mail：65244790@163.com（出版社）
　　　　　fx65133603@163.com（发行部邮购）
经　　销：全国新华书店
印　　刷：北京中振源印务有限公司
开　　本：165 毫米×235 毫米　16 开
印　　张：20
印　　数：5000 册
字　　数：260 千
版　　次：2018 年 1 月第 1 版
印　　次：2018 年 6 月第 2 次印刷
书　　号：978-7-5126-5924-7
定　　价：59.00 元

# 前　言

做一个好的推销员什么最重要？答案可能有很多种：人脉、技能、技巧、机会等，似乎每一个都不可或缺，但其中最重要的有 3 个，即经验、方法和知识。为了让梦想成功的推销员获得这三项必备的成功"武器"，我们推出了这本《伟大推销员的成功之道》，其内容全面、案例生动、方法实用，让读者一册在手，即可轻松赢得推销的成功。

学习别人的经验，可以避免重蹈覆辙。我们在"世界上最伟大的推销员"部分精选了全球"销售之冠"乔·吉拉德、日本"推销之神"原一平、20 世纪"推销宗师"法兰克·贝特格等世界顶尖级的推销大师的推销经验、人生智慧和成功之道。在本书中，神奇的推销大师原一平教给你发现顾客、留住顾客的秘诀。他告诉我们，发现顾客、赢得顾客只是第一步，管理好客户资源，让老顾客为你开发新客户才是伟大的推销员应该掌握的基本功。被吉尼斯世界纪录誉为"世界上最伟大的推销员"的乔·吉拉德，他告诉每一个销售员："If I can do it, you can!"他教会了我们如何把任何东西卖给任何人……他们的人生智慧和成功经验被全世界亿万从事推销的人士所推崇和学习，被公认为培养和打造最优秀推销员的活的范例和最佳工具。

在这些世界上最伟大的推销员的思想智慧、人生传奇的引领、感召和指导下，无数的推销员从平凡走向卓越，改变了人生命运。这些大师们在从事推销中所具备的心态、修养、品质、习惯、方法、技巧等，给广大的推销员提供了良好的参考范本，为他们提升个人的修养和素质，改进销售的习惯和方法，迅速提升推销能力和业绩，更好地完善和成就自我提供了极为宝贵的指导和帮助。学习他们成功的经验，对向往成功的你必将大有裨益。

运用正确的做事方法，可以让你事半功倍。在现代市场经济条件下，无论是对企业还是对营销人员而言，要想在激烈的竞争中脱颖而出，必然要透彻地理解营销，娴熟地应用营销工具。营销方法是对营销实践的科学总结，是处理特定问题的利器，了解与掌握各种营销方法已经成为企业管理者必备的商业素质，更是营销人员成就事业的必修课。

本书"世界上最伟大的营销方法"部分从营销环境分析、市场机会选择、确定产品竞争优势、价格定位与营销推广、市场营销策略、营销执行与管理等方面精选了最有效的营销方法，涵盖营销工作的整个流程。这些方法集中体现了营销大师和商业精英们的经营智慧和营销艺术，其高效性经过了实践的反复检验，可以帮助企业和营销人员解决营销中遇到的各种难题，更科学地作出营销工作中的各项重大决策，从而渡过危机，创造辉煌业绩。

不断充实自己，获取新知，可以使思考延伸，找到正确的方向，增加你前进的愿望和动力。在商业领域，市场营销学是一门最具有综合性的学科。要想成为推销员中的佼佼者，必须具备一定的专业知识，不断提升自己。所以我们在"世界上最伟大的营销书"部分选取了一些最有影响力的营销书，对它们的核心内容和作者做了详细介绍。

这些书籍的作者都是市场营销的专家，他们在市场营销领域提出了很多新的观点。其中很多作家的名字如奥格·曼狄诺、菲利普·科特勒和汤姆·霍普金斯等读者可谓耳熟能详，这些书的确发展和挑战了现有的市场营销理论和实践。

其中杰弗里·吉特莫的《销售圣经》通过精彩的案例分析、幽默的工作方式、细微的情景处理不断影响和改变着管理、销售人员的职业观念，为千百万销售人员提高业绩立下了汗马功劳。汤姆·霍普金斯和劳拉·拉曼合著的《就这样成为销售冠军》结束了数以万计彷徨在销售领域的人们被动、无奈的局面，给在失败线上挣扎的销售人员以巨大的鼓励，使他们具有了走向成功、成为冠军销售员的信心。菲利普·科特勒和特里亚斯·德贝斯在他们的合著书《水平营销》中介绍了水平营销的概念，从而帮助公司避免在研发新产品时落入分割现有市场而非发展新市场的困境。在《关系营销》一书中，里吉斯·麦克纳第一个描述了市场营销等式中变化的客户作用……

本书的三个部分"世界上最伟大的推销员""世界上最伟大的营销方法""世界上最伟大的营销书"给读者提供了成为伟大的推销员必备的三件利器。每个梦想成功的人都可以从《伟大推销员的成功之道》中广征博取，借鉴营销大师的经验教训，找到最适合自己的营销观念、策略和技巧，显著提高自己的营销水准，踏上成功之路，赢得财富。

# 目　录

## 上篇　世界上最伟大的推销员

**第一章　奥格·曼狄诺教你怎样成为最伟大的推销员** ……………………… 2

用全心的爱迎接今天 ………………………………………… 2

将坚持不懈直到成功 ………………………………………… 8

是自然界伟大的奇迹 ………………………………………… 13

永远沐浴在热情之中 ………………………………………… 21

珍惜生命中的每一天 ………………………………………… 24

在困境中寻找机遇 …………………………………………… 30

每晚反省自己的行为 ………………………………………… 34

要控制情绪笑遍世界 ………………………………………… 38

**第二章　原一平给推销员的 9 个忠告** ………………………… 43

培养自身，做一个有魅力的人 ……………………………… 43

处处留心，客户无处不在 …………………………………… 45

关心客户，重视每一个人 …………………………………… 48

**第三章　乔·吉拉德能将商品卖给任何人的秘密** ……………… 52

让产品成为你的爱人 ………………………………………… 52

精心地准备销售工具 ………………………………………… 56

记录与客户交流的信息 ……………………………………… 59

使用气味来吸引顾客 ………………………………………… 62

抓住顾客心理促成交易 ……………………………………… 65

全方位获取销售信息 ………………………………………… 69

积极为成交做好准备 ………………………………………… 73

成功结束推销的艺术 ………………………………………… 77

**第四章　贝特格无敌推销术** ················· 83

听到"不"时要振作 ················· 83

最重要的销售秘诀 ················· 90

在极短时间内达成销售 ················· 93

必须学会的销售技巧 ················· 97

如何确保顾客的信任 ················· 101

让人们愿意和你交流 ················· 104

不要害怕失败 ················· 108

**第五章　托德·邓肯告诉你如何成为销售冠军** ················· 111

排练法则—排练好销售这幕剧 ················· 111

靶心法则—开发高回报的顾客 ················· 116

杠杆法则—让对手成为杠杆 ················· 121

求爱法则—用真诚打动顾客 ················· 125

钩子法则——吸引顾客守候到底 ················· 129

催化法则——建立成熟的客户关系 ················· 134

## 中篇　世界上最伟大的营销方法

**第一章　营销环境分析** ················· 140

市场调研 ················· 140

外部宏观环境分析 ················· 144

外部微观环境分析 ················· 146

企业内部环境分析 ················· 150

市场机会分析法 ················· 152

环境威胁机会矩阵 ················· 155

市场潜力分析 ················· 159

销售预测分析法 ················· 162

市场占有率分析法 ················· 164

核心能力分析法 ················· 168

**第二章　市场机会选择** ················· 172

竞争对手界定法 ················· 172

竞争性路径分析法 ················· 175

消费者购买决策行为分析法 ……………………… 179

组织采购行为分析法 ……………………………… 183

市场细分营销 ……………………………………… 186

利益细分法 ………………………………………… 189

目标市场选择法 …………………………………… 191

第三章　确定产品竞争优势 ………………………… 195

产品生命周期及其营销策略 ……………………… 195

品牌定位四步法 …………………………………… 199

产品与品牌的关系模型 …………………………… 203

品牌延伸策略 ……………………………………… 205

产品概念测试法 …………………………………… 208

产品组合策略 ……………………………………… 212

ABC 分析法 ………………………………………… 216

第四章　价格定位与营销推广 ……………………… 219

成本加成定价法 …………………………………… 219

目标收益定价法 …………………………………… 221

边际成本定价法 …………………………………… 223

随行就市定价法 …………………………………… 225

认知价值定价法 …………………………………… 227

逆向定价法 ………………………………………… 230

动态定价法 ………………………………………… 232

价格调整策略 ……………………………………… 234

促销组合策略制定法 ……………………………… 238

广告促销策略 ……………………………………… 241

销售促进策略 ……………………………………… 244

## 下篇　世界上最伟大的营销书

一　《销售圣经》 …………………………………… 250

二　《销售巨人》 …………………………………… 264

三　《就这样成为销售冠军》 ……………………… 282

四　《营销管理》 …………………………………… 296

# 上篇

## 世界上最伟大的推销员

# 第一章 奥格·曼狄诺教你怎样 成为最伟大的推销员

## 用全心的爱迎接今天

爱心是一宗大财产，爱心的力量是伟大的，它是使你拥有成功的最珍贵的东西。对一个推销员来说，爱是一支很好的利箭。

### 一、爱心是一笔很大的财富

有位名叫海菲的少年，一心想要推销掉一件上好的袍子，好有机会成为伟大的商人，和自己心爱的女孩在一起，可是最终他却把这样一件对自己意义重大、十分珍贵的袍子送给了一个在山洞中冻得发抖的婴孩。

正是少年这种善良的本性感动了上苍，他最终得到了 10 张珍贵的羊皮卷，上面写着关于推销艺术的所有秘诀，使这位少年最终成为世界上最伟大的推销员，并建立起了显赫一世的商业王国。

这就是爱的力量，唯有爱才是幸福的根源，唯有爱才是令你成功的最深层的动力。为此，你若想追求幸福，就请慷慨地向人间遍洒你的普世之爱吧。

在"羊皮卷"中这样写道：

"我要用全身心的爱迎接今天。

"因为，这是一切成功的最大秘诀。武力能够劈开一块盾牌，甚至毁掉生命，唯有爱才具有无与伦比的力量，使人们敞开心灵。在拥有爱的艺术之前，我只是商场上的无名小卒。我要让爱成为我最重要的武器，没有人能抗拒它的威力。

"我的观点，你们也许反对；我的话语，你们也许怀疑；我的穿着，你们也许不赞成；我的长相，你们也许不喜欢；甚至我廉价出售的商品都可能使你们将信将疑，然而我的爱心一定能温暖你们，就像太阳的光热能融化冰冷的大地。

"我将怎样面对遇到的每一个人呢？只有一种办法，我将在心里深深地为你祝福。这无言的爱会涌动在我的心中，流露在我的眼神里，令我嘴角挂上微笑，在我的声音里引起共鸣。在这无声的爱意里，你的心扉向我敞开了，你不再拒绝我推销的货物。"

这便是爱的力量，它是使你拥有成功的最珍贵的东西。

世界不能没有爱，爱对于我们就像空气、阳光和水。爱是一宗大财产，是一笔宝贵的资源，拥有了这种财产和资源，人生就会变得富有、幸福，人生就会步入成功的顶峰。

一颗善良的心，一种爱人的性情，一种坦率、诚恳、忠厚、宽恕的精神，可以说是一宗财产。百万富翁的区区财产若与这种丰富的财产相比较，便不足挂齿了。怀着这种好心情、好精神的人，虽然没有一文钱可以施舍与人，但是他们能比那些慷慨解囊的富翁行更多的善事。

假使一个人能够大彻大悟，能尽心尽力地为他人服务，为他人付出爱心，他的生命一定能获得事实上的发展。最有助于人的生命发展的莫过于从早年起就培养爱心以及懂得爱人的习惯了。

尽管大量地给予他人以爱心、同情、鼓励、扶助，然而那些东西在我们本身是不会因"给予"而有所减少的，反而会由于给人越多，我们自己也越多。我们把爱心、善意、同情、扶助给人越多，则我们所能收回的爱心、善意、同情、扶助也越多。

人生一世，所能得到的成绩和结果常常微乎其微。此中原因，就是在爱心的给予上显然不够大方。我们不轻易给予他人以我们的爱心与扶助，因此，别人也"以我们之道，还治我们之身"，以致我们也不能轻易获得他人的爱心与扶助。

常常向别人说亲热的话、常常注意别人的好处、说别人的好话，能养成这种习惯是十分有益的。人类的短处就在彼此误解、彼此指责、彼此猜忌，我们总是因他人的不好、缺憾、错误的地方而批评他人。假如人类能够减少或克服这种误解、指责、猜忌，彼此能相互亲爱、同情、扶助，那么梦寐以求的欢乐世界就能够盼望了。

有一次，一位哲学家问他的一些学生："人生在世，最需要的是什么？"答案有许多，但最后一个学生说："一颗爱心！"那位哲学家说："在'爱心'这两个字中，包含了别人所说的一切话。因为有爱心的人对于自己则能自安自足，能去做一切与己适宜的事；对于他人，他则是一个良好的伴侣和可亲的朋友。"

我们大多数人都是因为贪得无厌、自私自利的心理，以及无情、冷酷的商业行为之故，以至于目光被蒙蔽，以致只能看到别人身上的坏处，而看不到他们的好处。假如我们真能改变态度，不要一味去指责他人的缺点，而多注意一些他们的好处，则于己于人均有益处。因为由于我们的发现，他人也能感觉到他们的好处，因此感到兴奋并获得自尊，从而更加努力。假如人们彼此间都有互爱的精神，这种氛围一定可以使世界充满爱和阳光。

## 二、乐于助人，爱心用行动体现

在宾夕法尼亚州，有一段时间，当地人们最痛恨的就是洛克菲勒。被他打败的竞争者将他的人像吊在树上泄恨，充满火药味的信件如雪花般涌进他的办公室，威胁要取他的性命。他雇用了许多保镖，防止遭人杀害。他试图忽视这些仇视怒潮，有一次曾以讽刺的口吻说："你尽管踢我骂我，但我还是按照我自己的方式行事。"

但他最后还是发现自己毕竟也是凡人，无法忍受人们对他的仇视，也受不了忧虑的侵蚀。他的身体开始不行了，疾病从内部向他发动攻击，这令他措手不及、疑惑不安。

起初，"他试图对自己偶尔的不适保持秘密"，但是，失眠、消化不良、掉头发、烦恼等病症却是无法隐瞒的。最后，他的医生把实情坦白地告诉他，他只有两种选择：财富和烦恼，或是性命。医生警告他：必须在退休和死亡之间做一抉择。

他选择退休。但在退休之前，烦恼、贪婪、恐惧已彻底破坏了他的健康。美国最著名的女传记作家伊达·塔贝见到他时吓坏了。她写道："他脸上所显示的是可怕的衰老，我从未见过像他那样苍老的人。"

医生们开始挽救洛克菲勒的生命，他们为他立下 3 条规则——这是他以后奉行不渝的 3 条规则：

(1) 避免烦恼，在任何情况下绝不为任何事烦恼。

(2) 放松心情，多在户外做适当运动。

(3) 注意节食，随时保持半饥饿状态。

洛克菲勒遵守这 3 条规则，因此而挽救了自己的性命。退休后，他学习打高尔夫球、整理庭院，和邻居聊天、打牌、唱歌等。

但他同时也做别的事。温克勒说："在那段痛苦至极的夜晚里，洛克菲勒终于有时间自我反省。"他开始为他人着想，他曾经一度停止去想他能赚多少钱，开始思索那笔钱能换取多少人类的幸福。

简而言之，洛克菲勒开始考虑把数百万的金钱捐出去。有时候，做件事可真不容易，当他向一座教堂捐献时，全国各地的传教士齐声发出怒吼："腐败的金钱！"

但他继续捐献。在获知密歇根湖岸的一家学院因为抵押而被迫关闭时，他立刻展开援助行动，捐出数百万美元去援助那家学院，将它建设成为目前举世闻名的芝加哥大学。

他也尽力帮助黑人，帮助完成黑人教育家华盛顿·卡文的志愿。当著名的十二指肠虫专家史太尔博士说："只要价值5角钱的药品就可以为一个人治愈这种病，但谁会捐出这5角钱呢？"洛克菲勒捐出数百万美元消除十二指肠虫，消除了这种疾病。然后，他又采取更进一步的行动，成立了一个庞大的国际性基金会—洛克菲勒基金会，致力于消灭全世界各地的疾病、扫除文盲等工作。

洛克菲勒的善举不仅平息了人们对他的憎恨，而且产生了更为神奇的效果：许多人开始赞扬他、敬仰他，有的受了他恩惠的人甚至对他感激涕零。

其实，你我都应该感谢约翰·D. 洛克菲勒，因为在他的资助下，科学家发明了盘尼西林以及其他多种新药。它使我们的孩子不再因患脑膜炎而死亡；它使我们有能力克服疟疾、肺结核、流行性感冒、白喉和其他目前仍危害世界各地人们的疾病。

洛克菲勒把钱捐出去之后，他最后终于感到满足了。

幸福的产生与否就在于一个人的心态如何，那种善良的心、仁慈的爱能产生巨大的威力，迎来盼望的幸福。在这个地球上，只有充满着爱心的角落、家庭，才能得到幸福的光线照耀。

世界著名的精神医学家亚弗烈德·阿德勒曾经发表过一篇令人惊奇的研究报告。他常对那些孤独者和忧郁病患者说："只要你按照我这个处方去做，14天内你的孤独、忧郁症一定可以痊愈。这个处方是——每天想想，怎样才能使别人快乐？让别人感到人世间的爱心力量。"

在漫漫的人生道路上，你如果觉得自己孤寂，或者觉得道路艰难，那你就照着阿德勒的话去做，只要心中有一盏温暖的灯，就将照亮你暗淡的心灵，获得温暖，度过寒冷的冬季，跨过每一道障碍。这样你会逢凶化吉、因祸得福、获得快乐，使你远离精神科医生。因为爱的表现是无条件地付出、奉献，而最终结果是自己得到了最大的报偿。

### 三、善良是爱的初始

一家餐馆里，一位老太太买了一碗汤，在餐桌前坐下，突然想起忘记取面包。

她起身取回面包，重返餐桌。然而令她惊讶的是，自己的座位上坐着一位黑皮肤的男子，正在喝着自己的那碗汤。

这个无赖，他为什么喝我的汤？老太太气呼呼地想，可是，也许他太穷了、太饿了，还是一声不吭算了，不过，也不能让他一个人把汤全喝了。

于是，老太太装着若无其事的样子，与黑人同桌，面对面地坐下，拿起汤匙，不声不响地喝起了汤。

就这样，一碗汤被两个人共同喝着，你喝一口，我喝一口。两个人互相看看，都默默无语。

这时，黑人突然站起身，端来一大盘面条，放在老太太面前，面条上插着两把叉子。

两个人继续吃着，吃完后，各自站起身，准备离去。"再见！"老太太友好地说。"再见！"黑人热情地回答。他显得特别愉快，感到非常欣慰，因为他自认为今天做了一件好事，帮助了一位穷困的老人。黑人走后，老太太这才发现，旁边的一张饭桌上放着一碗无人喝的汤，正是她自己的那一碗。

生活就是这样纷繁复杂，人与人之间的误会、隔阂，乃至怨恨都会时常发生，只要心地善良、互谅互让，误会、怨恨也能变成令人感动和怀念的往事。

善良是一种能力，一种洞察人性中的恶的能力。善良是一种胸怀，拥有善良，就会拥有一颗平和的心，能以平和、宽容的心态去面对你所遇到的人和事。

善良不是善恶不辨、是非不分，不是对坏人坏事一味放纵、宽容、无原则地愚善，而是一种洞察世事的智慧。

善良，会让天地更宽广，万物更明丽，人生更丰盈。

一座城市来了一个马戏团，8个12岁以下的孩子穿着干净的衣裳，手牵着手排队在父母的身后，等候买票。他们不停地谈论着上演的节目，好像他们就要骑上大象在舞台上表演似的。

终于轮到他们了，售票员问要多少张票，父亲神气地回答："请给我8张小孩的、两张大人的。"

售票员说出了价格。

母亲的心颤了一下，转过头把脸垂了下来。父亲咬了咬唇，又问："你刚才说的是多少钱？"

售票员又报了一次价。

父亲眼里透着痛楚的目光，他实在不忍心告诉他身旁兴致勃勃的孩子们："我们的钱不够！"

一位排队买票的男士目睹了这一切，他悄悄地把手伸进口袋，把一张20元的钞票拿出来，让它掉到地上。然后，他蹲下去，捡起钞票，拍拍那个父亲的肩膀说："对不起，先生，你掉了钱。"

父亲回过头，明白了原因。他眼眶一热，紧紧地握住男士的手。因为这位男士在他心碎、困窘的时刻帮了他的忙："谢谢，先生。这对我和我的家庭意义重大。"

有时候，一个发自仁慈与爱的小小善行会铸就大爱的人生舞台。

善待社会、善待他人并不是一件复杂、困难的事，只要心中常怀善念，生活中的小小善行不过是举手之劳，却能给予别人很大帮助，何乐而不为呢？给迷途者指路、向落难者伸出援手，真心祝贺他的成功、真诚鼓励失意的朋友，等等，看似微不足道的举动，却能给别人带去力量，给自己带来付出的快乐和良心的安宁。

如果人人都能以善心待人，世间便会少很多纷争，多很多关爱。

## 四、爱让推销无往不胜

推销是和人打交道的工作，推销员必须具有爱心，才能得到顾客的认可，推销成功。

如果你成为客户信任的推销员，你就会受到客户的喜爱、信赖，甚至能够和客户成为亲密的朋友关系。一旦形成这种人际关系，有时客户会只因照顾你的情面，自然而然地购买商品。而要形成这种关系，就要求推销员具有爱心，注意一些寻常小事。

有位推销员去拜访客户时，正逢天空乌云密布，眼瞅着暴风雨就要来临了，这时他突然看见被访者的邻居有床棉被晒在外面，女主人却忘了出来收。那位推销员便大声喊道："要下雨啦，快把棉被收起来呀！"他的这句话对这家女主人无疑是一种至上的服务，这位女主人非常感激他，他要拜访的客户也因此十分热情地接待了他。

翰森搬家后不久，还不满 4 岁的儿子波利在一天傍晚突然失踪了，全家人分头去寻找，找遍了大街小巷，依然毫无结果。他们的恐惧感越来越强，于是，他们给警察局打了电话，几分钟后，警察也配合他们一起寻找。

翰森开着车子到商店街去寻找，所到之处，他不断地打开车窗呼唤波利的名字。附近的人们注意到他的这种行为，也纷纷加入寻找行列。

为了看波利是否已经回家，翰森不得不多次赶回家去。有一次回家看时，他突然遇到了地区警备公司的人，翰森恳求说："我儿子失踪了，能否请您和我一起去找找看？"此时却发生了完全难以令人置信的事情——那个人竟然做起了巡回服务推销表演！尽管翰森气得目瞪口呆，但那人还是照旧表演。几分钟后，翰森总算打断了那人的话，他怒不可遏地对那人说："你如果给我找到儿子，我就会和你谈巡回服务的问题。"

波利终于被找着了，但那位推销员的推销却未成功。倘若那个人当时能主动帮助翰森寻找孩子，20 分钟后，他就能够得到推销史上最容易得到的交易。

有的推销员认为爱心对推销无关紧要，这是错误的观点，正是因为你的爱心，客户才可能信任你，进而买你的产品，使你的推销成功。

因此，朋友们，请从现在起用全身心的爱来迎接明天、感谢生活吧。用爱心打开人们的心扉，让爱化作你商场上的护身符，爱会使你孤独时变得平静，绝望时变得振作。有了爱，你将成为伟大的推销员；有了爱，你将迈出成为优秀人士的第一步。

## 将坚持不懈直到成功

俗话说，坚持就是胜利，贵在持之以恒。每个人都有梦想，追求梦想需要不懈地努力。只有坚持不懈，成功才不再遥远。

### 一、坚持不懈是最基本的品质

"羊皮卷"故事中的少年海菲接受了主人的 10 张羊皮卷的商业秘诀之后，孤身一人骑着驴子来到了大马士革城，沿着喧哗的街道，他心中充满了疑虑和恐惧，尤其是曾经在伯利恒那个小镇上推销袍子的挫败感笼罩在他的心底，突然他想放弃自己的理想，他想大声地哭泣。但此刻，他的耳畔响起了主人的声音："只要决心成功，失败永远不会把你击垮。"

于是，他大声呐喊："我要坚持不懈，直到成功。"

他想起了"羊皮卷"中的箴言：

"我不是注定为了失败才来到这个世界上的，我的血脉里也没有失败的血脉在流动。我不想听失败者的哭泣、抱怨者的牢骚，我不能被它传染。失败者的屠宰场不是我人生的归宿。

"从今往后，我每天的奋斗就如同对参天大树的一次砍击，前几刀可能留不下痕迹，每一击似乎微不足道，然而，积累起来，巨树终将倒下。这正如我今天的努力。

"如同冲洗高山的雨滴、吞噬猛虎的蝼蚁、照亮大地的星辰、建造金字塔的奴隶，我也要一石一瓦地建造起自己的城堡，因为我深知水滴石穿的道理，只要持之以恒，什么都可以做到。

"我要坚持、坚持、再坚持。障碍是我成功路上的弯路，我迎接这项挑战。我要像水手一样，乘风破浪。"

坚持是一种神奇的力量，因为它几乎能够战胜一切，让你得到任何想要的东西。

开学第一天，苏格拉底对学生们说："今天我们只学一件最简单也是最容易的事儿。每人把胳膊尽量往前甩，然后再尽量往后甩。"说着，苏格拉底示范了一遍。"从今天开始，每天做 300 下。大家能做到吗？"

学生们都笑了，这么简单的事，有什么做不到的？过了一个月，苏格拉底问学生们："每天甩手 300 下，哪些同学在坚持着？"有 90% 的同学骄傲地举起了手。又过了一个月，苏格拉底又问，这回，坚持下来的学生只剩下八成。

一年过后，苏格拉底再一次问大家："请告诉我，最简单的甩手运动，还有哪几位同学坚持着？"这时，整个教室里，只有一人举起了手，这个学生就是后来的古希腊另一位大哲学家柏拉图。

世间最容易的事常常也是最难做的，最难的事也是最容易做的。说它容易，是因为只要愿意做，人人都能做到；说它难，是因为真正能做到并持之以恒的，终究只是极少数人。

半途而废者经常会说"那已足够了""这不值""事情可能会变坏""这样做毫无意义"。而能够持之以恒者会说"做到最好""尽全力""再坚持一下"。

巨大的成功靠的不是力量而是韧性，竞争常常是持久力的竞争。有恒心者往往是笑在最后、笑得最好的胜利者。

一次拍卖会上，有大批的脚踏车出售。当第一辆脚踏车开始竞拍时，站在最前面的一个不到 12 岁的男孩抢先出价："5 块钱。"可惜，这辆车被出价更高的人买走了。

稍后，另一辆脚踏车开拍，这位小男孩又出价 5 元钱。接下来，他每次都出这个价，而且不再加价。不过，5 元钱的确太少了，那些脚踏车都卖到 35 元或 40 元钱，有的甚至卖到 100 元以上。暂停休息时，拍卖员问小男孩为什么不出较高价竞争。小男孩说，他只有 5 元钱。

拍卖继续，小男孩还是给每辆脚踏车出 5 元钱。他的这一举动引起了所有人的注意，人们交头接耳地议论着他。

经过漫长的一个半小时后，拍卖快要结束了，只剩下最后一辆脚踏车，而且是非常棒的一辆，车身光亮如新，令小男孩怦然心动。拍卖员问："有谁出价吗？"

这时，小男孩依然抢先出价说："5 元钱。"

拍卖员停止唱价，静静地站在那里，观众也默不作声，没有人举手喊价。静待片刻后，拍卖员说："成交！5 元钱卖给那个穿短裤、白球鞋的小伙子。"

观众纷纷鼓掌。

小男孩脸上洋溢着幸福的光芒，拿出握在汗湿的手心里揉绉了的 5 元钱，买下了那辆无疑是世界上最漂亮的脚踏车。

好的梦想，是未来人生道路上美满成功的预示。梦想能给我们带来希望，激发我们内在的潜能，并激励我们不断为实现目标而努力。

但是，仅有梦想是不够的，还要有实现梦想的毅力和决心，把梦想变成现实要依靠不懈的努力。

执著地追求梦想和成全他人的梦想，都是人间至美的事情。

## 二、坚持不懈才能成功

多年以前，美国曾有一家报纸刊登了一则某园艺所以重金征求纯白金盏花的启事，在当地轰动一时。高额的奖金让许多人趋之若鹜，但在千姿百态的自然界中，金盏花除了金色的就是棕色的，能培植出白色的不是一件易事。所以许多人一阵热血沸腾之后，就把那则启事抛到九霄云外去了。

一晃就是 20 年，一天，那家园艺所意外地收到了一封热情的应征信和一粒纯白金盏花的种子。当天，这件事就不胫而走，引起轩然大波。

寄种子的原来是一个年已古稀的老人。老人是一个地地道道的爱花人。

20年前当她偶然看到那则启事后，便怦然心动，她不顾8个儿女的一致反对，义无反顾地干了下去。她撒下了一些最普通的种子，精心侍弄。一年之后，金盏花开了，她从那些金色的、棕色的花中挑选了一朵颜色最淡的，任其自然枯萎，以取得最好的种子。次年，她又把它种下去。然后，再从这些花中挑选出颜色最淡的花种栽种……日复一日，年复一年。终于，20年后的一天，她在那片花园中看到一朵金盏花，它不是近乎白色，也并非类似白色，而是如银如雪的白。一个连专家都解决不了的问题，在这位不懂遗传学的老人手中迎刃而解，这难道是奇迹吗？

一个做事没有耐心、没有恒心的人是很难成功的。因为任何一件事的成功都不是偶然的，它需要你耐心地等待。同样，一个人做事不坚持，他就很难看到成功，因为他在成功到来之前就放弃了。

一个人的毅力决定了他在面对困难、失败、挫折、打击时是倒下去还是屹立不动。一个人如果想把任何事进行到底，单单靠着"一时的冲劲"是不行的，还需要毅力方能成事。具有毅力的人，不达目标绝不中止。

世界潜能大师博恩·崔西曾说过："现在世界上大部分的人都处在不耐心的状态下，有许多人做行销、推销有一个非常奇怪的习惯：东边一只兔子，去追；西边有一只兔子，也去追；南边有一只兔子，去追；北边有一只兔子，还去追；追来追去，一只兔子也追不到。所以，成功永远只是耐心不耐心的问题，要成功就要坚持只去追一只兔子。"

有位国际著名的推销大师即将告别他的推销生涯，应行业协会和社会各界的邀请，他将在该城中最大的体育馆作告别职业生涯的演说。

那天，会场座无虚席，人们在热切地等待着那位当代最伟大的推销员作精彩的演讲。当大幕徐徐拉开，6个彪形大汉抬着一个巨大的铁球走到舞台的中央。

一位老者在人们热烈的掌声中走了出来，站在铁球的一边，他就是那位今天将要演讲的推销大师。

人们惊奇地望着他，不知道他要做出什么举动。

这时，两位工作人员抬着一个大铁锤，放在老者的面前。

老人请两个年轻力壮的人用这个大铁锤去敲打那个铁球，直到它滚动起来。

一个年轻人抢着铁锤，全力向铁球砸去，一声震耳的响声过后，那个铁球动也没动。他用大铁锤接二连三地敲了一段时间后，很快就气喘吁吁了。

另一个人也不甘示弱，接过大铁锤把铁球敲得丁当响，可是铁球仍旧一动不动。

台下逐渐没了呐喊声，观众好像认定那是没用的，铁锤是敲不动铁球的。他们在等着老人作出什么解释。

会场恢复了平静，老人从上衣口袋里掏出一个小锤，然后认真地面对着那个巨大的铁球。他用小锤对着铁球"咚"敲了一下，然后停顿一下，再一次用小锤"咚"敲一下，停顿一下，然后"咚"敲一下……就这样持续地用小锤敲打着。

10 分钟过去了，20 分钟过去了，会场早已开始骚动，有的人干脆叫骂起来，人们用各种声音和动作发泄着他们的不满。老人好像什么也没听见，仍然一小锤一小锤地工作着。人们开始愤然离去，会场上出现了大块大块的空缺。

大概在老人进行到 40 分钟的时候，坐在前面的一个妇女突然尖叫一声："球动了！"霎时间会场立即鸦雀无声，人们聚精会神地看着那个铁球。那球以很小的幅度真的动了起来，老人仍旧一小锤一小锤地敲着。铁球在老人一锤一锤的敲打中越动越快，最后滚动起来了，场上终于爆发出一阵阵热烈的掌声。在掌声中，老人转过身来，说："当成功来临的时候，你挡都挡不住。"

每个人生命中的每一天都要接受很多的考验，如果能够坚忍不拔、勇往直前，迎接挑战，那么你一定会成功。

希望你坚持不懈，直到成功。要相信自己天生就是为了成功而降临世界，自己的身体中只有成功的血液在流淌。你不是任人鞭打的耕牛，而是不与懦夫为伍的猛兽。千万不要被那些懦夫的哭泣和失意的抱怨所感染，你和他们不一样，你要意志坚定地做你的猛兽，才能笑傲在自己的领域！

希望你坚持不懈，直到成功。要相信生命的奖赏只会高悬在旅途的终点。你永远不可能在起点附近找到属于自己的钻石。也许你不知道还要走多久才能成功，就算当你走到一半多的时候，仍然可能遭到失败。但成功也许就藏在拐角后面，除非拐了弯，否则你永远看不到成功近在咫尺的景象。所以，要不停地向前，再前进一步，如果不行，就再向前一步。事实上，每次进步一点点并不太难。或许你这次考试只得了 50 分，而你的目标是 90 分，那么要求下一次就得到 90 分，显得不现实，而且太残酷了，但是如果要求你得到 55 分或者 60 分，并不是太难。你每次只需要比上一次好一点点，那么成功就会越来越近。

希望你坚持不懈，直到成功。从现在开始，你要承认自己每天的奋斗就像一滴水，或许明天还看不到它的用处，但是总有一天，滴水穿石。你每一天奋斗不止，就好似蚂蚁吞噬猛虎，只要持之以恒，什么都可以做到。不要小看那些仿佛微不足道的努力，没有它们，就没有你最后的辉煌。

希望你坚持不懈，直到成功。每个人都必然会面临失败，但是在勇者的字典里不允许有"放弃""不可能""办不到""没法子""行不通""没希望"……这类愚蠢的字眼。你可以失败，也可以失望，但是如果真的还想成为优秀的推销员的话，请记住：你已经不再有绝望的权利！为什么要绝望？想想自己是多么的独一无二！你需要辛勤耕耘，或许必须忍受苦楚，但是请你放眼未来，勇往直前，不用太在意脚下的障碍，在哪里跌倒，就在哪里爬起来。要相信阳光总在风雨后。

希望你坚持不懈，直到成功。你应该牢牢记住那个流传已久的平衡法则，不断鼓励自己坚持下去，因为每一次的失败都会增加下一次成功的机会。这一刻顾客的拒绝就是下一刻顾客的赞同。命运是公平的，你所经受的苦难和你将会获得的幸福是一样多的。今天的不幸，往往预示着明天的好运。深夜时分，当你回想今天的一切，你是否心存感激？要知道，或许命运就是这样，你一定要失败多次才能成功。

希望你坚持不懈，直到成功。你需要不断地尝试、尝试、再尝试。无论什么样的挑战，只要你敢面对，就有战胜的希望，因为你的潜能无限。

希望你坚持不懈，直到成功。你应该借鉴别人成功的秘诀，把过去的那些荣耀或者失败都抛到脑后。只需要抱定一个信念——明天会更好。当你筋疲力竭时，你是否可以抵制睡眠的诱惑？再试一次，坚持就是胜利，争取每一天的成功，避免以失败收场。当别人停滞不前时，你不可以放纵自己，你要继续拼搏，因为只要你的付出比别人多一点点，有一天你就会丰收。

希望你坚持不懈，直到成功！

## 是自然界伟大的奇迹

如果你把自己看成是伟人的化身，然后像伟人一样行动，那你的生命自会精彩得无与伦比。要想得到别人的重视，首先要自己重视自己，自信让你战无不胜。

## 一、自信是成功的第一秘诀

每当海菲在推销商品的过程中遇到挫折时，他会想：我是世界上独一无二的，我是上帝创造的杰作和奇迹，即使当我屡被拒绝。而且上天将这羊皮卷赐予我，我就是自然界伟大的奇迹，我将永远不再自怜自贱，而且从今天起，我要加倍重视自己的价值。

因为他相信"羊皮卷"中的真言，于是他毫无顾忌地大声诵读起来：

"我相信，我是自然界最伟大的奇迹。

"我不是随意来到这个世间的。我生来应为高山，而非草芥。从今天起，我要倾尽全力成为群峰之巅，发挥出最大的潜能。

"我要汲取前人的经验，了解自己以及手中的货物，这样才能更大程度地增加销量。我要斟酌词句，反复推敲推销时用的语言，因为这关系到事业的成败。我知道，许多成功的推销员，其实只有一套说辞，却能使他们无往不利。我还要不断改进自己的仪表和风度，因为这是最能吸引别人的关键。

"从今天起，我永远不再自怜自贱。"

有一个法国人，42 岁时仍一事无成，他自己也认为自己简直倒霉透了：离婚、破产、失业……他不知道自己的生存价值和人生意义何在。他对自己非常不满，变得古怪、易怒，同时又十分脆弱。有一天，一个吉普赛人在巴黎街头算命，他上前一试。

吉普赛人看过他的手相之后，说：

"您是一个伟人，您很了不起！"

"什么？"他大吃一惊，"我是个伟人，你不是在开玩笑吧？"

吉普赛人平静地说：

"您知道您是谁吗？"

我是谁？他暗想，是个倒霉鬼，是个穷光蛋、我是个被生活抛弃的人！

但他仍然故作镇静地问：

"我是谁呢？"

"您是伟人，"吉普赛人说，"您知道吗？您是拿破仑转世！您身上流的血、您的勇气和智慧，都是拿破仑的啊！先生，难道您真的没有发觉，您的面貌也很像拿破仑吗？"

"不会吧……"他迟疑地说，"我离婚了……我破产了……我失业了……我几乎无家可归……"

"嗨，那是您的过去，"吉普赛人只好说，"您的未来可不得了！如果先生您不相信，就不用给钱好了。不过，5年后，您将是法国最成功的人啊！因为您就是拿破仑的化身！"

他表面装作极不相信地离开了，但心里却有了一种从未有过的伟大感觉。他对拿破仑产生了浓厚的兴趣。回家后，就想方设法找与拿破仑有关的一切书籍著述来学习，渐渐地，他发现周围的环境开始改变了：朋友、家人、同事、老板，都换了另一种眼光、另一种表情对他。事情开始顺利起来。13年以后，也就是在他55岁的时候，他成了法国赫赫有名的亿万富翁。

真正的自信不是孤芳自赏，也不是夜郎自大，更不是得意忘形、自以为是和盲目乐观；真正的自信就是看到自己的强项或者说好的一面来加以肯定、展示或表达。它是内在实力和实际能力的一种体现，能够清楚地预见并把握事情的正确性和发展趋势，引导自己做得最好或更好。

自信是每一个成功人士最为重要的特质之一。

信心是我们获得财富、争取自由的出发点。有句谚语说得好："必须具有信心，才能真正拥有。"

世界酒店大王希尔顿用200美元创业起家，有人问他成功的秘诀，他说："信心。"

拿破仑·希尔说："有方向感的自信心，令我们每一个意念都充满力量。当你有强大的自信心去推动你的致富巨轮时，你就可以平步青云。"

美国前总统里根在接受《成功》杂志采访时说："创业者若抱有无比的信心，就可以缔造一个美好的未来。"

自信可以让我们成为所希望的那样，自信可以让我们心想事成。

只有先相信自己，别人才会相信你，多诺阿索说："你需要推销的首先就是你的自信，你越是自信，就越能表现出自信的品质。"一个人一旦在自己心中把自己的形象提升之后，其走路的姿势、言谈、举止，无不显示出自信、轻松和愉快，从气势上表现出可以自己做主并且冲劲十足、热情高涨、热心助人。

一个冲劲十足、热情高涨、热心助人的人绝对拥有成功的资本。

"信者"为"储"，不信者即无储，不自信就自卑，自卑就会恐惧……缺乏自信带来的后果是非常可怕的。

如果没有坚定的自信去勇于面对责难和嘲讽，去不断地尝试着动摇传统和挑战权威，那么爱迪生不可能发明电灯，莫尔斯不可能发明电报，贝尔不可能发明电话……

居里夫人说:"我们的生活多不容易,但是,那有什么关系?我们必须有恒心,尤其要有自信心,我们的天赋是用来做某件事情的,无论代价多么大,这件事情必须做到。"

汤姆·邓普西生下来的时候只有半只左脚和一只畸形的右手,父母从不让他因为自己的残疾而感到不安。结果,他能做到任何健全男孩所能做的事:如果童子军团行军 10 公里,汤姆也同样可以走完 10 公里。

后来他学踢橄榄球,他发现:自己能把球踢得比在一起玩的男孩子都远。他请人为他专门设计了一只鞋子,参加了踢球测验,并且得到了冲锋队的一份合约。

但是教练却尽量婉转地告诉他,说他"不具备做职业橄榄球员的条件",劝他去试试其他的事业。最后他申请加入新奥尔良圣徒球队,并且请求教练给他一次机会。教练虽然心存怀疑,但是看到这个男子这么自信,对他有了好感,因此就留下了他。

两个星期之后,教练对他的好感加深了,因为他在一次友谊赛中踢出了 55 码并且为本队得了分。这使他获得了专为圣徒队踢球的工作,而且在那一季中为他的球队得了 99 分。

他一生中最伟大的时刻到来了。那天,球场上坐了 6.6 万名球迷。球是在 28 码线上,比赛只剩下几秒钟。这时球队把球推进到 45 码线上。"邓普西,进场踢球!"教练大声说。

当汤姆进场时,他知道他的队距离得分线有 45 码远。球传接得很好,邓普西一脚全力踢在球身上,球笔直地向前飞去。但是踢得够远吗? 6.6 万名球迷屏住气观看,球在球门横杆之上几英寸的地方越过,接着终端得分线上的裁判举起了双手,表示得了 3 分,汤姆的球队以 19 比 17 获胜。球迷们疯狂地叫着,为踢得最远的一球而兴奋,因为这是只有半只左脚和一只畸形的手的球员踢出来的!

"真令人难以相信!"有人感叹道,但是邓普西只是微笑。他想起他的父母,他们一直告诉他的是他能做什么,而不是他不能做什么。他之所以创造了这么了不起的纪录,正如他自己说的:"他们从来没有告诉我,我有什么不能做的。"

这就是自信!

## 二、自信心能打开你内心的宝藏

著名的心理学家阿德勒博士在小时候有过一次体验，通过他的例子，完全可以说明一个人的自信心对其行为和能力会产生多大的影响。

阿德勒刚开始上学时算术很糟，老师深信他"数学脑子迟钝"，并把这一"事实"告诉了他的父母，让他们不要对儿子期望过高。他的父母也信以为真。阿德勒被动地接受了他们对自己的评价，而且他的算术成绩似乎也证明他们是对的。但是有一天，他心里闪过一个念头，觉得自己忽然解出了老师在黑板上出的一道其他人都不能解答的难题。他就把自己的想法对老师说了，老师和全班学生哄堂大笑。于是他愤愤不平地几步跨到黑板前面，把问题解了出来，使在场的人目瞪口呆。这件事情以后，阿德勒认识到自己完全可以学好算术，对自己的能力有了自信，后来他终于成为一个数学成绩出类拔萃的学生。

有一位企业家，他想在公开演说中取得成功，因为他在一个很有难度的领域有重大突破，想让大家知道这个消息。他的嗓音很好，演讲的话题也很吸引人，但他不能在陌生人面前讲话。阻碍他的原因是他的自信心不足，他认为自己讲话讲得不好，不会给听众留下好印象，仅仅是因为他不具备引人注目的外表……他"不像一个成功的企业经理人"。这种不良心理在他心上烙下了深深的痕迹。所以，每次他站在人群面前开始说话时，便受到这种心理的阻碍。他错误地得出结论：如果他能动一次手术整一下容，改善外表，他就会产生自信。

整容手术其实并不一定能够解决问题，肉体的变化并不能绝对保证个性的改变。一旦他相信正是自己的消极信念妨碍了他发表这个重要消息时，他的问题也就解决了。他成功地把消极的信念换成了积极而肯定的信念，认为他有一个极其重要的消息，而这则消息只有自己才能告诉大家，不管自己的外表如何。从那时起，他成为企业界最难得的演说家之一。而他唯一的改变只是增强自信。

每个人的内心都有一座宝藏，只有找到开启宝藏的钥匙，才能把潜能开发出来，而自信，是唯一一把开启你内心宝藏的钥匙。

艾尔墨·惠勒受某公司之聘担任推销顾问，负责销售的经理让他注意一件令人感到非常奇怪的事：有一位推销员，不管被公司派到什么地方，也不管给他定多少佣金，他平均所得总是挣够 5000 美元，不多也不少。

因为这个推销员在一个比较小的推销区干得不错，公司就派他到一个更大、更理想的地区。可是第二年，他抽得的佣金数同在小区域干的时候完全一样—5000美元。第三年，公司提高了所有推销员的佣金比例，但这位推销员还是只挣了5000美元。公司又派他到一个最不理想的地方，他照样拿到5000美元。

惠勒跟这个推销员谈过话后发现，问题的症结不在于推销区域，而在于他的自我评价。他认为自己是个"每年赚5000美元"的人。有了这个概念之后，外在环境似乎对他就没有什么影响了。

他被派到不理想的地区时，他会为5000美元而努力工作；被派到条件好的地区时，只要达到5000美元，他就有各种借口停步不前了。有一次，目标达到之后，他就生了病，那一年什么工作也没有再干。医生并没有找到生病的原因，而且，第二年一开始，他又奇迹般地恢复了健康。

所以，不管你是什么人，不管你自认为多么失败，你本身仍然具有才能和力量去做使自己快乐而成功的事。开启自身宝藏大门的金钥匙就在你自己的掌握之中。你现在就有力量做你从来不敢梦想的事，只要你能改变自己的否定信念，你马上就能得到这种力量。你要尽快地从"我不能"、"我不配"和"我不应该得到"等自我限制的观念所施行的催眠中清醒过来，以充沛的自信发掘你的成功人生。

约翰·摩根是美国的银行大王，也是哈佛人生哲学中多次引用"以自信创造成功自我"的实践者。

摩根幼年时，他父亲还是个小商人。后来家境渐渐富裕起来，他在波士顿中学毕业后，被送到德国留学。

摩根毕业回国时，他父亲已经拥有巨资，可以提携他做生意。但是少年摩根性喜独立，决心不依靠父亲。21岁的摩根时常说："不错，我是乔爱斯·摩根的儿子，但我并不想借此而站立在世界上，我要成为一个独立的男子汉。"

就是由于这份自信，摩根不凭父荫，进入纽约的达卡西玛银行实习，从底层做起，掌握了国际间的复杂贸易关系和世界金融的微妙趋势。

摩根最为人乐道的事迹就是在1900年12月12日接受查理斯·舒瓦普的建议，说服铁路大王卡内基将他的公司出售，又和7家制钢公司订立合同，成立了工业史上最庞大的大钢铁托拉斯，支配足足25万名工人。

一个人的潜能就像水蒸气一样，其形其势无拘无束，谁都无法用有固定形状的瓶子来装它。而要把这种潜能充分地发挥出来，就一定要有坚定的自信力。

## 三、对自己充满信心

推销人员的自信心就是在推销过程中相信自己一定能够取得成功，如果你没有这份信心，你就不用做推销人员了。

乔·坝多尔弗说："信心是推销人员胜利的法宝。在推销过程的每一个环节，自信心都是必要的成分。"

说明白一点儿，推销就是与形形色色的人打交道的工作。既然是形形色色的人，就肯定会有财大气粗、权位显赫的人物，也会有博学多才、经验丰富的客户，推销人员在与这些人打交道的时候，难免会把自己与他们进行比较，可那又何苦呢？他们还是需要我们，需要我们向他们推销产品。你只有树立强烈的自信心，才能最大程度地发挥自己的才能，赢得他们的信任和欣赏，说服他们，最后使他们心甘情愿地掏腰包。

推销是最容易受到客户拒绝的工作，如果你不敢面对它，没有战胜它的自信，那你肯定得不到成绩，你也将永远被客户拒绝。面对客户的拒绝，你只有抱着"说不定什么时候，我一定会成功"的坚定自信——即使客户横眉冷对，表示厌烦，也信心不减，坚持不懈地拜访他，肯定会有所收获。

同时，推销是需要你四处奔波的工作。并且，如果你整天忙忙碌碌，说破了嘴皮还是没有取得成效，而其他的推销人员成绩斐然，自己除了一身臭汗什么都没有，就往往会对自己失去信心，殊不知，你离成功只有那么一丁点儿的距离了。

坚持，就是有信心，对自己说："我一定能成功，我就是一名出色的推销人员。"

有一位顶尖的杂技高手，一次，他参加了一个极具挑战的演出，这次演出的主题是在两座山之间的悬崖上架一条钢丝，而他的表演节目是从钢丝的这边走到另一边。杂技高手走到悬在山上钢丝的一头，然后注视着前方的目标，并伸开双臂，慢慢地挪动着步子，终于顺利地走了过去。这时，整座山响起了热烈的掌声和欢呼声。

"我要再表演一次，这次我要绑住我的双手走到另一边，你们相信我可以做到吗？"杂技高手对所有的人说。我们知道，走钢丝靠的是双手的平衡，而他竟然要把双手绑上！但是，因为大家都想知道结果，所以都说："我们相信你，你是最棒的！"杂技高手真的用绳子绑住了双手，然后用同样的方式，一步、两步……终于又走了过去。"太棒了，太不可思议了！"所有的人都报以热烈的掌声。但没想到的是，杂技高手又对所有的人说："我再表演一次，这次我同样绑住双手，然后再把眼睛蒙上，你们相信我可以走过去吗？"所有的人都说："我们相信你！你是最棒的！你一定可以做到！"

杂技高手从身上拿出一块黑布蒙住了眼睛，用脚慢慢地摸索到钢丝，然后一步一步地往前走，所有的人都屏住呼吸，为他捏一把汗。终于，他走过去了！表演好像还没有结束，只见杂技高手从人群中找到一个孩子，然后对所有的人说："这是我的儿子，我要把他放到我的肩膀上，我同样还是绑住双手、蒙住眼睛走到钢丝的另一边，你们相信我吗？"所有的人都说："我们相信你！你是最棒的！你一定可以走过去的！"

"真的相信我吗？"杂技高手问道。

"相信你！真的相信你！"所有人都这样说。

"我再问一次，你们真的相信我吗？"

"相信！绝对相信你！你是最棒的！"所有的人都大声回答。

"那好，既然你们都相信我，那我把我的儿子放下来，换上你们的孩子，有愿意的吗？"杂技高手说。

这时，整座山上鸦雀无声，再也没有人敢说相信了。

现实中，许多人说："我相信我自己，我是最棒的！"当我们在喊这些口号时，我们是否真的相信自己？我们会不会一出门或遇到一点困难，就忘掉刚才所喊的这句话呢？

自信是一种可贵的心理品质，它一方面需要培养，另一方面也要依赖知识、体能、技能的储备。

在培养自信时，要注意以下两点：

一是注重暗示的作用。"暗示"是一个心理学名词，主要指人的主观感受、主观意识对人的行为的一种引导、控制作用。在做一件事情之前，心中默念"我能干好"或"我能行"之类的话，这样可使自己从心理上放松，久而久之也逐渐地培养了自信的品质。

二是从行为方式上给人以自信的印象。行为方式是人的思想品质的外在体现，如果行动上畏畏缩缩，或者不知所措，很难令人把你同自信联系起来。与人谈话时，要看着对方的眼睛（当然不能死死地盯着），不躲避对方的目光；说话时要尽量清晰而有条理地表达，不让声音憋在嗓子里。如果对要表述的内容心中没底，就预演一番，这样心里就有把握了。

知识、技能的储备是自信的基础，具备了足够的知识和实际能力，自信就会发自内心，不必强装。否则，越是显得自信，就越是不自信。

只有自己真的相信自己，才能让别人相信你。

# 永远沐浴在热情之中

真正的热情意味着你相信你所干的一切是有目的的。你坚定不移地去实现你的目的，你有火一样燃烧的愿望，它驱使你去达到你的目标，直到你如愿以偿。

## 一、热情是行动的信仰

英格兰一个小镇上竖立着一座雕像，用来纪念英式橄榄球的起源。雕像是一个年轻男孩，急切地弯腰捡起地上的足球。雕像底座刻着一句铭文："他不顾规则，捡起球来拼命向前跑。"

这是一个真实发生的故事。两所高中正进行一场激烈的足球竞赛，离终场只剩几分钟，一名没有经验的男孩首次被换上球场。他求胜心切，忘记不可用手触摸足球的规定，他弯腰捡起球，铆足劲往对方球门猛冲。裁判和其他球员都惊讶地愣在原地，观众却被这男孩的精神感动，起立鼓掌欢呼。

这件偶发事件就是橄榄球运动的起源。显然这项新式运动并不是经过长久讨论研究而创生的，而是因为一个热情男孩的错误而诞生的。

一个人热情的能力来自于一种内在的精神特质。你唱歌，因为你很快乐，而在唱歌的同时你又变得更快乐。热情就像微笑一样，是会传染的。

一个人对于生活没有热情、没有激情，他的生活是枯燥无趣的。

一个人对于工作没有热情、没有激情，他的工作是没有效率的。

一个人没有热情、没有激情，他的人际关系是很糟糕的，没有人愿意跟一个没有任何激情的人在一起。激情会带来力量，激情会感染别人。

## 二、热忱是助你成功的神奇力量

俄亥俄州克里夫兰市的史坦·诺瓦克下班回到家里，发现他最小的儿子提姆又哭又叫地猛踢客厅的墙壁。小提姆第二天就要开始上幼儿园了，他不愿意去，就这样以示抗议。按照史坦平时的作风，他会把孩子赶回自己的卧室去，让孩子一个人在里面，并且告诉孩子他最好还是听话去上幼儿园。由于已了解了这种做法并不能使孩子欢欢喜喜地去幼儿园，史坦决定运用刚学到的知识：热忱是一种重要的力量。

他坐下来想：如果我是提姆的话，我怎么样才会乐意去上幼儿园？他和太太列出所有提姆在幼儿园里可能会做的趣事，例如画画、唱歌、交新朋友，等等。然后他们就开始行动，史坦对这次行动作了生动的描绘："我们都在饭厅桌子上画起画来，我太太、另一个儿子鲍勃和我自己都觉得很有趣。没有多久，提姆就来偷看我们究竟在做什么事，接着表示他也要画。'不行，你得先上幼儿园去学习怎样画。'我以我所能鼓起的全部热忱、以他能够听懂的话，说出他在幼儿园中可能会得到的乐趣。第二天早晨，我一起床就下楼，却发现提姆坐在客厅的椅子上睡着。'你怎么睡在这里呢？'我问。'我等着去上幼儿园，我不要迟到。'我们全家的热忱已经鼓起了提姆内心里对上幼儿园的渴望，而这一点是讨论或威胁、责骂都不可能做到的。"

热忱并不是一个空洞的名词，它是一种重要的力量。也许你的精力不是那么充沛，也许你的个性不是那么坚强，但是一旦你有了热忱，并好好地利用它，所有的这一切都可以克服。你也许很幸运地天生即拥有热忱，或者不太走运，必须通过努力才能获得。但是，没有关系，因为发展热忱的过程十分简单——从事自己喜欢的工作。如果你现在仍在感叹自己是多么讨厌推销员这份差事的话，那么还有两个办法让你拥有热忱：你现在是否正在从事自己的理想职业？你可以把它作为你的目标，但是不要忘了，你想从事的任何其他工作的前提是你拥有一个成功的基础，那就是你先要做一个成功的推销员。只有这样，你所梦想的那些高层工作才会向你招手。或者你现在依然是浑浑噩噩，你甚至不知道自己喜欢什么样的工作，那么还有一个办法，很简单，那就是你完全可以让自己爱上这份工作！想想看，你为什么讨厌它，或许你根本没有发现你所从事的工作的本质。

热忱是一种状态，夸张地说就是你 24 小时不断地思考一件事，甚至在睡梦中仍念念不忘。当然，如果真的这样，你会神经衰弱的。然而，这种专注对你的梦想实现来说却很重要。它可以使你的欲望进到潜意识中，使你无论是清醒或是昏睡，都时时刻刻专注自己的目标，使你有获得成功的坚强意志。热忱可使你释放出潜意识的巨大力量。通常来讲，在认知的层次，一个普通人是无法和天才竞争的。但是，大多数的心理学家都赞同这样一个观点：潜意识的力量要比有意识的大得多。也许你已经毕业奋斗了好几年，还是一个小角色，但是请相信自己：一旦将潜意识的力量挖掘，你就可以创造奇迹。

如果你现在仍旧可能不时地受到怯懦、自卑或恐惧的袭击，甚至被这些不正常心理所击倒，那么只能说明你还没有发现和感受到热忱的放射力量。其实在每个人身上都有强大的潜力，只是并非每个人都知道和了解，所以很多人的潜力只是未被发现和利用罢了。你若经常或多或少有自卑感，常常低估自己，对自己失去信心，缺少热忱，那么请尝试相信自己的健康、精力与忍耐力，尝试相信自己具有强大的潜在力量，这种自信将会给予你极大的热忱。请记住：热爱自己就会帮助自己成功。

热忱可以使人成功，使人解决似乎难以解决的难题；同理，没有热忱就不会成功，很多活生生的例子就说明了这一点。

"十分钱连锁商店"的创办人查尔斯·华尔渥兹说过："只有对工作毫无热忱的人才会到处碰壁。"查尔斯·史考伯则说："对任何事都没有热忱的人，做任何事都不会成功。"

当然，这是不能一概而论的，譬如一个毫无音乐才气的人，不论如何热忱和努力，都不可能变成一位音乐界的名家。但凡是具有必需的才气，有着可能实现的目标，并且具有极大热忱的人，做任何事都会有所收获，不论物质上或精神上都是一样。

关于这点，我们可以引用著名的人寿保险推销员法兰克·贝特格的一些话加以说明。以下是贝特格在他的著作中所列出的一些经验之谈：

"当时是 1907 年，我刚转入职业棒球界不久，就遭到有生以来最大的打击，因为我被开除了。我的动作无力，因此球队的经理有意要我走人。他对我说：'你这样慢吞吞的，哪像是在球场混了 20 年？法兰克，离开这里之后，无论你到哪里做任何事，若不提起精神来，你将永远不会有出路。'

"本来我的月薪是 175 美元，离开之后，我参加了亚特兰斯克球队，月薪减为 25 美元。薪水这么少，我做事当然没有热情，但我决心努力试一试。待了大约 10 天之后，一位名叫丁尼·密亨的老队员把我介绍到新凡去。在新凡的第一天，我的一生有了一个重要的转变。

"因为在那个地方没有人知道我过去的情形，我就决心变成新英格兰最具热忱的球员。为了实现这点，当然必须采取行动才行。

"我一上场，就好像全身带电。我强力地投出高速球，使接球的人双手都麻木了。记得有一次，我以强烈的气势冲入三垒，那位三垒手吓呆了，球漏接，我就盗垒成功了。当时气温高达华氏 100 度，我在球场奔来跑去，极可能中暑而倒下去。

"这种热忱所带来的结果，真令人吃惊——

"我心中所有的恐惧都消失了，发挥出意想不到的技能；

"由于我的热忱，其他的队员跟着热忱起来；

"我不但没有中暑，在比赛中和比赛后，还感到从没有如此健康过。

"第二天早晨，我读报的时候，兴奋得无以复加。报上说：'那位新加进来的贝特格无异是一个霹雳球手，全队的人受到他的影响，都充满了活力。他们不但赢了，而且是本季最精彩的一场比赛。'

"由于热忱的态度，我的月薪由 25 美元提高为 185 美元，多了 7 倍。

"在往后的 2 年里，我一直担任三垒手，薪水加到 30 倍之多。为什么呢？就是因为一股热忱，没有别的原因。"

后来贝特格的手臂受了伤，不得不放弃打棒球。接着，他到菲特列人寿保险公司当保险员，整整一年多都没有什么成绩，因此很苦闷。但后来他又变得热忱起来，就像当年打棒球那样。

再后来，他成了人寿保险界的大红人，不但有人请他撰稿，还有人请他演讲自己的经验。他说："我从事推销已经 30 年了。我见到许多人，由于对工作抱着热忱的态度，使他们的收入成倍数地增加起来。我也见到另一些人，由于缺乏热忱而走投无路。我深信，唯有热忱的态度，才是成功推销的最重要因素。"

如果热忱对任何人都能产生这么惊人的效果，对你我也应该有同样的功效。

所以，可以得出如下的结论：热忱的态度，是做任何事必需的条件。我们都应该深信此点。任何人，只要具备这个条件，都能获得成功，他的事业，必会飞黄腾达。


## 珍惜生命中的每一天


浪费时间是生命中最大的错误，也是最具毁灭性的力量。大量的机遇就蕴含在点点滴滴的时间当中。浪费时间往往是绝望的开始，也是幸福生活的扼杀者……明天的幸福就寄寓在今天的时间中。

### 一、浪费时间等同于挥霍生命

在美国近代企业界里，与人接洽生意能以最少时间产生最大效率的人，非金融大王摩根莫属，为了珍惜时间，他招致了许多怨恨。

摩根每天上午9点30分准时进入办公室，下午5点回家。有人对摩根的资本进行了计算后说，他每分钟的收入是20美元，但摩根说好像不止这些。所以，除了与生意上有特别关系的人商谈外，他与人谈话绝不超过5分钟。

通常，摩根总是在一间很大的办公室里与许多员工一起工作，他不是一个人待在房间里工作，摩根会随时指挥他手下的员工，按照他的计划去行事。如果你走进他那间大办公室，是很容易见到他的，但如果你没有重要的事情，他是绝对不会欢迎你的。

摩根能够轻易地判断出一个人来接洽的到底是什么事。当你对他说话时，一切转弯抹角的方法都会失去效力，他能够立刻判断出你的真实意图。这种卓越的判断力使摩根节省了许多宝贵的时间。有些人本来就没有什么重要事情需要接洽，只是想找个人来聊天，而耗费了工作繁忙的人许多重要的时间。摩根对这种人简直是恨之入骨。

一位作家在谈到"浪费生命"时说："如果一个人不争分夺秒、惜时如金，那么他就没有奉行节俭的生活原则，也不会获得巨大的成功。而任何伟大的人都争分夺秒、惜时如金。"

人人都须懂得时间的宝贵，"光阴一去不复返"。当你踏入社会开始工作的时候，一定是浑身充满干劲的。你应该把这份干劲全部用在事业上，无论你做什么职业，你都要努力工作、刻苦经营。如果能一直坚持这样做，那么这种习惯一定会给你带来丰硕的成果。

歌德这样说："你最适合站在哪里，你就应该站在哪里。"这句话是对那些三心二意者的最好忠告。

明智而节俭的人不会浪费时间，他们把点点滴滴的时间都看成是浪费不起的珍贵财富，把人的精力和体力看成是上苍赐予的珍贵礼物，它们如此神圣，绝不能胡乱地浪费掉。

无论是谁，如果不趁年富力强的黄金时代去培养自己善于集中精力的好性格，那么他以后一定不会有什么大成就。世界上最大的浪费，就是把一个人宝贵的精力无谓地分散到许多不同的事情上。一个人的时间有限、能力有限、资源有限，想要样样都精、门门都通，绝不可能办到，如果你想在某些方面取得一定成就，就一定要牢记这条法则。

## 二、珍惜时间使生命更加珍贵

时间就是金钱，时间就是生命本身，时间也是独一无二的，对每个人来说都是只有一次的宝贵资源。每个人的人生旅途都是在时间长河中开始的，每个人的生命都是随着时间的发展而发展的。只有那些能够把握时间、会利用时间的人，才能最早接近成功的终点。时间总是在不经意间悄悄溜走，如果不去主动抓住它，它永远不会停留。世界上只有一种东西平等地属于每一个人，那就是时间，在时间面前没有高低贵贱之分。由于对时间利用的差异，才有了贫富贵贱的差别。

瑞士是世界上第一个实行电子户籍卡的国家。只要有婴儿降生，医院就会立刻用计算机网络查看他是这个国家的第多少位成员，然后，这个孩子就拥有了自己的户籍卡，在这个户籍卡上标明了他的姓名、性别、出生日期、家庭住址等信息。与其他国家不同的是，每一个初生的孩子都有财产这一栏，因为他们认为孩子降临到这个世上就是一笔伟大的财富。

一次，一个电脑黑客入侵了瑞士的户籍网络，他希望为自己在瑞士注册一个虚拟的儿子。在填写财产这一栏时，他随便敲了一个数——5万瑞士法郎。

当填完了一切表格的时候，他满意极了。但他没有想到，自认为天衣无缝的行动在第二天就被发现了。

奇怪的是，发现这个可疑孩子的并不是瑞士的户籍管理人员，而是一位家庭主妇。

那位妇女在互联网上为自己新出生的女儿注册时，发现排在她前面的那个孩子的个人财产一栏写的是5万瑞士法郎，这引起了她的怀疑，因为所有的瑞士人在自己的孩子个人财产这一栏上写的都是"时间"。瑞士人认为时间是孩子一生的财富。

所以哪怕你出生在一个经济拮据的家庭，只要你还年轻，依然对生活抱有希望，那你就是一个富有的人。

对于一个人来说，生命是他最重要的。一个生命降临到这个世界上，在以后的日子里，他要走过几十年的时间，而时间是他最初带来的，也就是他最初的财富。时间在一分一秒地过去，他的生命也在一点一点地减少，财富也就随之减少了。

有的人用一生的时间追求权力和金钱，但是到最后，当他们不再年轻的时候，才知道原来时间就是他最大的财富，拥有一切的时候却发现自己变穷了，因为时间不会再回来，他失去了最初的财富。

人们说时间就是金钱，这种说法低估了时间的价值，时间远比金钱更宝贵——通常如此。即使我们富可敌国，也不会为自己买下比任何人多一分钟的时间。

许多伟人为什么能够名垂千古？一个重要的原因就在于他们非常珍惜时间。他们在一生有限的时间里争分夺秒地为实现他们的人生目标不停地努力、奋斗、进步。意大利文艺复兴时期，几乎所有的文学创作者同时又都是勤奋工作、兢兢业业的商人、医生、政治家、法官或是士兵。

以现在人均寿命 70 岁计算，人一生将占有 60 多万个小时，即使除去休息时间也有 35 万多个小时。而就一生的时间而言是不断减少的，但是人对实际时间的利用和发挥是不一样的，因而实际生命的长短也是不一样的。所以对于挤时间的人来说，时间却又是在不断增加的，甚至是成倍地增加。

时间像是海绵，要靠一点一点地挤；时间更像边角料，要学会合理利用，一点一滴地积累。

一个男子走进富兰克林的书店，拿起一本书问店员："这本书要多少钱?"

"1 美元。"店员答道。

"要 1 美元?"那个徘徊良久的人惊呼道，"太贵了，你能不能便宜一点?"

"没法便宜了，这本书写得很好，就得 1 美元。"店员微笑着答道。

这个人又盯了那本书一会儿，然后问道："你们的老板富兰克林先生在店内吗?"

"在，"店员回答说，"他正在印刷间里忙。"

"哦，那很好，我想见一见他。"这个男子说道。

书店的老板富兰克林被店员叫了出来，这个人扬了扬手中的书，再一次问："富兰克林先生，请问这本书的最低价是多少?"

"1.2 美元。"富兰克林斩钉截铁地回答道。

"1.2 美元! 怎么可能呢? 刚才你的店员还只要 1 美元，你怎么可以这样做呢?"

"没错，"富兰克林说道，"但是你耽误了我的宝贵时间，这个损失比 1 美元要大得多。"

这个男子非常诧异，但是，为了尽快结束这场由他自己引起的小小的风波，他再次问道："是吗，那么请你告诉我这本书的最低价好吗？"

"1.5美元。"富兰克林重复道，"1.5美元！"

"这是怎么了？刚才你自己不是说了只要1.2美元吗？"

"是的，"富兰克林回答，"可是到现在，我因此所耽误的工作和损失的价值要远远大于1.5美元。"

这个男子沉思了一下，默不作声地把钱放在柜台上，拿起书离开了书店。因为他从富兰克林身上得到了一个有益的教训：从某种程度上来说，时间就是财富，时间生产价值。

富兰克林说："如果想成功，就必须重视时间的价值。"

浪费自己的时间是自杀，浪费别人的时间是谋财害命。

人生由时间组成，不珍惜时间就是不珍惜自己的生命。而有时候，我们不但自己不在意时间的宝贵，而且还拖累别人跟自己去消磨时间。这是一件很残忍的事情，同时也是不道德和不尊重人的表现。

你可能没有莫扎特的音乐天赋，也没有比尔·盖茨那般富有，但是有一样东西，你拥有的和别人一样多，那就是时间。每个人每天都拥有24个小时，所不同的是，有的人会有效地利用时间、合理地安排时间，从闲暇中找出时间。

人生，其实就是和时间赛跑，人人都有可能是胜利者。只有不参加的人，才是失败者。

## 三、学做时间的主人

一天，时间管理专家为一群商学院的学生讲课。

"我们来个小测验。"专家拿出一个一加仑的广口瓶放在桌上。随后，他取出一堆拳头大小的石块，把它们一块块地放进瓶子里，直到石块高出瓶口再也放不下了。他问："瓶子满了吗？"所有的学生应道："满了。"他反问："真的满了吗？"说着他从桌下取出一桶沙子，倒了一些进去，并敲击玻璃壁使沙子填满石块间的间隙。

"现在瓶子满了吗？"这一次学生有些明白了，"可能还没有。"一位学生应道。"很好！"他伸手从桌下又拿出一桶再细的沙子，把沙子慢慢倒进玻璃瓶，沙子填满了石块的所有间隙。他又一次问学生："瓶子满了吗？""没满！"学生们大声说。然后专家拿过一壶水倒进玻璃瓶直到水面与瓶口齐平。他望着学生，"这个例子说明了什么？"一个学生举手发言："它告诉我们：无论你的时间多么紧凑，如果你真的再加把劲，你还可以干更多的事！"

"不，那还不是它的寓意所在。"专家说，"这个例子告诉我们，如果你不先把大石块放进瓶子里，那么你就再也无法把它们放进去了。那么，什么是你生命中的'大石块'呢？你的信仰、学识、梦想，或是和我一样，传道授业解惑。千万要记住，得先去处理这些'大石块'，否则你就将悔恨终生。"

上天是公平的，上帝给每个人的时间一样多，每个人一天的时间都是 24 小时，一天都是 86400 秒，没有谁比谁多一分钟，亦没有谁比谁少一分钟。时间一样多，但人的成就却不一样大，为什么？就是因为对于时间的态度和管理策略不同。

除了把大部分时间和主要精力运用于重要事情上以外，还要学会利用琐碎时间。

工作与工作之间总会出现时间的空当，人们都会在每件事情与事情之间浪费琐碎的片段时间，例如等车、等电梯、搭飞机，甚至上厕所时，或多或少都会有片刻的空闲时间，如果我们不善加利用，这些时间就会白白溜走；倘若能够善加利用，积累起来的时间所产生的效果也是非常可观的。推销员在等公共汽车时总有近 10 分钟的空当时间，若是毫无目标地与人闲聊或四下张望，就是缺乏效率的时间运用。如果每天利用这 10 分钟等车的时间想一想自己将要拜访的客户、想一想自己的开场白、对自己的下一步工作做一下安排，那么，你的推销工作一定能顺利展开。不要小看不起眼的几分钟，说不定正是由于这几分钟的策划，你的推销就取得了成功。

妥善地规划行程也是有效利用时间的方法。

在时间的运用上，最忌讳的是缺乏事前计划，临时起意，想到哪里就做到哪里，这是最浪费时间的。推销员拜访客户时，从甲客户到丙客户的行程安排中遗漏了两者中间还有一个乙客户的存在，等到拜访完丙客户时，才又想到必须绕回去拜访乙客户，这就是事先未做好妥善的行程规划所致，如此一来，做事的效率自然事倍功半。另外，某些私人事务也可以在拜访客户的行程中顺道完成，来减少往返时间的浪费。例如，交水电费、交电话费、寄信、买车票等，因此一份完整的行程安排表是不可或缺的。

要做时间的主人还要有积极的时间概念。

凡事必须定出完成的时间，才会迫使自己积极地掌握时间，有句俗话说："住得近的人容易晚到。"其原因是住得近，容易忽略时间。例如，一些推销员为了方便上班，在离公司一步之遥的地方租房子，因为很快就可以到达公司，但也容易养成磨磨蹭蹭的坏习惯，结果往往是快迟到的时候才惊觉时间已经来不及了。事实上，不是时间不够用，而是因为消极的心态让你疏忽了时间的重要性。因此，要改变自己的想法，就必须用正确而积极的态度面对时间管理，要求自己凡事都得限时完成，如此，事情才会一件接着一件地完成，这才是有效率的工作。

时间是最容易取得的资源，因为容易取得，所以我们也就容易轻视它的存在而恣意浪费，这种习惯会降低我们生存的价值。以最简单的数学概念来计算，如果我们每天浪费 1 小时，1 年下来就浪费了 365 小时，1 天 24 小时中扣除 8 小时的休息时间，以 16 小时当作 1 天来计算，365 个小时等于 22 天，10 年下来就有 220 天，大约等于浪费了 1 年的可用时间，所以 1 个活到 70 岁的人若是每天浪费了 1 小时，其中就有接近 7 年的时间是白活了，想起来真是十分可怕的事！我们还能毫无限制地让时间溜走而不懂得把握吗？

推销员是可以自由支配自己时间的人，如果自己没有时间概念，不能有效地管理好自己的时间，那么推销的成功就无从谈起。

# 在困境中寻找机遇

困境是一所培养人才的学校，人生路上的磨难能成就辉煌人生。逆风飞行需要勇气，要时时调整心态，积极走出困境。

## 一、困境让你更坚强

逆境是人生中一所最好的学校。每一次失败、每一次挫折、每一次磨难都孕育着成功的萌芽。这一切都教会他在下一次的表现中更为出色。他不会对失败耿耿于怀，不会逃避现实，不会拒绝从以往的错误中汲取教训。教训是来自苦难的精华，生活中最可怕的事情是不断重复同样的错误。每个人都要避免发生这样的事情，逆境往往是通向真理的重要路径。为了改变处境，他随时准备学习所需要的一切知识。

无论何时，当他被可怕的失败击倒，在每一次的痛苦过去之后，他要想方设法将失败变成好事。人生的机遇就在这一刻闪现……这苦涩的根脉必将迎来满园的花团锦簇。

困境对我们每个人都是一种考验，面对逆境，不同的人会有不同的表现。

勇敢地面对它，并努力去解决它，困境会让你更坚强。

## 二、磨难成就辉煌人生

深山里有两块石头，第一块石头对第二块石头说：

"去经历一下经路途的艰险坎坷和世事的磕磕碰碰吧，能够搏一搏，不枉来此世一遭。"

"不，何苦呢？"第二块石头嗤之以鼻，"安坐高处一览众山小，周围花团锦簇，谁会那么愚蠢地在享乐和磨难之间选择后者，再说，那路途的艰险会让我粉身碎骨的！"

于是，第一块石头随山溪滚涌而下，历尽了风雨和大自然的磨难，它依然执著地在自己的路途上奔波。第二块石头讥讽地笑了，它在高山上享受着安逸和幸福，享受着周围花草簇拥的畅意抒怀。

许多年以后，饱经风霜、历尽尘世千锤百炼的第一块石头和它的家族已经成了世间的珍品、石艺的奇葩，被千万人赞美称颂。第二块石头知道后，有些后悔当初，现在它想投入到世间风尘的洗礼中，然后得到像第一块石头那样的成功和高贵，可是一想到要经历那么多的坎坷和磨难，甚至疮痍满目、伤痕累累，还有粉身碎骨的危险，便又退缩了。

一天，人们为了更好地珍存那块石艺的奇葩，准备修建一座精美别致、气势雄伟的博物馆，建造材料全部用石头。于是，他们来到高山上，把第二块石头粉了身、碎了骨，给第一块石头盖起了房子。

孟子云："生于忧患，死于安乐。"忧患和安逸同样是一种生活方式，但一个可以培育信念，另一个只能播种平庸。

动物学家的实验表明：狼群的存在使羚羊变得强健，而没有狼群的威胁，羚羊在舒适的环境下变得弱不禁风，一旦遭遇狼群，只有被吃掉的下场。这一现象同样适用于人类，真正的人生需要磨难。遇到逆境就一味消沉的人是肤浅的；一有不顺心的事就惶惶不可终日的人是脆弱的。一个人不懂得人生的艰辛，就容易傲慢和骄纵；未尝过人生苦难的人，也往往难当重任。

爱伦·坡是一位浪漫、神秘的天才诗人、小说家，他给后世留下了很多不朽的诗歌，最脍炙人口的诗歌是《乌鸦》：

"那只乌鸦总不飞去，老是栖息着，老是栖息着；在我房门上方那苍白的帕拉斯半身雕像上。它眼中流露的神情，看上去就好像梦中的一个恶魔。在它头顶上倾泻着的灯光将它的阴影投射在地板上。"

爱伦·坡将这首诗写了又改，改了又写，一直断断续续地写了10年。然而在当时的情况下，他却被迫将它廉价出卖，仅仅得到了10美元的稿费——这相当于他一年的工作仅合一块钱。

历史是公正的。当时只得了10美元的诗，它的原稿最近却卖了几万美金的高价。

这样一位天才诗人，一生都在穷困中度过，他大部分时间付不起房租，尽管房子简陋。他的妻子患有肺痨，因为没有钱寻医问药，只有终日缠绵病榻。他们没有钱买食物，有时候，他们一连好几天都没有一点东西可吃。当车前草在院子里开花的时候，他们就把它摘下来，用水煮熟了当饭吃，有一段时间几乎天天如此。

当年幼的藏犬长出牙齿并能撕咬时，主人就把它们放到一个没有食物和水的封闭环境里让这些幼犬自相撕咬，残杀后剩下一只活着的犬，这只犬称为獒。据说10只犬才能产生一只獒。

要做一只犬还是一只獒，要看你自己的选择。有磨难的历练，才能成就辉煌的人生。

## 三、积极的心态帮你走出困境

美国从事个性分析的专家罗伯特·菲利浦有一次在办公室接待了一个因自己开办的企业倒闭而负债累累、离开妻女到处为家的流浪者。那人进门打招呼说："我来这儿，是想见见这本书的作者。"说着，他从口袋中拿出一本名为《自信心》的书，那是罗伯特许多年前写的。流浪者继续说："一定是命运之神在昨天下午把这本书放入我的口袋中的，因为我当时决定跳到密歇根湖，了却此生。我已经看破一切，认为一切已经绝望，所有的人（包括上帝在内）已经抛弃了我，但还好，我看到了这本书，使我产生新的看法，为我带来了勇气及希望，并支持我度过昨天晚上。我已下定决心：只要我能见到这本书的作者，他一定能协助我再度站起来。现在，我来了，我想知道你能替我这样的人做些什么。"

在他说话的时候，罗伯特从头到脚打量流浪者，发现他茫然的眼神、沮丧的皱纹、十几天未刮的胡须以及紧张的神态，这一切都显示：他已经无可救药了。但罗伯特不忍心对他这样说，因此，请他坐下，要他把他的故事完完整整地说出来。

听完流浪汉的故事，罗伯特想了想，说："虽然我没有办法帮助你，但如果你愿意的话，我可以介绍你去见本大楼的一个人，他可以帮助你赚回你所损失的钱，并且协助你东山再起。"罗伯特刚说完，流浪汉立刻跳了起来，抓住他的手，说道："看在上天的份上，请带我去见这个人。"

他会为了"上天的份上"而做此要求，显示他心中仍然存在着一丝希望。所以，罗伯特拉着他的手，引导他来到从事个性分析的心理实验室里，和他一起站在一块窗帘布之前。罗伯特把窗帘布拉开，露出一面高大的镜子，罗伯特指着镜子里的流浪汉说："就是这个人。在这世界上，只有一个人能够使你东山再起，除非你坐下来，彻底认识这个人，当作你从前并未认识他，否则，你只能跳进密歇根湖里，因为在你对这个人作充分的认识之前，对于你自己或这个世界来说，这都将是一个没有任何价值的废物。"

流浪汉朝着镜子走了几步，用手摸摸他长满胡须的脸孔，对着镜子里的人从头到脚打量了几分钟，然后后退几步，低下头，开始哭泣起来。过了一会儿后，罗伯特领他走出电梯间，送他离去。

几天后，罗伯特在街上碰到了这个人，他不再是一个流浪汉形象，而是西装革履，步伐轻快有力，头抬得高高的，原来那种衰老、不安、紧张的姿态已经消失不见。他说他感谢罗伯特先生，让他找回了自己，很快找到了工作。

后来，那个人真的东山再起，成为芝加哥的富翁。

挫折，是一面镜子，能照见人的污浊；挫折，也是一副清醒剂，是条鞭子，可以使你在抽打中清醒。

挫折，会使你冷静地反思自责，正视自己的缺点和弱项，努力克服不足，以求一搏；挫折，会使人细细品味人生，反复咀嚼人生甘苦，培养自身悟性，不断完善自己；挫折，不是一束鲜花，而是一丛荆棘，鲜花虽令人怡情，但常使人失去警惕；荆棘虽叫人心悸，却使人头脑清醒。

面对挫折，不能丧志，要重新调整自己的心态和情绪，校正人生的坐标和航线，重新寻找和把握机会，找到自己的位置，发出自己的光芒。

有一个男孩在报上看到应征启事，正好是适合他的工作。第二天早上，当他准时前往应征地点时，发现应征队伍中已有 20 个男孩在排队。

如果换成另一个意志薄弱、不太聪明的男孩，可能会因此而打退堂鼓。但是这个年轻人却完全不一样，他认为自己应该动动脑筋，运用自身的智慧想办法解决困难。他不往消极面思考，而是认真用脑子去想，看看是否有办法解决。

他拿出一张纸，写了几行字，然后走出行列，并要求后面的男孩为他保留位子。他走到负责招聘的女秘书面前，很有礼貌地说："小姐，请你把这张纸交给老板，这件事很重要，谢谢你。"

这位秘书对他的印象很深刻，因为他看起来神情愉悦、文质彬彬，有一股强有力的吸引力，令人难以忘记。所以，她将这张纸交给了老板。

老板打开纸条，见上面写着这样一句话：

"先生，我是排在第 21 号的男孩，请不要在见到我之前作出任何决定。"

你可以预料到，最后的结果是这个年轻人被顺利录取。

因此，人生不必害怕困境，只要调整心态，勇于迎接挑战，加之勤动脑，运用智慧去积极地解决问题，相信任何的困境都将成为你成功的一个机遇，这时，你也许会由衷地感激这些人生中的逆境，正是因为它们的存在，让你的人生充满了挑战、机遇和更大的成功。

# 每晚反省自己的行为

反省是认识自己的一种方法。不仅在失败的时候要反省，就是在平常，也要时时反省。

## 一、反省让你保持清醒

《圣经·新约》里就有一则要求人们学会反省的故事：

对基督怀有敌意的巴里赛派人，有一天，将一个犯有奸淫罪的女人带到基督面前，故意为难耶稣，看他如何处置这件事。

如果依教规处以她死刑，则基督便会因残酷之名被人攻讦，反之，则违反了摩西的戒律。基督耶稣看了看那个女人，然后对大家说："你们中间谁是无罪的，谁就可以拿石头打她。"

喧哗的人群顿时鸦雀无声。基督回头告诉那个女人说："我不定你的罪，去吧！以后不要再犯罪了。"

此则故事告诉我们的是：当要责罚别人的时候，先反省自己可曾犯过错。

苏格拉底说："没有经过反省的生命，是不值得活下去的。"有迷才有悟，过去的"迷"正好是今日"悟"的契机。因此经常反省、检视自己，可以避免偏离正道。

日本近代有两位一流的剑客：一位是宫本五臧，另一位是柳生又寿郎。宫本是柳生的师父。

当年，柳生拜师学艺时，问宫本："师父，根据我的资质，要练多久才能成为一流的剑客呢？"

宫本答道："最少也要 10 年吧！"

柳生说："哇！10 年太久了，假如我加倍努力地苦练，多久可以成为一流的剑客呢？"

宫本答道："那就要 20 年了。"

柳生一脸狐疑，又问："如果我晚上不睡觉，夜以继日地苦练，多久可以成为一流的剑客呢？"

宫本答道："你晚上不睡觉练剑，必死无疑，不可能成为一流的剑客。"

柳生颇不以为然地说："师父，这太矛盾了，为什么我越努力练剑，成为一流剑客的时间反而越长呢？"

宫本答道："要当一流剑客的先决条件就是必须永远保留一只眼睛注视自己，不断地反省。现在你两只眼睛都看着一流剑客的招牌，哪里还有眼睛注视自己呢？"

柳生听了，满头大汗，当场开悟，终成一代名剑客。

要当一流的剑客，光是苦练剑术不管用，必须永远留一只眼睛注视自己，不断地反省；要当一流的推销家，光是学习推销技巧也不管用，也必须永远留一只眼睛注视自己，不断地反省。

要认识自己必须依靠自己与别人，自己就是前述的自我剖析，别人就是他人的批评。由于自我剖析往往不够客观与深入，因此得依赖他人的批评。

曾有人向哈佛的鲁恩教授抱怨说："我每天都在拼命地工作、工作，我一刻也没闲过，可如此努力却为什么总是不能成功？"

正如成功多是内因起作用一样，失败也多是自己的缺点引起的。一个人必须懂得不断反省和总结自己，改正自己的错误，才不会老在原处打转或再次被同一块石头绊倒；人只有通过"反省"，时时检讨自己，才可以走出失败的怪圈，走向成功的彼岸。

所谓"反省"，就是反过身来省察自己、检讨自己的言行，看自己犯了哪些错误，看有没有需要改进的地方。

人为什么要自省？这里有两个方面的原因：一方面是主观原因，人都不可能十全十美，总有个性上的缺陷、智慧上的不足，而年轻人更缺乏社会历练，因此常会说错话、做错事、得罪人；另一方面是客观原因，现实生活中，很多人是只说好话，看到你做错事、说错话、得罪人也故意不说，因此，这就更需要你自己通过不断的自我反省来了解自己的所作所为。

## 二、每天自省 5 分钟

一般地说，自省心强的人都非常了解自己各方面的优劣，因为他们时时都在仔细检视自己。这种检视也叫做"自我观照"，其实质也就是跳出自己的身体之外，从外面重新观看、审察自己的所作所为是否是最佳。这样做就可以真切地了解自己了，但审视自己时必须是坦率无私的。

能够时时审视自己的人，一般都很少犯错，因为他们会时时考虑：我到底有多少力量？我能干多少事？我该干什么？我的缺点在哪里？为什么失败了或成功了？这样做就能轻而易举地找出自己的优点和缺点，为以后的行动打下基础。

主动培养自省意识也是一种能力，要培养自省意识，首先得抛弃那种"只知责人，不知责己"的劣根性。当面对问题时，人们总是说：

"这不是我的错。"

"我不是故意的。"

"没有人不让我这样做。"

"这不是我干的。"

"本来不会这样的，都怪……"

这些话是什么意思呢？

"这不是我的错"是一种全盘否认。否认是人们在逃避责任时的常用手段。当人们乞求宽恕时，这种精心编造的借口经常会脱口而出。

"我不是故意的"则是一种请求宽恕的说法，通过表白自己并无恶意而推卸掉部分责任。

"没有人不让我这样做"表明此人想借装傻蒙混过关。

"这不是我干的"是最直接的否认。

"本来不会这样的，都怪……"是凭借扩大责任范围推卸自身责任。

找借口逃避责任的人往往都能侥幸逃脱。他们因逃避或拖延了自身错误而自鸣得意，却从来不反省自己在错误的形成中起到了什么作用。

为了免受谴责，有些人甚至会选择欺骗手段，尤其当他们是明知故犯的时候。这就是所谓"罪与罚两面性理论"的中心内容，而这个论断又揭示了这一理论的另一方面。当你明知故犯一个错误时，除了编造一个敷衍他人的借口之外，有时你会给自己找出另外一个理由。

其次，培养自省意识，就得养成自我反省的习惯。我们每天早晨起床后，一直到晚上上床睡觉前，不知道要照多少次镜子；这个照镜子，就是一种自我检查，只不过是一种对外表的自我检查。相比之下，对本身内在的思想做自我检查，要比对外表的自我检查重要得多。可是，我们不妨问问自己：你每天能做多少次这样的自我检查呢？我们不妨设想一下，如果某一天我们没有照镜子，那会是一种什么结果呢？也许，脸上的污点没有洗掉；也许，衣服的领子出了毛病……总之，问题都没有被发现，就出了门。可是，我们如果不对内在的思想做自我检查，那么，我们就可能是出言不逊也不知道、举止不雅也不知道、心术不正也不知道……那是多么的可怕！我们不妨养成这样一个习惯—就是每当夜里刚躺到床上的时候，都要想一想自己今天的所作所为，有什么不妥当的地方；每当出了问题的时候，首先从自己这个角度做一下检查，看看有什么不对；而且，还要经常地对自己做深层次、远距离的自我反省。

最后，培养自省意识，就得有自知之明。就像最有可能设计好一个人的就是他自己，而不是别人一样，最有可能完全了解一个人的就是他自己，而不是别人。但是，正确地认识自己，实在是一件不容易的事情。不然，古人怎么会有"人贵有自知之明"、"好说己长便是短，自知己短便是长"之类的古训呢？自知之明，不仅是一种高尚的品德，而且是一种高深的智慧。因此，你即便能做到严于责己，即便能养成自省的习惯，但并不等于说能把自己看得清楚。就以对自己的评价来说，如果把自己估计得过高了，就会自大，看不到自己的短处；把自己估计得过低了，就会自卑，自己对自己缺乏信心。只有估准了，才算是有自知之明。很多人经常是处于一种既自大又自卑的矛盾状态。一方面，自我感觉良好，看不到自己的缺点；另一方面，却又在应该展现自己的时候畏缩不前。对自己的评价都如此之难，如果要反省自己的某一个观念、某一种理论，那就更难了。

传说著名高僧一灯大师藏有一盏"人生之灯"，这盏灯在当时非常有名，有很多人一直想得到这件宝物。这可不是一盏普通的灯，这盏灯，灯芯镶有一颗500年之久的硕大夜明珠。这颗夜明珠晶莹剔透、光彩照人。据说，得此灯者，经珠光普照，便可超凡脱俗、超越自我、品性高洁，得世人尊重。有3个弟子跪拜求教怎样才能得到这个稀世珍宝。

一灯大师听后哈哈大笑，他对3个弟子讲："世人无数，可分三品：时常损人利己者，心灵落满灰尘，眼中多有丑恶，此乃人中下品；偶尔损人利己，心灵稍有微尘，恰似白璧微瑕，不掩其辉，此乃人中中品；终生不损人利己者，心如明镜，纯净洁白，为世人所敬，此乃人中上品。人心本是水晶之体，容不得半点尘埃。所谓'人生之灯'就是一颗干净的心灵。"

# 要控制情绪笑遍世界

常言道："小不忍则乱大谋。"这个"忍"就是忍耐、克制的意思。做人必须首先自制，也就是懂得管理自己。一个人的言行受到多方面的制约，如果自己管理不好自己，就必然会受制于人，失去自主的权利。

## 一、控制情绪是一种能力

怎样才能控制情绪，以使每天卓有成效呢？除非你心平气和地面对一切，否则迎来的又将是失败的一天。花草树木，随着气候的变化而生长，但是你只能为自己创造宜人的天气。你要学会用自己的心态弥补气候的不足。如果你为顾客带来风雨、冰霜、黑暗和不快，那么他们也会报之以风雨、冰霜、黑暗和不快，最终他们什么也不会买。相反地，如果你为顾客献上阳光、温暖、光明和欢乐，他们也会报之以阳光、温暖、光明和欢乐，你就能获得销售上的成功，赚取无数的金币。

李明大学毕业后，应聘到一家公司做助理。刚开始，他很难受，特别是老张、小李之类的人动不动就唤他去打杂时，他就会发无名火，觉得很没尊严。他觉得他们在把他当奴才使唤。不过，事后他冷静一想，又觉得他们并没有错，他的工作就是这些。刚进来时，王经理也这么事先对他说过，但一旦涉及具体事情，他的情绪就有点失控。有时咬牙切齿地干完某事，又要笑容可掬地向有关人员汇报说："已经做好了!"如此违心的两面派角色，他自己都感到恶心。有几次，他还与同事争吵起来。从此以后，他的日子更不好过了，同事们都不理他，李明在公司感到空前的孤独。

有一天，女秘书小吴不在，王经理便点名叫李明到他办公室去整理一下办公桌，并为他煮一杯咖啡，他硬着头皮去了。王经理是很厉害的，他一眼就看出了李明的不满，便一针见血地指出："你觉得委屈是不是？你有才华，这点我信，但你必须从这个做起。"

他叫李明先坐下来，聊聊近况。可李明身旁没有椅子，他不知道自己该坐在哪里了，总不能与王经理并排在双人沙发上坐下吧！这时，王经理意有所指地说："心怀不满的人，永远找不到一个舒适的椅子。"难得见到他如此亲切和慈祥的面孔，李明放松了很多。

手脚忙乱地弄好一杯咖啡后，李明开始整理王经理的桌子。其中有一盆黄沙，细细的、柔柔的，泛着一种阳光般的色泽。李明觉得奇怪，不知道这是干什么用的。

王经理似乎看出他的心思，伸手抓了一把沙，握拳，黄沙从指缝间滑落，很美！王经理神秘地一笑："小伙子，你以为只有你心情不好、有脾气，其实，我跟你一样，但我已学会控制情绪……"

原来，那一盆沙子是用来"消气"的。那是王经理的一位研究心理学的朋友送的。一旦他想发火时，可以抓抓沙子，它会舒缓一个人紧张激动的情绪。朋友的这盆礼物，已伴他从青年走向中年，也教他从一个鲁莽少年打工仔成长为一名稳重、老练、理性的管理者。王经理说："先学会管理自己的情绪，才会管理好其他。"

情绪是人对事物的一种最浮浅、最直观、最不用脑筋的情感反应。它往往只从维护情感主体的自尊和利益出发，不对事物做复杂、深远和智谋的考虑，这样的结果，常使自己处在很不利的位置上，或为他人所利用。本来，情感离智谋就已距离很远了（人常常以情害事，为情役使，情令智昏），情绪更是情感的最表面、最浮躁的部分，以情绪做事，焉有理智？不理智，能有胜算吗？

但是我们在工作、学习、待人接物中，却常常依从情绪的摆布，头脑一发热（情绪上来了），什么蠢事都做得出来。比如，因一句无甚利害的话，我们便可能与人打斗，甚至拼命（诗人莱蒙托夫、普希金与人决斗死亡，便是此类情绪所致）；又如，我们因别人给我们的一点假仁假义而心肠顿软，大犯根本性的错误（西楚霸王项羽在鸿门宴上耳软、心软，以致放走死敌刘邦，最终痛失天下，便是这种柔弱心肠的情绪所致）；还有很多因情绪的浮躁、简单、不理智等而犯的过错，大则失国、失天下，小则误人、误己、误事。事后冷静下来，自己也会发现其实可以不必那样。这都是因为情绪的躁动和亢奋，蒙蔽了人的心智。

除了日常生活中的这种习惯和潜意识，敌战之中，人们有时故意使用这种"激将法"来诱使对方中计。所谓"激将",就是刺激对方的情绪,让对方在情绪躁动中失去理智,从而犯错。因为人在心智冷静的时候大都不容易犯错。楚汉之争时,项羽将刘邦的父亲五花大绑陈于阵前,并扬言要将刘公剁成肉泥,煮成肉羹而食。项羽意在以亲情刺激刘邦,让刘邦在父情、天伦压力下自缚投降。刘邦很理智,没有为情所蒙蔽,他的大感情战胜了父子之情,他的理智战胜了一时心绪。他反而以"项羽曾和自己结为兄弟"之由,认定己父就是项父,如果项羽愿杀其父,剁成肉羹,他愿分享一杯。刘邦的超然心境和不凡举动令项羽无策回应,只能潦草收回此招。三国时,诸葛亮和司马懿交战祁山,诸葛亮千里劳师欲速战决雌雄。司马懿以逸待劳,坚壁不出,欲空耗诸葛亮士气,然后伺机求胜。诸葛亮面对司马懿的闭门不战,无计可施,最后想出一招,送一套女装给司马懿,如果不战,小女子是也。如果是常人,肯定会受不了此种侮辱。司马懿却接受了女儿装,还是坚壁不出。连老谋深算的诸葛亮也对他无计可施了。这都是战胜了自己情绪的例子。生活中,更多是成为情绪俘虏的。诸葛亮七擒七纵孟获之战中,孟获便是一个深为情绪役使的人,他之所以不能伐胜诸葛亮,并不是命中注定的,而实在是人力和心智不及。诸葛亮大军压境,孟获弹丸之王,他不思智谋应对,反以帝王自居,轻视外敌,结果一战即败,完全不是诸葛亮的对手。

孟获一战即败,不坐下慎思,再出制敌招数,却自认一时晦气,再战必胜。再战,当然又是一败涂地。如此几番,把孟获气得浑身颤抖。又一次对阵,只见诸葛亮远远地坐着,摇着羽毛扇,身边并无军士战将,只有些文臣谋士之类。孟获不及深想,便纵马飞身上前,欲直取诸葛亮首级。结果,诸葛亮的首级并非轻易可取,身前有个陷马坑,孟获眼看将及诸葛亮时,却连人带马坠入陷阱之中,又被诸葛亮生擒。孟获败给诸葛亮,除去其他各种原因,其生性爽直、为情绪左右,是重要的因素之一。

## 二、戒掉烦恼的习惯

我们许多人一生都背负着两个包袱:一个包袱装的是"昨天的烦恼",一个包袱装的是"明天的忧虑"。人只要活着就永远有昨天和明天。所以,人只要活着永远背着这两个包袱。不管多沉多累,依然故我。

其实,你完全可以选择另外一种生活,你完全可以去掉两个包袱,把它扔进大海里,扔进垃圾堆里。没有人要求你要背负着这两个包袱。

《圣经》有言:"不要为明天忧虑,明天自有明天的忧虑,一生的难处一天就够了。"

在犹太人中间流传这样一句名言："会伤人的东西有 3 个：烦恼、争吵、空的钱包。其中烦恼摆在其他两者之前。"

烦恼能伤人，从生理学的观点来看，似乎理所当然。尔士·梅耶医生说："烦恼会影响血液循环，以及整个神经系统。很少有人因为工作过度而累死，可是真有人是烦死的。"

心理学家们认为，在我们的烦恼中，有 40％都是杞人忧天，那些事根本不会发生；另外 30％则是既成的事实，烦恼也没有用；另有 20％是事实上并不存在的幻想；此外，还有 10％是日常生活中的一些鸡毛蒜皮的小事。也就是说，我们有 90％的烦恼都是自寻烦恼。

素珊第一次去见她的心理医生，一开口就说："医生，我想你是帮不了我的，我实在是个很糟糕的人，老是把工作搞得一塌糊涂，肯定会被辞掉。就在昨天，老板跟我说我要调职了，他说是升职。要是我的工作表现真的好，干吗要把我调职呢？"

可是，慢慢地，在那些泄气话背后，素珊说出了她的真实情况，原来她在两年前拿了个 MBA 学位，有一份薪水优厚的工作。这哪能算是一事无成呢？

针对素珊的情况，心理医生要她以后把想到的话记下来，尤其在晚上失眠时想到的话。在第二次见面时，素珊列下了这样的话："我其实并不怎么出色。我之所以能够冒出头来全是侥幸。""明天定会大祸临头，我从没主持过会议。""今天早上老板满脸怒容，我做错了什么呢？"

她承认说："单在一天里，我列下了 26 个消极思想，难怪我经常觉得疲倦，意志消沉。"

素珊听到自己把忧虑和烦恼的事念出来，才发觉到自己为了一些假想的灾祸浪费了太多的精力。

现实生活中，有很多自寻烦恼和忧虑的人，对他们来说，忧烦似乎已成了一种习惯。有的人对名利过于苛求，得不到便烦躁不安；有的人性情多疑，老是无端地觉得别人在背后说他们的坏话；有的人嫉妒心重，看到别人超过自己，心里就怒火中烧；有的人把别人的问题揽到自己身上自怨自艾，这无异于引火烧身。

忧虑情绪的真正病源，应当从忧烦者的内心去寻找。大凡终日忧烦的人，实际上并不是遭到了多大的不幸，而是在自己的内心素质和对生活的认识上，存在着片面性。聪明的人即使处在忧烦的环境中，也往往能够自己寻找快乐。因此，当受到忧烦情绪袭扰的时候，就应当自问为什么会忧烦，从主观方面寻找原因，学会从心理上去适应你周围的环境。

所以，要在忧烦毁了你以前，先改掉忧烦的习惯。

不要去烦恼那些你无法改变的事情，你的精神气力可以用在更积极、更有建设性的事情上面。如果你不喜欢自己目前的生活，别坐在那儿烦恼，起来做点事吧，设法去改善它。多做点事，少烦恼一点，因为烦恼就像摇椅一样，无论怎么摇，最后还是留在原地。

## 三、保持乐观精神

人生是一种选择，人生是选择的结果，不一样的选择会有不一样的人生。

你选择心情愉快，你得到的也是愉快。你选择心情不愉快，你得到的也是不愉快。我们都愿意快乐，不愿意不快乐。既然这样，我们为什么不选择愉快的心情呢？毕竟，我们无法控制每一件事情，但我们可以选择我们的心情。

每个人的观念及价值观不同，所以看待同一件事情所得到的反应也不同。你觉得是件快乐的事情，在别人看来却有点伤感。每个人都有每个人不同的快乐标准，每个人也都有每个人不一样的忧愁。

吃葡萄时，悲观者从大粒的开始吃，心里充满了失望，因为他所吃的每一粒都比上一粒小。而乐观者则从小粒的开始吃，心里充满了快乐，因为他所吃的每一粒都比上一粒大。悲观者决定学着乐观者的吃法吃葡萄，但还是快乐不起来，因为在他看来，他吃到的都是最小的一粒。乐观者也想换种吃法，他从大粒的开始吃，依旧感觉良好，在他看来，他吃到的都是最大的。

悲观者的眼光与乐观者的眼光截然不同，悲观者看到的都令他失望，而乐观者看到的都令他快乐。如果你是那个悲观者的话，你不需要换种吃法，你只需要换一种看待事情的眼光。

有一天，养老院新来了一个体面的老绅士。当天中午，老妇人就幸运地与他同桌共餐。但是她在餐桌另一头柔情蜜意地看着老绅士，令老先生浑身不自在，问她为什么一直盯着他看？老妇人回答：因为他太像她的第三任丈夫了，不论是身材、相貌、微笑和讲话的手势。老先生很讶异："第三任丈夫，你曾经结过几次婚？"老妇人回答："两次。"原来，她已把他当作第三任丈夫了，她算得上是世界上最乐观的人了。

# 第二章　原一平给推销员的9个忠告

## 培养自身，做一个有魅力的人

认识自己、改正自身缺点、使自己不断完善，让自己做一个有魅力的人。原一平因此走上成功之路，这也是他给我们的第一个忠告。

### 一、推销之神原一平

1904年，原一平出生于日本长野县。从小，他就像个标准的小太保，叛逆顽劣的个性使他恶名昭彰而无法立足于家乡。23岁时，他离开长野来到东京。1930年，原一平进入明治保险公司成为一名"见习业务员"。

原一平刚刚涉足保险时，为了节省开支，他过的是苦行僧式的生活。为了省钱，可以不吃中午饭，可以不搭公共汽车，可以租小得不能再小的房间容身。当然，这一切并没有打垮原一平，他内心有一把"永不服输"的火，鼓励他越挫越勇。

1936年，原一平的业绩成为全公司之冠，遥遥领先公司其他同事，并且夺取了全日本的第二名。36岁时，原一平成为美国百万圆桌协会成员，协助设立全日本寿险推销员协会，并担任会长至1967年。因对日本寿险的卓越贡献，原一平荣获日本政府最高殊荣奖，并且成为百万圆桌协会的终身会员。

原一平50年的推销生涯可以说是一连串的成功与挫折所组成的。他成功的背后，是用泪水和汗水写成的辛酸史。

### 二、认识自己

有一次，原一平去拜访一家名叫"村云别院"的寺庙。

原一平被带进庙内，与寺庙的住持吉田和尚相对而坐。

老和尚一言不发，很有耐心地听原一平把话说完。

然后，他以平静的语气说："听完你的介绍之后，丝毫引不起我投保的意愿。"

停顿了一下，他用慈祥的目光注视着原一平，很久很久。

他接着说："人与人之间，像这样相对而坐的时候，一定要具备一种强烈吸引对方的魅力，如果你做不到这点，将来就没什么前途可言了。"原一平刚开始并不明白这话中的含义，后来逐渐体会出那句话的意思，只觉傲气全失、冷汗直流。

吉田和尚又说："年轻人，先努力去改造自己吧!"

"改造自己?"

"是的，你知不知道自己是一个什么样的人？要改造自己首先必须认清自己。"

"认识自己?"

"只有赤裸裸地注视自己，毫无保留地彻底反省，最后才能认识自己。"

"请问我要怎么去做呢?"

"就从你的投保户开始，你诚恳地去请教他们，请他们帮助你认识自己。我看你有慧根，倘若照我的话去做，他日必有所成。"

吉田和尚的一席话就像当头一棒，把原一平点醒了。

只有首先认识了自己才能去说服他人，要做就从改造自己开始做起，把自己改造成一个有魅力的人。

## 三、自己才是自己最大的敌人

一般推销员失败的最主要的原因在于不能改造自己、认识自己。原一平听了吉田和尚的提点后，决定彻底地反省自己。

他举办"原一平批评会"，每月举行一次，每次邀请5个客户，向他提出意见。

第一次批评会就使原一平原形毕露:

你的脾气太暴躁，常常沉不住气。

你经常粗心大意。

你太固执，常自以为是，这样容易失败，应该多听别人的意见。

你太容易答应别人的托付，因为"轻诺者必寡信"。

你的生活常识不够丰富，所以必须加强进修。

人们都表达了自己真实的想法。原一平记下别人的批评，随时都在改进、在蜕变。

从 1931 年到 1937 年，"原一平批评会"连续举办了 6 年。

原一平觉得最大的收获是：把暴烈的脾气与永不服输的好胜心理，引导到了一个正确的方向。

他开始发挥自己的长处，并开始改正自己的缺点。

原一平曾为自己矮小的身材懊恼不已，但身材矮小是无法改变的事实。后来想通了，克服矮小最好的方法就是坦然地面对它，让它自然地显现出来，后来，身材矮小反而变成了他的特色。

原一平意识到他自己最大的敌人正是他自己，所以，原一平不会与别人比，而是与自己比。今日的原一平胜过昨日的原一平了吗？明日的原一平能胜过今日的原一平吗？

要不断地努力，不断改正自身的缺点，不断完善自己，让自己做一个有魅力的人。


# 处处留心，客户无处不在

作为推销员，客户要我们自己去开发，而找到自己的客户则是搞好开发的第一步，只要稍微留心，客户便无处不在。这是原一平给我们的第二个忠告。

## 一、做个有心的推销员

有一次，原一平下班后到一家百货公司买东西，他看中了一件商品，但觉得太贵，拿不定主意要还是不要。正在这时，旁边有人问售货员：

"这个多少钱？"问话的人要的东西跟他要的东西一模一样。

"这个要 3 万元。"女售货员说。

"好的，我要了，麻烦你给我包起来。"那人爽快地说。原一平觉得这人奇怪，一定是有钱人，出手如此阔绰。

于是他心生一计：何不跟踪这位顾客，以便寻找机会为他服务？

他跟在那位顾客的背后，他发现那个人走进了一幢办公大楼，大楼门卫对他甚为恭敬。原一平更坚定了信心，这个人一定是位有钱人。

于是，他去向门卫打听。

"你好，请问刚刚进去的那位先生是……"

"你是什么人？"门卫问。

"是这样的，刚才在百货公司时我掉了东西，他好心地捡起来给我，却不肯告诉我大名，我想写封信感谢他。所以，请你告诉我他的姓名和公司详细地址。"

"哦，原来如此，他是某某公司的总经理……"

原一平就这样又得到了一位顾客。

生活中，顾客无处不在。如果你觉得客户少，那是因为你缺少一双发现客户的眼睛而已。随时留意、关注你身边的人，或许他们就是你要寻找的准客户。

## 二、生活中处处都有机会

有一天，原一平工作极不顺利，到了黄昏时刻依然一无所获，他像一只斗败的公鸡。在回家途中要经过一个坟场，坟场的入口处，原一平看到几位穿着丧服的人走出来。他突然心血来潮，想到坟场里去走走，看看有什么收获。

这时正是夕阳西下，原一平走到一座新坟前，墓碑前还燃烧着几支香，插着几束鲜花。显然，就是刚才在门口遇到的那批人祭拜时用的。

原一平朝墓碑行礼致敬，然后很自然地望着墓碑上的字—××之墓。

一瞬间，他像发现新大陆似的，所有沮丧一扫而光，取而代之的是跃跃欲试的工作热忱。

他赶在天黑之前，往管理这片墓地的寺庙走去。

"请问有人在吗？"

"来啦，来啦！有何贵干？"

"有一座××的坟墓，你知道吗？"

"当然知道，他生前可是一位名人呀！"

"你说得对极了，在他生前，我们有来往，只是不知道他的家眷目前住在哪里呢？"

"你稍等一下，我帮你查。"

"谢谢你，麻烦你了。"

"有了，有了，就在这里。"

原一平记下了那一家的地址。

走出寺庙，原一平又恢复了旺盛的斗志。第二天，他就踏上了开发新客户的征程。

原一平能及时把握生活中的细节，绝不会让客户溜走，这也是他成为"推销之神"的原因。

## 三、教你寻找潜在客户

在寻找推销对象的过程中，推销员必须具备敏锐的观察力与正确的判断力。细致观察是挖掘潜在客户的基础，学会敏锐地观察别人，就要求推销员多看多听，多用脑袋和眼睛，多请教别人，然后利用有的人喜欢自我表现的特点，正确分析对方的内心活动，吸引对方的注意力，以便激发对方的购买需求与购买动机。一般来看，推销人员寻找的潜在客户可分为甲、乙、丙3个等级，甲级潜在客户是最有希望的购买者；乙级潜在客户是有可能的购买者；丙级潜在客户则是希望不大的购买者。面对错综复杂的市场，推销员应当培养自己敏锐的洞察力和正确的判断力，及时发现和挖掘潜在的客户并加以分级归类、区别情况，不同对待，针对不同的潜在客户施以不同的推销策略。

推销员应当做到手勤腿快，随身准备一本记事笔记本，只要听到、看到或经人介绍一个可能的潜在客户时，就应当及时记录下来，从单位名称、产品供应、联系地址到已有信誉、信用等级，然后加以整理分析，建立"客户档案库"，做到心中有数、有的放矢。只要推销员都能使自己成为一名"有心人"，多跑、多问、多想、多记，那么客户是随时可以发现的。

推销员应当养成随时发现潜在客户的习惯，因为在市场经济社会里，任何一个企业、一家公司、一个单位和一个人，都有可能是某种商品的购买者或某项劳务的享受者。对于每一个推销员来说，他所推销的商品及其消费散布于千家万户，通及各行各业，这些个人、企业、组织或公司不仅出现在推销员的市场调查、推销宣传、上门走访等工作时间内，更多的机会则是出现在推销员的8小时工作时间之外，如上街购物、周末郊游、出门做客等。因此，一名优秀的推销员应当随时随地优化自身的形象，注意自己的言行举止，牢记自身的工作职责，客户无时不在、无处不有，只要自己努力不懈地与各界朋友沟通合作，习惯成自然，那么你的客户不仅不会减少，而且会愈来愈多。

这是原一平告诉我们的第二个忠告，也是他成为"推销之神"的第二个原因。

# 关心客户，重视每一个人

关心你的客户，重视你身边的每一个人，不要以貌取人，平等地对待你的客户，是成功推销员的选择。这是原一平给我们的第三个忠告。

## 一、关心你的客户

著名心理学家弗洛姆说："为了世界上许多伤天害理的事，我们每一个人的心灵都包扎了绷带。所有的问题都能用关心来解决。"这句话给关心下了一个最好的注解。原一平对此深有体会，在一次讲学时，他讲了下面一个故事。

有一个杀人犯，被判无期徒刑，关在监狱里。因为他被判无期，而且无父母、妻子、儿女，既无人探监也无任何希望，在狱中独来独往，不与任何人打招呼。再加上他健壮又凶恶，也没有人敢惹他。

有一天，一个神父带了糖果与香烟来狱中慰问犯人。神父碰见那位无期徒刑犯，递给他一根香烟，犯人毫不理睬。神父每周来慰问，每次都给他香烟，杀人犯毫无反应，如此延续了半年之后，犯人才接下香烟，不过还是面无表情。

一年后，有一次神父除了带糖果与香烟，另外带了一箱可乐。抵达监狱后，神父才发现忘了带开瓶器，正在一筹莫展时，那个犯人出现了。他知道神父的困难后，笑着对神父说："一切看我的。"接着，就用他锐利的牙齿把一箱的可乐都打开了。

从那一次之后，犯人不但跟神父有说有笑，而且神父在慰问犯人时，他自动随侍于左右，以保护神父。

这个故事告诉我们：真诚的关心可感化一切，就是一个毫无希望的无期徒刑犯，照样会被它所感动。一个不幸的人，一旦发觉有人关心他，往往能以加倍的关心回报对方。

戴尔·卡耐基说："时时真诚地去关心别人，你在两个月内所交到的朋友，远比只想别人来关心他的人在两年内所交的朋友还多。"那些不关心别人，只盼望别人来关心自己的人，应时刻拿这句话告诫自己。

某汽车公司的推销员听完原一平的讲座以后，每次在成交之后、客户取货之前，通常都要花上 3～5 个小时详尽地演示汽车的操作。这个推销员这样说：

"我曾看见有些推销员只是递给新客户一本用户手册说：'拿去自己看看。'在我所遇见的人中，很少有人能够仅靠一本手册就能搞懂如何操作一辆这样的游艺车。我们希望客户能最大限度地满意我们的关心，因为我们不仅期望他们自己回头再买，而且期望他们介绍一些朋友来买车。一位优秀的推销员会对客户说："我的电话全天24小时都欢迎您拨打，如果有什么问题，请给我的办公室或家里打电话，我随时恭候。"我们都精通我们的产品知识，一旦客户有问题，他们一般通过电话就能解决，实在不行，还可以联系别人帮忙。"

原一平说："你应当记住：关心、关心、再关心。你要做到的是：为你的客户提供最多的优质的关心，以至于他们对想一想与别人合作都会感到内疚不已！成功的推销生涯正是建立在这类关心的基础上。"

## 二、不要歧视客户，切莫以貌取人

原一平说，永远不要歧视任何人。推销员推销的不仅是产品，还包括服务，你拒绝一个人就拒绝了一群人，你的客户群会变得越来越窄。老练的销售人员已经用无数的故事证明了这句箴言再正确不过了。

原一平在他的讲座中，提到过这样一个案例。

一天，房地产推销大师汤姆·霍普金斯正在房间里等待顾客上门时，杰尔从旁边经过，并进来跟他打声招呼。没有多久，一辆破旧的车子驶进了屋前的车道上，一对年老邋遢的夫妇走向前门。在汤姆热诚地对他们表示欢迎后，汤姆·霍普金斯的眼角余光瞥见了杰尔，他正摇着头，做出明显的表情对汤姆说："别在他们身上浪费时间。"

汤姆说，对人不礼貌不是我的本性，我依旧热情地招待他们，以我对待其他潜在买主的热情态度对待他们。已经认定我在浪费时间的杰尔则在恼怒之中离去。由于房子中别无他人，建筑商也已离开，我认为我不可能会冒犯其他人，为什么不领着他们参观房子！

当他带着两位老人参观时，他们以一种敬畏的神态看着这栋房屋内部气派典雅的格局。4米高的天花板令他们眩晕得喘不过气来，很明显，他们从未走进过这样豪华的宅邸内，而汤姆也很高兴有这个权利，向这对满心赞赏的夫妇展示了这座房屋。

在看完第四间浴室之后，这位先生叹着气对他的妻子说："想想看，一间有4个浴室的房子！"他接着转过身对汤姆说："多年以来，我们一直梦想着拥有一栋有好多间浴室的房子。"

那位妻子注视着丈夫，眼眶中溢满了泪水，汤姆注意到她温柔地紧握着丈夫的手。

在他们参观过了这栋房子的每一个角落之后，回到了客厅，"我们夫妇俩是否可以私下谈一下？"那位先生礼貌地向汤姆询问道。

"当然。"汤姆说，然后走进了厨房，好让他们俩独处讨论一下。

5分钟之后，那位女士走向汤姆："好了，你现在可以进来了。"

这时，一副苍白的笑容浮现在那位先生脸上，他把手伸进了外套口袋中，从里面取出了一个破损的纸袋。然后他在楼梯上坐下来，开始从纸袋里拿出一叠叠的钞票，在梯级上堆出了一叠整齐的现钞。请记住：这件事是发生在那个没有现金交易的年代里！

"后来我才知道，这位先生在达拉斯一家一流的旅馆餐厅担任服务生领班，多年以来，他们省吃俭用，硬是将小费积攒了下来。"汤姆说。

在他们离开后不久，杰尔先生回来了。汤姆向他展示了那张签好的合同，并交给他那个纸袋。他向里面瞧了一眼便昏倒了。

最后，原一平总结：不要对任何人先下判断，老练的推销员应该懂得这一点，不要以貌取人，在推销领域中，这点尤为重要。

杰出推销员对待非客户的态度总是和对待客户一样的。他们对每一个人都很有礼貌，他们将每个人都看成有影响力的人士，因为他们知道，订单常从出其不意的地方来。他们知道，10年前做的事情，可能变成现在的生意。

对杰出推销员而言，没有所谓的"小人物"。他们不会因为厨房耽误上菜的速度而斥责侍者，不会因飞机误点或航班取消而痛斥前台人员，他们对每个人都待之以礼。杰出推销员对推着割草机割草的工人和制造割草机公司的总裁都是一样地尊敬及礼貌。

原一平的一个客户是电线电缆的推销员，他和一家客户公司高层主管关系很好。他每一次到该公司进行商业拜访时，遇到的第一个人就是该公司的前台小姐，她是一位很有条理和讲效率的年轻女性。她的工作之一就是使每一个约会都能准时进行，虽然她并不是买主，更不是决策者，但是这位推销员对她一直彬彬有礼。即使因故约会延迟，他也不会像一般推销员一样抱怨不休，只是耐心等待；也不会搬出他要去拜见的执行副总裁的名字来，以示重要。他总是对前台小姐道谢，感谢她的协助，离开时不忘和她道别。

18年后，这位前台小姐成为该公司的执行副总裁。在她的影响下，她的公司成为这位电线电缆公司推销员最大的客户。

### 三、重视每一个客户

在原一平最初外出推销的时候，就下定决心每年都要拜访一下他的每一位客户。因此，当原一平向他家乡大学的一名地质系学生推销价值 10000 日元的生命保险时，他便与原一平签订了终身服务合同。

其实，无论是大客户还是小客户，都应一视同仁。每一位客户都值得你去尽心地服务。在保险这一行里，你必须这样做。这也正是保险公司代理不同于其他行业代理的特点之一。但是，就销售产品这一点而言，各行业都一样。

这名地质系的学生毕业之后，进入了地质行业工作，原一平又向他售出了价值 10000 日元的保险。后来，他又转到别的地方工作，他到哪里都是一样的。原一平每年至少跟他联系一次，即使他不再从原一平这里买保险，仍然是原一平毕生的一位客户。只要他还可能购买保险，原一平就必须不辞辛劳地为他提供服务。

有一次，他参加一个鸡尾酒会。有一位客人突然痉挛起来了，而这个小伙子，由于学过一点护理常识，因而自告奋勇，救了这位客人一命。而这位客人恰恰是一位千万富翁，于是便请这位小伙子到他公司工作。

几年之后，这位千万富翁准备贷一大笔钱用于房地产投资。他问这位小伙子："你认识一些与大保险公司有关系的人吗？我想贷点钱。"

这位小伙子一下子就想起了原一平，便打电话问他："我知道你的保险生意很大，能否帮我老板一下。"

"有什么麻烦吗？"原一平问。

"他想贷 2000 万日元的款用于房地产投资，你能帮他吗？"

"可以。"

"顺便说一下，"他补充说，"我的老板不希望任何本地人知道他的这一行动，这也正是他中意你的原因，记住，保守秘密。"

"我懂，这是我工作的一贯原则。"原一平解释说。

在他们挂断电话之后，原一平给保险公司打了几个电话，安排其中一位与这位商人进行一次会面，不久以后，这人便邀请原一平去他的一艘游艇参观，那天下午，原一平向他卖出了价值 2000 万日元的保险。至此，这是当时原一平曾经做过的最大一笔生意。

注意要重视你的小客户，向他们提供与大客户平等的服务，一视同仁。

每位客户，无论是大是小，都是你的上帝，应享受相同的服务。

小客户慢慢发展，有朝一日也会成功，也会成为潜在的大客户。

小客户会向你介绍一些有钱人，从而带来大客户。

美国学识最渊博的哲学家约翰·杜威说："人类心中最深远的驱策力就是希望具有重要性。"每一个人来到世界上都有被重视、被关怀、被肯定的渴望，当你满足了他的要求后，他被你重视的那一方面就会焕发出巨大的热情，并成为你的朋友。

# 第三章　乔·吉拉德能将商品卖给任何人的秘密

## 让产品成为你的爱人

乔·吉拉德说，我们推销的产品就像武器，如果武器不好使，还没开始我们就已经输了一部分了。努力提高产品的质量，认真塑造产品的形象，培养自己和产品的感情，爱上推销的产品，我们的推销之路一定会顺利很多。

### 一、精通你的产品，为完美推销做准备

客户最希望销售人员能够提供有关产品的全套知识与信息，让客户完全了解产品的特征与效用。倘若销售人员一问三不知，就很难在客户中建立信任感。因此吉拉德在出门前，总先充实自己，多阅读资料，并参考相关信息。做一位产品专家，才能赢得顾客的信任。假设你所销售的是汽车，你不能只说这个型号的汽车可真是好货，你还最好能在顾客问起时说出：这种汽车发动机的优势在哪里，这种汽车的油耗情况和这种汽车的维修、保养费用，以及和同类车比它的优势是什么，等等。

多了解产品知识很有必要，产品知识是建立热忱的两大因素之一。若想成为杰出的销售高手，工作热忱是不可或缺的条件。吉拉德告诉我们：一定要熟知你所销售的产品的知识，才能对你自己的销售工作产生真切的工作热忱。能用一大堆事实证明做后盾，是一名销售人员成功的信号。要激发高度的销售热情，你一定要变成自己产品忠诚的拥护者。如果你用过产品并满意

的话,自然会有高度的销售热情,不相信自己的产品而销售的人,只会给人一种隔靴搔痒的感受,想打动客户的心就很难了。

我们需要产品知识来增加勇气。许多刚出道不久的销售人员,甚至已有多年经验的业务代表,都会担心顾客提出他们不能回答的问题。对产品知识知道得越多,工作时底气越足。

产品知识会使我们更专业。

产品知识会使我们在与专家对谈的时候能更有信心。尤其在我们与采购人员、工程师、会计师及其他专业人员谈生意的时候,更能证明充分了解产品知识的必要。可口可乐公司曾询问过几个较大的客户,请他们列出优秀销售人员最杰出的素质,得到的最多回答是:"具有完备的产品知识。"

你对产品懂得越多,就越会明白产品对使用者来说有什么好处,也就越能用有效的方式为顾客作说明。

此外,产品知识可以增加你的竞争力。假如你不把产品的种种好处陈述给顾客听,你如何能激发起顾客的购买欲望呢?了解产品越多,就越能无所惧怕。产品知识能让你更容易赢得顾客的信任。

## 二、对产品充满信心

推销人员给顾客推销的是本公司的产品或服务,那么你应该明白产品或服务就是把你与顾客联系在一起的纽带。你要让顾客购买你所推销的产品,首先你应该对自己的产品充满信心,否则就不能发现产品的优点,在推销时就不能理直气壮;而当顾客对这些产品提出意见时,就不能找出充分的理由说服顾客,也就很难打动顾客的心。这样一来,整个推销活动难免就成为一句空话了。

如何对你的产品有信心?吉拉德告诉我们以下几种有效的方法:

首先,要熟悉和喜欢你所推销的产品。

如果你对所推销的产品并不十分熟悉,只了解一些表面的浅显的情况,缺乏深入的、广泛的了解,就会影响到你对推销本企业产品的信心。在推销活动中,顾客多提几个问题,就把你"问"住了,许多顾客往往因为得不到满意的回答而打消了购买的念头,结果因对产品解释不清或宣传不力而影响了推销业绩。更严重的问题是,时间一长,不少推销人员会有意无意地把影响业绩的原因归罪于产品本身,从而对所推销的产品渐渐失去信心。心理学认为:人在自我知觉时,有一种无意识的自我防御机制,会处处为自己辩解。

因此，为消除自我意识在日常推销中的负面影响，对本企业产品建立起充分的信心，推销人员应充分了解产品的情况，掌握关于产品的丰富知识。只有当你全面地掌握了所推销产品的情况和知识，才能对说服顾客更有把握，增强自信心。

在熟知产品情况的基础上，你还需喜爱自己所推销的产品。喜爱是一种积极的心理倾向和态度倾向，能够激发人的热情，产生积极的行动，有利于增强人们对所喜爱事物的信心。推销人员要喜爱本企业的产品，就应逐步培养对本企业产品的兴趣。推销人员不可能一下子对企业的产品感兴趣，因为兴趣不是与生俱来的，是后天培养起来的，但作为一种职业要求和实现推销目标的需要，推销人员应当自觉地、有意识地逐步培养自己对本企业产品的兴趣，力求对所推销的产品做到喜爱和相信。

其次，要关注客户需求，推动产品的改进。

任何企业的产品都处在一个需要不断改进和更新的过程之中。因此，推销人员所相信的产品也应该是一种不断完善和发展的产品。产品改进的动力来自于市场和客户，推销人员是距离市场和客户最近的人，他们可以把客户意见以及市场竞争的形势及时反馈给生产部门，还可将客户要求进行综合归纳后形成产品改进的建设性方案提交给企业领导。这样，改进后或新推出的产品不仅更加优良、先进和适应市场需要，而且凝结着推销人员的劳动和智慧，他们就能更加充满信心地去推销这些产品。

最后，还要相信自己所推销的产品的价格具有竞争力。

由于顾客在心理上总认为推销人员会故意要高价，因而总会说价格太高，希望推销人员降价出售。这时，推销人员必须坚信自己的产品价格的合理性。虽然自己的要价中包含着准备在讨价还价中让给顾客的部分，但也绝不能轻易让价；否则，会给人留下随意定价的印象。尤其当顾客用其他同类产品的较低的价格作比较来要求降价时，推销人员必须坚定信念，坚持一分钱一分货，只有这样，才有说服顾客购买的信心和勇气。当然，相信自己推销的产品，前提是对该产品有充分的了解，既要了解产品的质量，又要了解产品的成本。对于那些质量值得怀疑，或者那些自己也认为对方不需要的产品，不要向顾客推销。

## 三、产品至上，认真塑造产品形象

塑造形象的意识是整个现代推销意识的核心。良好的形象和信誉是企业的一笔无形资产和无价之宝，对于推销员来说，在客户面前最重要的是珍惜信誉、重视形象的经营思想。

国内外许多推销界的权威人士提出：推销工作蕴含的另一个重要目的，除了"买我"之外，还要"爱我"，即塑造良好的公众形象。在这里有一点需要说明，那就是树立的形象必须是真实的，公众形象要求以优质的产品、优良的服务以及推销员的言行举止为基础，虚假编造出来的形象也许可能会存在于一时，但不可能长久存在。

具有强烈的塑造形象意识的推销员，清醒地懂得用户的评价和反馈对于自身工作的极端重要性，他们会时时刻刻像保护眼睛一样维护自己的声誉。

有人曾经说过，如果可口可乐公司遍及世界各地的工厂在一夜之间被大火烧光，那么第二天的头条新闻将是"各国银行巨头争先恐后地向这家公司贷款"，这是因为，人们相信可口可乐不会轻易放弃"世界第一饮料"的形象和声誉。这家公司在红色背景前简简单单写上 8 个英文字母"CocaCola"的鲜明生动的标记，通过公司宣传推销工作的长期努力已经得到了全世界消费者的认可，它的形象早已深入各界人士的脑海里，一旦具备了相应的购买条件，他们寻找的饮料必是可口可乐无疑。

对于任何工商企业的推销员而言，确立塑造形象的意识是筹划一切推销活动的前提与基础。只有明确认识良好的形象是一种无形的财富和取用不尽的资源，是企业和产品跻身市场的"护身符"，才能卓有成效地开展各种类型的宣传推广活动。

在我们身边就有活生生的例子：

有位儿童用品推销员介绍了他采用产品接近法推销一种新型铝制轻便婴儿车的前后经过，非常有趣。

我走进一家商场的营业部，发现这是在我所见过百货商店里最大的一个营业部，经营规模可观，各类童车一应俱全。我在一本工商业名录里找到商场负责人的名字，当我向女店员打听负责人工作地点时，进一步核实了他的尊姓大名，女店员说他在后面办公室里，于是我来到那间小小的办公室，刚进去，他就问："喂，有何贵干？"我不动声色地把轻便婴儿车递给他。他又说："什么价钱？"我就把一份内容详细的价目表放在他的面前，他说："送 60 辆来，全要蓝色的。"我问他："您不想听听产品介绍吗？"他回答说："这件产品和价目表已经告诉我所需要了解的全部情况，这正是我所喜欢的购买方式。请随时再来，和您做生意，实在痛快！"

乔·吉拉德说，只有让产品先接近顾客，让产品作无声的介绍，让产品默默在推销自己，这是产品接近法的最大优点。例如，服装和珠宝饰物推销员可以一言不发地把产品送到顾客的手中，顾客自然会看看货物，一旦顾客发生兴趣，开口讲话，接近的目的便达到了。

## 精心地准备销售工具

乔·吉拉德说过，如果让我说出我发展生意的最好办法，那么，我这个工具箱里的东西可能不会让你吃惊，我会随时为销售做好各种准备工作。

### 一、善用名片，把自己介绍给周围的每一个人

金牌推销员吉拉德喜欢去运动场上观看比赛，当万众欢腾时，他就大把大把地抛出自己的名片。在观看橄榄球比赛时，当人们手舞足蹈、摇旗呐喊、欢呼雀跃、忘乎所以的时候，吉拉德同样兴奋不已，只不过他同时还要抛出一叠叠的名片。

吉拉德认为："我把名片放在一个纸袋里，随时准备抛出去。也许有人以为我是在体育场上乱扔纸屑，制造名片垃圾。但是，只要这几百张名片中有一张到了一个需要汽车的人的手中，或者他认识一个需要汽车的人，那么我就可以做成一单生意，赚到足够的现金，抛出些名片我也算划得来了。和打电话一样，扔名片也可以制造推销机会。你应该知道，我的这种做法是一种有效的方法，我撒出自己的名片，也撒下了丰收的种子，我制造了纸屑垃圾，也制造了未来的生意。"

也许你会认为吉拉德的这种做法很奇怪，但是这种做法确实帮他做成了一些交易。很多买汽车的人对这种行为感兴趣，因为扔名片并不是一件平常的事，他们不会忘记这种与众不同的举动。

吉拉德能做出撒名片的惊人之举，到处递名片就更不用说了，他总是设法让所有与他有过接触的人都知道他是干什么的、推销什么东西的，即使是那些卖东西给他的人。甚至在餐馆付账时，他也把名片附在账款中。假如一餐饭的账单是 20 美元，一般人支付 15％的小费是 3 美元，吉拉德常会留下 4 美元，并且附上他的名片，对所有的侍者，吉拉德都采用这种方式。

让与你接触的人知道你是干什么的、你卖的是什么东西，名片就成了最

好的工具，好好利用名片会为你创造许多推销的机会。

## 二、在推销之前准备好道具很有必要

下面是"CFB"公司总裁柯林顿·比洛普的一段创业经历。

在柯林顿事业的初创期，也就是他20来岁的时候，便拥有了一家小型的广告与公关公司。为了多赚一点钱，他同时也为康涅狄格州西哈福市的商会推销会员证。

在一次特别的拜会中，他会晤了一家小布店的老板。这位工作勤奋的小老板是土耳其的第一代移民，他的店铺离那条分隔哈福市与西哈福市的街道只有几步路的距离。

"你听着，年轻人。"他以浓厚的口音对柯林顿说道，"西哈福市商会甚至不知道有我这个人。我的店在商业区的边缘地带，没有人会在乎我。"

"不，先生，"柯林顿继续说服他，"你是相当重要的企业人士，我们当然在乎你。"

"我不相信，"他坚持己见，"如果你能够提出一丁点儿证据反驳我对西哈福商会所下的结论，那么我就加入你们的商会。"

柯林顿注视着他说："先生，我非常乐意为你做这件事。"然后他拿出了准备好的一个大信封。

柯林顿将这个大信封放在小布店老板的展台上，开始重复一遍先前与小老板讨论过的话题。在这期间，小布店老板的目光始终注视着那个信封袋，满腹狐疑地不知道里面到底是什么。

最后，小布店老板终于无法再忍受下去了，便开口问道："年轻人，那个信封里到底装了什么？"

柯林顿将手伸进信封，取出了一块大型的金属牌。商会早已做好了这块牌子，用于挂在每一个重要的十字路口上，以标示西哈福商业区的范围。柯林顿带领他来到窗口说："这块牌子将挂在这个十字路口上，这样一来客人就会知道他们是在这个一流的西哈福区内购物。这便是商会让人们知道你在西哈福区内的方法。"

一抹苍白的笑容浮现在小布店老板的脸上。柯林顿说："好了，现在我已经结束了我的讨价还价了，你也可以将支票簿拿出来结束我们这场交易了。"小布店老板便在支票上写下了商会会员的入会费。

通过这次经历，柯林顿了解到，做推销拜访时带着道具是一种吸引潜在主顾目光的有效方式。你可以想象：当某人带着一个包装精美的东西走进你的办公室时，受访人会如何反应呢？

　　许多时候，前来办事处访问的推销员，许多忘了带打火机，好在有的会客室中经常备有打火机，使场面不至于尴尬，假定这些人跑到没有预备打火机的公司去拜访，将会留给客户一个什么样的印象呢？经常会出现这样一些笑话：那是一位在大热天来访的推销员，因为忘了携带手帕，脸上出了大把汗也无法擦拭，有一个女职员看不过去，就递了手巾给他，使得这个推销员惭愧得半天说不出话来。另外有一个推销员，当要告辞时嘴里面像蚊子叫似的不好意思地说："对不起，是不是可以借我一点钱搭车回去？"一边说着，一边难为情地面红耳赤。

　　这些推销员好像头脑的构造有点儿问题，让人为雇用他们的老板叫屈。

　　甚至于有一些不见棺材不落泪的推销员，连最重要的东西都忘了，譬如价格表、契约书、订货单、公司或自己的名片、货品的说明书……

　　有些为商讨图样而来的推销员，甚至把图样都忘在公司里；某些推销员在成交的阶段粗心大意地忘了带订货单；又有的推销员在前去说明并示范机器时，忘记携带样本或说明书。这样无疑是不持武器而去跟一个装备齐全的老兵交手，怎么会有胜利的希望呢？如果你是初次去访问，也是同样的道理，切不可以为是头一次去，两袖清风亦无妨，反而必须充分准备、确切检视才好。

　　初次见面的人，不知道对方人品、谈话习惯、要求是什么，最好预先打一通电话沟通一下意见，约好了时间地点再去访问。倘若在客户向你征求什么事或什么物件时，你如此回答："啊！对不起，今天没带来，这样好了，我立刻给你送来好不好？"那么客户也许就因为你准备不充分，以此作为拒绝的理由。或许你辩称："对于普通的客户，初次会面时，不至于谈得这么详细。"那你就错了。这句话的前提是"到昨天为止，我所碰到的客户，都是……"但今天以及今后的客户，你能担保他们的情形和从前一样吗？

## 三、拜访客户前做好一切准备

　　推销前要先做好物质准备。

　　物质准备工作做得好，可以让顾客感到推销人员的诚意，可以帮助推销人员树立良好的洽谈形象，形成友好、和谐、宽松的洽谈气氛。

　　物质方面的准备，首先是推销人员自己的仪表准备，应当以整洁大方、干净利落、庄重优雅的仪表给顾客留下其道德品质、工作作风、生活情调等方面良好的第一印象。其次，推销人员应根据访问目的的不同准备随身必备的物品，通常有客户的资料、样品、价目表、示范器材、发票、印鉴、合同纸、笔记本、笔等。

物质准备应当认真仔细，不能丢三落四，以防访问中因此而误事或给顾客留下不好的印象。行装不要过于累赘，风尘仆仆的模样会给人留下"过路人"的印象，这也会影响洽谈的效果。

除做好物质准备外，还要做好情报准备。

一位杰出的寿险业务员不但是一位好的调查员，还必须是一个优秀的社会工作者。在这个世界上，每一个人都渴望他人的关怀，当你带上评估客户的资料去关怀他时，对方肯定会欢迎你的，这样你做业务就容易多了。

乔·吉拉德说："不论你推销的是什么东西，最有效的办法就是让顾客相信，真心相信，喜欢他、关心他。"如果顾客对你抱有好感，你成交的希望就增加了。要使顾客相信你喜欢他、关心他，那你就必须了解顾客，搜集顾客的各种有关资料。

最后，吉拉德中肯地指出："如果你想要把东西卖给某人，你就应该尽自己的力量去收集他与你生意有关的情报……不论你推销的是什么东西。"

如果你每天肯花一点时间来了解自己的顾客，做好准备，铺平道路，那么你就不愁没有自己的顾客。

推销如战斗，推销的积极备战不仅需要物质准备，还需要信息情报的准备。在正式推销之前，推销人员必须尽可能多地搜集有关推销对象的各种信息情报，做到心中有数，包括关于顾客个人的信息，如顾客的家庭状况、爱好以及在企业中的位置等；关于顾客所在企业的信息，如企业规模、经营范围、销售对象、购买量、追求的利润率、企业声誉、购买决策方式以及选择供应商的要求等，做好准备再出发，受益最多的一定是你。

## 记录与客户交流的信息

乔·吉拉德告诉我们，推销人员应该将当天的访问工作进行记录，这对以后的工作会有很大的帮助。

### 一、做好客户访问记录十分重要

1952 年，后来有着"世界首席推销员"之称的齐藤竹之助进入日本朝日生命保险公司从事寿险工作。1965 年，他创下了签订保险合同的世界最高纪录。他一生完成了近 5000 份保险合同，成为日本首席推销员。他推销的金额高达 12.26 亿日元，作为亚洲代表，连续 4 年出席美国百万圆桌会议，并被该会认定为百万圆桌俱乐部终身会员。

那么，齐藤竹之助是如何做到这一切的呢？

他说："无论在什么时候，我都在口袋里装有记录用纸和笔。在打电话、商谈、听讲或是读书时，身边备有记录用纸，使用起来是很方便的。一边打电话，一边可以把对方重要的话记录下来；商谈时可以在纸上写出具体事例和数字转交给客户看。"

齐藤竹之助在自己家中到处放置了记录用纸，包括电视机前、床头、厕所等地方，使自己无论在何时何处，只要脑海里浮现出好主意、好计划，就能立刻把它记下来。

乔·吉拉德也指出：当推销人员访问了一个客户后，应记下他的姓名、地址、电话号码，等等，并整理成档案，予以保存。同时对于自己工作中的优点与不足，也应该详细地进行整理。这样每天坚持下去，在以后的推销过程中会避免许多令人难堪的场面。拿记住别人的姓名这一点来说，一般人对自己的名字比对其他人的名字要感兴趣，但是推销人员如果能记住客户的名字，并且很轻易就叫出来，等于给予别人一个巧妙而有效的赞美。

这种记录还能将你的思想集中起来，专一应用在商品交易上。这样一来，那些不必要的烦恼就会从你大脑中消失。另外，这种记录工作还可以帮助你提高推销方面的专业知识水平。乔·吉拉德在一次讲座中讲过下面这个案例。

杰克一直在向一位顾客推销一台压板机，并希望对方订货，然而顾客却无动于衷。他接二连三地向顾客介绍了机器的各种优点，同时，他还向顾客提出：到目前为止，交货期一直定为 6 个月；从明年一月份起，交货期将设为 12 个月。顾客告诉杰克，他自己不能马上作决定；并告诉杰克，下月再来见他。到了一月份，杰克又去拜访他的客户，杰克把过去曾提过的交货期忘得一干二净。当顾客再次向他询问交货期时，他仍说是 6 个月，杰克在交货期问题上颠三倒四。忽然，杰克想起他在一本有关推销的书上看到的一条妙计，在背水一战的情况下，应在推销的最后阶段向顾客提供最优惠的价格条件，因为只有这样才能促成交易。于是他向顾客建议，只要马上订货，可以降价10％。而上次磋商时，他说过削价的最大限度为5％，顾客听他现在又这么一说，一气之下终止了洽谈，杰克无可奈何，只好扫兴而归。

从这个事例里，我们能得出一个什么样的结论呢？如果杰克在第一次拜访后有很好的访问记录；如果他不是因为交货期和削价等问题的颠三倒四；又如果他能在第二次拜访之前想一下上次拜访的经过，做好准备，那么第二次的洽谈也许会有成功的机会，因为这样可以减少一些不必要的麻烦。

乔·吉拉德告诉我们：客户访问记录应该包括顾客特别感兴趣的问题及顾客提出的反对意见。有了这些记录，才能让你的谈话前后一致，更好地进行以后的拜访工作。

推销人员在推销过程中一定要做好每天的客户访问记录，特别是对那些已经有购买意向的客户，更要有详细的记录，这样当你再次拜访客户的时候，就不会发生与杰克同样的情况了。

## 二、仔细研究顾客购买记录

通过顾客购买记录能为顾客提供更全面的服务，同时，还可以加大顾客的购买力度，提高推销数量。在这一方面，华登书店做得非常好，他们充分利用顾客购买记录来进行多种合作性推销，取得了显著效果。最简单的方法是按照顾客兴趣，寄发最新的相关书籍的书目。华登书店把书目按类别寄给曾经购买相关书籍的顾客，这类寄给个别读者的书讯，实际上也相当于折价券。

这项推销活动是否旨在鼓励顾客大量购买以获得折扣呢？只对了一半。除了鼓励购买之外，这也是一项目标明确、精心设计的合作性推销活动，引导顾客利用本身提供给书店的资讯，满足其个人需要，找到自己感兴趣的书。活动成功的关键在于邀请个别顾客积极参与，告诉书店自己感兴趣和最近开始感兴趣的图书类别。

华登书店还向会员收取小额的年费，并提供更多的服务，大部分顾客也都认为花这点钱成为会员是十分有利的。顾客为什么愿意加入呢？基本上，缴费加入"爱书人俱乐部"，就表示同意书店帮助卖更多的书给自己，但顾客并不会将之视为敌对性的推销，而是合作性的推销。

无论如何，这里要说明的是，任何推销员如果要以明确的方式与个别顾客合作，最重要的就是取得顾客的回馈，以及有关顾客个人需求的一切资料。

拥有越多顾客的购买记录，也就越容易创造和顾客合作的机会，进而为顾客提供满意的服务。

推销员要养成记录的习惯，把有用数据和灵光一现的想法及时记录下来，经过长期积累，就会发现这些记录是一笔宝贵的财富。

# 使用气味来吸引顾客

乔·吉拉德说，推销牛排时最好让顾客听到刺啦声，卖蛋糕时要让蛋糕的香味四溢。销售中只有发现最能吸引顾客的卖点，你的推销才能成功。如果你要出售汽车，就要让他去车上坐一坐，试开一下。

## 一、从满足顾客需求出发介绍商品

乔·吉拉德在《将任何东西卖给任何人》一书中有下面一段表述：

说这句话的人连自己的感觉都不明白。我绝不会忘记我一生中许多让我激动的第一次。我还记得我第一次拿起新电钻的情景。那电钻不是我的，而是邻居的一个小伙伴得到的圣诞礼物。他打开礼物包装时我在旁边，那是一把崭新的电钻。我接过电钻插上电源，不停地到处钻眼。我还记得自己第一次坐进新车的感觉。那时我已经长大了，但以前坐的都是旧车，座位套都有酸臭味了。后来一个邻居在战后买了辆新车，他买回来的第一天我就坐了进去。我绝不会忘记那辆新车的气味。

如果你卖其他的东西，情况就完全不一样了。如果你卖人寿保险，你就无法让顾客闻闻或试试，但只要是能动能摸的东西，你就应该让顾客试一下。在向男士们销售羊毛外套时，有哪位销售员不让顾客先摸摸呢？

所以一定要让顾客坐上车试一下，我一向这么做，这会使他产生拥有该车的欲望。即使没成交，以后当他又想买这辆车时，我还可以试着说服他。当我让男顾客试车时，我一句话都不说，我让他们试驾一圈。有专家说过，这时候就应该向他介绍汽车的各种特点，但我不信。我发现自己说的话越少，他就对车闻和摸得越多，并会开口说话。我就希望他开口说话，因为我想知道他喜欢什么、不喜欢什么。我希望他通过介绍自己的工作单位、家庭及住址等帮助我了解他的经济状况。当你坐在副座上时，顾客通常会把一切有关情况都讲给你听，这样你向他销售和为他申请贷款所需的情况就都有了。因此，让他驾车是一件必须做的事。

人们爱试试新东西的功能，摸摸它及把玩把玩。还记得厂家在加油站搞的减震器演示（你先拉旧减震器的把手，然后再拉新减震器的把手）吗？我相信我们大都体验过，我们都有好奇心。不论你卖什么，你都要想办法演示你的产品，重要的是要确保潜在顾客参加产品的演示。如果你能将产品的功能诉诸人们的感官，那你也在将其诉诸人们的情感。我认为，人们购买大部分商品是由于情感而不是逻辑的原因。

一旦顾客坐上驾驶台，他十有八九要问往哪儿开，我总是告诉他可以随便开。如果他家在附近，我可能建议从他家门口绕一圈，这样他可以让他妻子和孩子看到这辆车，如果有几位邻居正站在门廊上，他们也能看到这辆车，我希望他让大家看到他开着新车，因为我希望他感觉好像已经买了这辆车而正在展示给大家看，这会有助于他下定买车的决心，因为他可能不希望回家后告诉家人自己没有买这辆便宜车。我不想引顾客过分上钩——仅仅一点点。

我不想让顾客试车时开得太远，因为我的时间很宝贵。试车人一般都自认为已开得太远了，虽然事实上并不太远，所以我会让顾客随意开，如果他认为自己开得有点远了，这也会使他感激我。

每一样产品都有它的独特之处，以及和其他同类产品不同的地方，这便是它的特征。产品特征包括一些明显的内容，如尺码和颜色；或一些不太明显的，如原料。从顾客最感兴趣的方面出发来介绍产品，才能吸引顾客的注意力。

产品的特征可以让顾客把你推荐的产品从竞争对手的产品或制造商的其他型号中分辨出来。一位器具生产商可能会提供几个不同款式的冰箱，而每个款式都有些不同的特征。

推销家具时，鼓励顾客亲身体验，请他们用手触摸家具表面的纤维或木料，坐到椅子上或到床上躺一会儿。用餐桌布、食具和玻璃器皿布置桌面；整理床铺后，旋转两个有特色的睡枕；安乐椅旁的桌子上摆放一座台灯和一些读物。给顾客展示如何从沙发床拖拉出床褥，也可请顾客坐到卧椅上，尝试调整它的斜度。

推销化妆品和浴室用品时，提供一些小巧的样品给顾客拿回家用；开启并注明哪些是可试用的产品样本；建议顾客试用你的产品；把沐浴露或沐浴泡沫放进一盆温水中，让顾客触摸它的质感或嗅嗅它的香气。

推销有关食物的东西时，向顾客展示怎样使用某种材料或烹调一种食品。

派发食谱、陈列几款建议的菜肴，并让顾客现场品尝。建议如何把某种食品搭配其他菜式，例如，做一顿与众不同的假日大餐，又或将它制成适合野餐或其他户外活动享用的食物。

## 二、找到顾客购买的诱因

曾经有一位房地产推销员带一对夫妻进入一座房子的院子时，太太发现这房子的后院有一棵非常漂亮的木棉树，而推销员注意到这位太太很兴奋地告诉她的丈夫："你看，院子里的这棵木棉树真漂亮。"当这对夫妻进入房子的客厅时，他们显然对这间客厅陈旧的地板有些不太满意，这时，推销员就对他们说："是啊，这间客厅的地板是有些陈旧，但你知道吗？这幢房子的最大优点就是当你从这间客厅向窗外望去时，可以看到那棵非常漂亮的木棉树。"

当这对夫妻走到厨房时，太太抱怨这间厨房的设备陈旧，而这个推销员接着又说："是啊，但是当你在做晚餐的时候，从厨房向窗外望去，就可以看到那棵木棉树。"当这对夫妻走到其他房间，不论他们如何指出这幢房子的任何缺点，这个推销员都一直重复地说："是啊，这幢房子是有许多缺点。但您二位知道吗？这房子有一个特点是其他房子所没有的，那就是您从任何一间房间的窗户向外望去，都可以看到那棵非常美丽的木棉树。"这个推销员在整个推销过程中一直不断地强调院子里那棵美丽的木棉树，他把这对夫妻所有的注意力都集中在那棵木棉树上了，当然，这对夫妻最后花了50万元买了那棵"木棉树"。

在推销过程中，我们所推销的每种产品以及所遇到的每一个客户，心中都有一棵"木棉树"。而我们最重要的工作就是在最短的时间内找出那棵"木棉树"，然后将我们所有的注意力放在推销那棵"木棉树"上，那么客户就自然而然地会减少许多抗拒。

在你接触一个新客户时，应该尽快地找出那些不同的购买诱因当中这位客户最关心的那一点。最简单有效地找出客户主要购买诱因的方法是通过敏锐地观察以及提出有效的问题。另外一种方法也能有效地帮助我们找出客户的主要购买诱因。这个方法就是询问曾经购买过我们产品的老客户，很诚恳地请问他们："先生/小姐，请问当初是什么原因使您愿意购买我们的产品？"当你将所有老客户的主要的一两项购买诱因找出来后，再加以分析，就能够很容易地发现他们当初购买产品的那些最重要的利益点是哪些了。

如果你是一个推销电脑财务软件的推销员，必须非常清楚地了解客户为什么会购买财务软件，当客户购买一套财务软件时，他可能最在乎的并不是这套财务软件能做出多少漂亮的图表，而最主要的目的可能是希望能够用最有效率和最简单的方式得到最精确的财务报告，进而节省更多的开支。所以，当推销员向客户介绍软件时，如果只把注意力放在解说这套财务软件如何使用、介绍这套财务软件能够做出多少漂亮的图表，可能对客户的影响并不大。如果你告诉客户，只要花 1000 元钱买这套财务软件，可以让他的公司每个月节省 2000 元钱的开支，或者增加 2000 元的利润，他就会对这套财务软件产生兴趣。

## 三、帮助顾客迈出第一步

一家特殊化学制造厂的超级推销员在与一位潜在顾客开始第一次会议时，她是这样进行的："先生，我们在这种情况的应用方面有许多成功的经验，而且在计算出实际金额后，总能带给顾客很好的投资报酬回收。要不，我们先参观一下工厂，可以让你们看看如何组装产品。第二，我们取得你们产品的样本，把它们拆开，并且重新组装，看看有什么方法可以降低组装的成本。接下来，我们一起进行一个投资报酬分析。然后，一起来计算我们所推荐的解决方案会替您的公司省多少钱；接着，再反过来算一下，如果不用我们所推荐的解决之道，会花您多少钱。

"接下来，我们在您的工厂来测试一下我们的产品。如果这个产品成功，我们可以试做一批限量产品。

"如果这个测试很成功，而且限量产品也达到了您要求的标准，我们再决定第一批全量生产的产品数量及交货日期。"

当顾客同意"参观工厂"·后，就表示顾客心理上已经开始接受你了。迈出关键的第一步，然后用良好的服务和优质的产品来吸引顾客直到最后成交，就很简单了。

# 抓住顾客心理促成交易

推销是一种针对客户心理进行说服的艺术，不同的人有不同的购买心理，揣摸顾客的购买心理，运用适当的对策，自然向推销成功迈进了一大步，这也是乔·吉拉德成功的关键之处。

### 一、善于抓住顾客的心理

有一天，一位中年妇女从对面的福特汽车销售商行走进了吉拉德的汽车展销室。

她说自己很想买一辆白色的福特车，就像她表姐开的那辆，但是福特车行的经销商让她过一个小时之后再去，所以先到这儿来瞧一瞧。

"夫人，欢迎您来看我的车。"吉拉德微笑着说。

妇女兴奋地告诉他："今天是我 55 岁的生日，想买一辆白色的福特车送给自己作为生日的礼物。"

"夫人，祝您生日快乐！"吉拉德热情地祝贺道。随后，他轻声地向身边的助手交代了几句。

吉拉德领着夫人从一辆辆新车面前慢慢走过，边看边介绍。在来到一辆雪佛莱车前时，他说："夫人，您对白色情有独钟，瞧这辆双门式轿车，也是白色的。"

就在这时，助手走了进来，把一束玫瑰花交给了吉拉德。他把这束漂亮的花送给夫人，再次对她的生日表示祝贺。那位夫人感动得热泪盈眶，非常激动地说："先生，太感谢您了，已经很久没有人给我送过礼物。刚才那位福特车的推销商看到我开着一辆旧车，一定以为我买不起新车，所以在我提出要看一看车时，他就推辞说需要出去收一笔钱，我只好上您这儿来等他，现在想一想也不一定非要买福特车不可。"

后来，这位妇女就在吉拉德那儿买了一辆白色的雪佛莱轿车。

不同的人有不同的心理，针对不同的心理要采用相应的不同方法。

在与推销员打交道的过程中，顾客的心理活动要经历 3 个阶段：初见推销员，充满陌生、戒备和不安，生怕上当；在推销员的说服下，可能对商品有所了解，但仍半信半疑；在最后决定购买时，又对即将交出的钞票藕断丝连。

利用顾客心理进行推销是一项高超的技术。但是，这绝不意味着利用小聪明耍弄顾客。如果缺乏为顾客服务的诚意，很容易被顾客识破，到头来"机关算尽太聪明，反误了卿卿性命"。推销员的信用等级就可能降为零。

有一个中国商人在叙利亚的阿勒颇办完事，到一家钟表店想为朋友买几块手表，恰逢店主不在，店员赔笑道歉："本人受雇只管修理推销，店主片刻即回，请稍等。"说完走进柜台，在录音机里放入一卷录音带，店里立即响起一支优雅的中国乐曲。中国商人本想告辞，忽然听到这异国他乡的店铺传出的乡音，不觉驻足细听。半小时后，主人归来，生意自然做成了。

这是店员很好地抓住了顾客的思乡之情才促使生意顺利成交。

还有一个利用顾客的惧怕心理进行有效推销的例子。这位高明的推销员是这样说的："太太，现在鸡蛋都是经过自动选蛋机选出的，大小一样，非常漂亮，可常常会出现坏蛋。附近有一个小孩，他妈妈不在家，想吃鸡蛋，就自己煮了吃，没想到吃了坏蛋因此中毒，差一点丢了小命……你瞧，这些都是今天刚下的新鲜鸡蛋……"

惧怕之余，这位太太买下了这些鸡蛋，等推销员走后，她才想到：我怎么知道这些鸡蛋是新鲜的呢？

客户心理虽然有机可循，但是推销员也要认真观察、仔细把握，才能找出推销的捷径。

运用心理战术的一个误区就是不仔细识别顾客的心理特点，对牛弹琴，乱点鸳鸯谱。当顾客一进入你的视线，你就应当迅速判定：他在想什么？你可以从他的年龄、衣着、行为举止、职业等方面来揣摩他的心理。譬如：老年顾客往往处于心理上的孤独期，而中年客户相对比较理智，年轻人则易冲动、充满热情。从职业方面看，企业家多比较自负；经济管理人士头脑精明，喜欢摆出一副自信而且内行的样子；知识分子大多个性强，千万不要伤害他的自尊心或虚荣心……这些经验，都要靠推销员的细心观察才能得来。

## 二、从人性出发引诱顾客

利用人们的心理引诱客户，只要招数得当，距离成功就很近了。

英国作家威廉姆斯创作出版了一本名为《化装舞会》的儿童读物，要小读者根据书中的启示猜出一件"宝物"的埋藏地点。"宝物"是一只制作极为精美、价格高昂的金质野兔。该书出版后，仿佛一阵旋风，不但数以万计的青少年儿童，而且各阶层的成年人也怀着浓厚的兴趣，按自己从书中得到的启示到英国各地寻宝。这次寻宝历时两年多，在英国的土地上留下了无数被挖掘的洞穴。最后，一位 48 岁的工程师在伦敦西北的浅德福希尔村发现了这只金兔，一场群众性探宝的运动才告结束。这时，《化装舞会》已销售了 200 多万册。

过了几年，经过精心策划和构思，威廉姆斯再出新招，写了一本仅 30 页的小册子，描写的是一个养蜂者和一年 4 个季节的变化，并附有 16 幅精制的彩色图画，书中的文字和幻想式的图画包含着一个深奥的谜语，那就是该书的书名，此书同时在 7 个国家发行。这是一本独特的没有书名的书，要求不同国籍的读者猜出该书的名字，猜中者可以得到一个镶着各色宝石的金质蜂王饰物，乃无价之宝。

猜书名的办法与众不同，不是用文字写出来，而是要将自己的意思，通过绘画、雕塑、歌曲、编织物和烘烤物的形状，甚至编入电脑程式的方式暗示书名，威廉姆斯则从读者寄来的各种实物中悟出所要传递的信息，再将其转译成文字。虽然，谜底并不偏涩，细心读过该小册子，十之八九可以猜到，但只有最富有想象力的猜谜者才能获奖。开奖日期定为该书发行一周年之日。届时，他将从一个密封的匣子里取出那唯一写有书名的书，书中就藏着那只价值连城的金蜂饰物。

不到一年，该书已发行数百万册，获奖者是谁还无从知晓，但威廉姆斯本人却早已成为知名人物了。

威廉姆斯成功的关键在于他巧妙地设置了价值连城的"金饵"，既勾起了人们的好奇心，又刺激了人们的发财梦，人为地制造了一场"寻宝热"，是一个典型引诱推销的成功例子。然而，这并不是说引诱推销法只能用于短期促销，也不是说"诱饵"一定要是"宝物"。事实上，如果方法得当，几分真诚、几分关怀，再加上几分"巧心思"，就能够引诱顾客成为长期的"忠实追随者"。

适时抛出"诱饵"，吊吊消费者的胃口，让他们自愿成交，这是推销的一个很高的境界。

## 三、攻心为上促成交

一位学者访问香港时，香港中文大学的一位教授请他到酒店用餐。落座不久，菜和酒就送上来了。"哎——"学者惊奇地发现送上来的这瓶装饰精美的洋酒已开封过并且只有半瓶，就问教授，教授笑而不答，只示意他看瓶颈上吊着的一张十分讲究的小卡片，上书：××教授惠存。教授见学者仍不解，遂起身拉他来到酒店入口处的精巧的玻璃橱窗前，只见里面陈列着各式的高级名酒，有大半瓶的，也有小半瓶的，瓶颈上挂着标有顾客姓名的小卡片。

"这里保管的都是顾客上次喝剩的酒。"教授解释道。

酒店怎么还替顾客保管剩酒？

回到座位上，教授道出了"保管剩酒"的奥秘。原来这是香港酒店业新近推出的一个服务项目，它一面世就受到广大酒店经营者的青睐，纷纷推出这项新业务。它的成功有很多原因。

（1）它有助于不断开拓经营业务。酒店为顾客保管剩酒后，这些顾客再用餐时，就多半会选择存有剩酒的酒店，而顾客喝完了剩酒之后，又会要新酒，于是又可能有剩酒需要酒店代为保管，下次用餐就又会优先选择该店……如此循环往复，不断开拓酒店的生意，吸引顾客成为酒店的固定客户。

（2）有助于激发顾客的高级消费欲望。试想：稍有身份的顾客，肯定不愿让写有自己名字的卡片吊在价廉质次的酒瓶上，曝光于众目睽睽之下。于是，顾客挑选的酒越来越高级，有效地刺激了顾客的消费水平。

（3）有助于提高酒店声誉。试问，连顾客喝剩的酒都精心保管的酒店，服务水平会低吗？经营作风难道还不诚实可靠吗？

保存剩酒使顾客感受到宾至如归的亲切感，顾客光顾酒店的次数自然越来越多。

抓住人性引诱顾客的销售方式数不胜数，各有其妙。有奖销售、附赠礼品、发送赠券、优惠券等，都是引诱推销法的具体运用，唯一不变的是以"利"、以"情"引诱顾客成为其忠实客户。

一次，百货公司的一个推销经理向一订货商推销一批货物。

在最后摊牌时，订货商说："你开的价太高，这次就算了吧。"

推销经理转身要走时，忽然发现订货商脚上的靴子非常漂亮。

推销经理由衷赞美道："您穿的这双靴子真漂亮。"

订货商一愣，随口说了声"谢谢"，然后把自己的靴子夸耀了一番。

这时，那个推销经理反问道："您为什么买双漂亮的靴子，却不去买处理鞋呢?!"

订货商大笑，最后双方握手成交。

没有卖不出去的商品，关键是看推销员推销技巧的高低。分享客户的得意之事，往往让客户有成就感，这样更容易拉近彼此的距离，从而达成交易。


# 全方位获取销售信息

有备而发，一定攻无不胜。多收集销售信息，有百利而无一害。

## 一、接近顾客前务必多收集信息

乔·吉拉德曾指出："如果你想要把东西卖给某人，你就应该尽自己的力量去收集他与你生意有关的情报……不论你推销的是什么东西。"

如果你每天肯花一点时间来了解自己的顾客，做好准备，铺平道路，那么你就不愁没有自己的顾客。

刚开始工作时，吉拉德把搜集到的顾客资料写在纸上，塞进抽屉里。后来，有几次因为缺乏整理而忘记追踪某一位准顾客，他开始意识到自己动手建立顾客档案的重要性。他去文具店买了日记本和一个小小的卡片档案夹，把原来写在纸片上的资料全部做成记录，建立起了他的顾客档案。

吉拉德认为：推销人员应该像一台机器，具有录音机和电脑的功能，在和顾客交往过程中，将顾客所说的有用信息都记录下来，从中把握一些有用的材料。

吉拉德说："在建立自己的卡片档案时，你要记下有关顾客和潜在顾客的所有资料——他们的孩子、嗜好、学历、职务、成就、旅行过的地方、年龄、文化背景及其他任何与他们有关的事情，这些都是有用的推销情报。

"所有这些资料都可以帮助你接近顾客，使你能够有效地跟顾客讨论问题，谈论他们感兴趣的话题，有了这些材料，你就会知道他们喜欢什么、不喜欢什么，你可以让他们高谈阔论、兴高采烈、手舞足蹈……只要你有办法使顾客心情舒畅，他们就不会让你大失所望。"

增强自信，这对于推销人员取得成功至关重要。推销人员在毫无准备的情况下贸然访问准顾客，往往因为情况不明、底数不清，总担心出差错而触怒顾客，因而行动举棋不定、言词模棱两可。顾客看到对自己推销的商品信心不足的推销人员，只会感到担心和失望，进而不能信任推销人员所推销的产品，当然也难以接受。

由此可以看到，接近顾客的准备工作非常重要，尤其是当商品具有贵重、高档、无形、结构复杂、数量较多或顾客所不熟悉等特点时更是如此。

多收集销售信息有助于进一步认定准顾客的资格。

在初步认定准顾客资格的基础上，推销人员已基本确定某些个人和团体是自己的准顾客，但这种认定有时可能不会成为事实，因为真正的准顾客要受其购买能力、购买决策权、是否有已经成为竞争者的顾客和其他种种因素的制约。对于这些制约因素，都要求推销人员必须对准顾客的资格进行进一步的认定，而这项任务务必在接近顾客之前的准备工作中完成，以避免接近顾客时的盲目行为。

收集尽可能多的信息便于制定接近目标顾客的策略。

目标顾客的具体情况和性格特点存在着个体差异，推销人员不能毫无区别地用一种方法去接近所有的顾客。有的人工作忙碌，很难获准见面，有的人却成天待在办公室或家里，很容易见面；有的人比较随和，容易接近，有的人却很严肃，难以接近；有的人时间观念较强，喜欢开门见山地开始推销洽谈，有的人却比较适宜采取迂回战术；有的人喜欢接受恭维，有的人却对此持厌恶的态度，等等。推销人员必须进行充分的前期准备，把握目标顾客诸如上述多方面因素的特点，才能制定出恰当的接近顾客的各种策略。

多收集信息还有利于制订具有针对性的面谈计划。

推销人员在推荐商品时，总是要采取多种多样的形式，在对自己的产品进行游说时，或突出产品制作材料的新颖、先进的生产工艺，或突出产品良好的售后服务和保证，或突出优惠的价格，等等。关键在于推销人员介绍商品的侧重点要切合顾客的关注点，否则，面谈介绍商品的工作就失去针对性，推销的效果会因此而大打折扣，甚至使推销工作无功而返。例如，准顾客最关心的是产品的先进性和可靠的质量，而推销人员只突出产品完善的售后服务，这就有可能使顾客担心产品的返修率高、质量不可靠。推销人员做好前期准备工作，深入挖掘准顾客产生购买行为的源头——购买动机，就能找到准顾客对产品的关注点，制订出最符合准顾客特点的面谈计划。

多收集信息还可以有效地减少或避免推销工作中的失误。

推销人员的工作是与人打交道，要面对众多潜在顾客，每一位潜在顾客都具有稳定的心理特质，有各自的个性特点，推销人员不可能在短暂的推销谈话中予以改变，而只能加以适应，迎合准顾客的这些个性特点。因此，推销人员必须注意顺从顾客的要求，投其所好、避其所恶，做好接近准备，充分了解准顾客的个性、习惯、爱好、厌恶、生理缺陷等，就可尽量避免因触及顾客的隐痛或忌讳而导致推销失败。

## 二、询问顾客获得准确信息

通过询问，推销员可以引导客户的谈话，同时取得更确切的信息，支持其产品的销售。

绝大多数的人都喜欢"说"而不喜欢"听"，他们往往认为只有"说"才能够说服客户购买，但是事实是，客户的需求期望都只能由"听"来获得。试问：如果推销员不了解客户的期望，他又怎么能够达成推销员所签定单的期望？

对于推销员来说，倾听是必须的，但是倾听并不是无原则的。倾听的同时还必须辅之以一定的询问，这种询问的目的就是为了使交易迅速达成。询问时必须使听者有这样一种强烈的印象：该推销员是信心百倍而且认真诚恳的。

推销是可以提一些只能用"是"或"不是"回答的问题，这样的回答是明确的、不容置疑的。

"您会说英语吗？"

"你参观花展了吗？"

"贵公司是否有工会？"

这种提问一般都充当对话过程中一系列问题的一部分，虽并不能引发对方详尽地回答，但却对分辨和排除那些次要的内容很有帮助。这样就可进一步询问了。

卖方："你们是否出口美国？"

买方："没有。"

卖方："贵公司对出口美国是否感兴趣？"

买方："是。"

卖方："我们可以……"

有时候，我们也可以使用一些别有用心的肯定式提问。

这种提问能对回答起引导作用。提问的人一开始就先把对方恭维、吹捧一番，然后在此基础上再提问，对方如果不小心，意志不坚定，就很难摆脱这种事先设计的圈套。

"董事长先生，您有多年从事这种工作的经验，一定同意这是最妥善的安排，是吧？"

"李先生，您是这些人当中最上镜的，一定愿意出镜，对吗？"

下工夫掌握和运用这些提问技巧，会令你受益无穷。运用这种技巧可以使电话交谈按照你所设计的方案顺利进行。以下我们用一家针织品公司推销员与顾客的对话来说明这一点。

推销员："王先生，您好，我是天诗针织品有限公司的孙明，您要购买针织服装吗？"

买方："要。"

推销员："您要买男士针织服装吗?"

买方："要。"

推销员："您要针织外衣和运动装吗?"

买方："要。但现在我们还有些存货……"

如果你用下面这个问题，就少了很多小步骤。

推销员："王先生，您好，我是天诗针织品有限公司的孙明，您需要购买哪类针织服装呢?"

除了要注意提问的方式，还要注意提问时的语气等。

首先，要注意音高与语调。低沉的声音庄重严肃，一般会让客户认真地对待。尖利的或粗暴刺耳的声音给人的印象是反应过火、行为失控。推销员的声音是不宜尖利或粗暴的。

其次，要注意语速。急缓适度的语速能吸引住客户的注意力，使人易于吸收信息。如果语速过慢，声音听起来就会阴郁悲哀，客户就会转而做其他的事情；如果语速过快，客户就会无暇吸收说话的内容，同样影响接收效果。推销员在和客户的沟通过程中，最忌讳的是说话吞吞吐吐、犹豫不决，听者往往会不由自主地变得十分担忧和坐立不安。

最后，还要善于运用强调。推销员在交谈过程中应该适当地改变重音，以便能够强调某些重要词语。如果一段介绍没有平仄、没有重音，客户往往就无法把握推销员说话的内容，同时强调也不宜过多，太多的强调会让人变得晕头转向、不知所云。

# 积极为成交做好准备

乔·吉拉德说，成交是推销的目的，要想顺利成交，就要及时领会客户的想法，积极为成交做好准备。

## 一、及时领会客户的每一句话

华莱士是 A 公司的推销员，A 公司专门为高级公寓小区清洁游泳池，还包办景观工程。B 公司的产业包括 12 幢豪华公寓大厦，华莱士已经向他们的资深董事华威先生说明了 A 公司的服务项目。开始的介绍说明还算顺利，紧接着，华威先生有意见了。

场景一：

华威："我在其他地方看过你们的服务，花园很漂亮，维护得也很好，游泳池尤其干净；但是一年收费10万元？太贵了吧！我付不起。"

华莱士："是吗？您所谓'太贵了'是什么意思呢？"

华威："说真的，我们很希望从年中，也就是6月1号起，你负责清洁管理，但是公司下半年的费用通常比较拮据，半年的游泳池清洁预算只有3万8千元。"

华莱士："嗯，原来如此，没关系，这点我倒能帮上忙，如果您愿意由我们服务，今年下半年的费用就3万8千元，另外6万2千元明年上半年再付，这样就不会有问题了，您觉得呢？"

场景二：

华威："我对你们的服务质量非常满意，也很想由你们来承包；但是，10万元太贵了，我实在没办法。"

华莱士："谢谢您对我们的赏识。我想，我们的服务对你们公司的确很适用，您真的很想让我们接手，对吧？"

华威："不错。但是，我被授权的上限不能超过9万元。"

华莱士："要不我们把服务分为两个项目，游泳池的清洁费用4万5千元，花园管理费用5万5千元，怎样？这可以接受吗？"

华威："嗯，可以。"

华莱士："很好，我们可以开始讨论管理的内容……"

场景三：

华威："我在其他地方看过你们的服务，花园侍弄得还算漂亮，维护修整上做得也很不错，游泳池尤其干净；但是一年收费10万元？太贵了吧！"

华莱士："是吗？您所谓'太贵了'是什么意思？"

华威："现在为我们服务的C公司一年只收8万元，我找不出要多付2万元的理由。"

华莱士："原来如此，但您满意现在的服务吗？"

华威："不太满意，以氯处理消毒，还勉强可以接受，花园就整理得不尽理想；我们的住户老是抱怨游泳池里有落叶；住户花费了那么多，他们可不喜欢住的地方被弄得乱七八糟！虽然给C公司提了很多遍了，可是仍然没有改进，住户还是三天两头打电话投诉。"

华莱士："那您不担心住户会搬走吗？"

华威："当然担心。"

华莱士："你们一个月的租金大约是多少？"

华威："一个月 3 千元。"

华莱士："好，这么说吧！住户每年付您 3 万 6 千元，您也知道好住户不容易找。所以，只要能多留住一个好住户，您多付两万元不是很值得吗？"

华威："没错，我懂你的意思。"

华莱士："很好，这下，我们可以开始草拟合约了吧。什么时候开始好呢？月中？还是下个月初？"

销售过程中及时领会客户的意思非常重要。只有及时领会了客户的意思，推销员才能及时做好准备，才能为下一步的顺利进行创造条件。

## 二、提问能使销售更顺畅

有一天，金克拉预定在南卡罗来纳州格林贝尔市进行演讲，他先向那里的一家旅馆写了预订客房的信。

他以为房间已经预订好了，可是，在踏入那个高级旅馆大厅的一瞬间，就觉察到情况不太妙。这是因为在大厅后方的告示板上有一段文字，大意是："敬致旅客，10 月 11～15 日请不要在南卡罗来纳州格林贝尔市逗留，因为这里正举行纺织品周活动。在一周内以格林贝尔为中心 80 公里以内的旅馆全都满员，房间都是一年前预订的。"

金克拉走近服务台，大胆地对分配房间的服务小姐说："我叫齐格·金克拉，能不能让我查一下我的订房信呢？"

那位服务小姐问："您有过预约吗？"

"有啊，我是用信预约的。"

"什么时候写的信？"那位小姐又问道。

"那是很早以前的事了。"

"大概有多长时间了？"

"大概在 3 周以前吧。而且还打过电话，请看一下记录。"

"金克拉先生，我不得不说……"

"不，请等一下。"金克拉打断了那位服务小姐的话。

恰在这时，又一位服务小姐出现了，原先那位小姐像遇到了救星似的，把金克拉介绍给这位名叫凯瑞的小姐。凯瑞小姐说："金克拉先生，今天晚上……"

金克拉打断了她："请等一下，不要再多说了，能否先回答我两个问题？"

"行啊。"

"第一个问题：你是否认为自己是个正直的人？"

"嗯，那是自然的。"

"好吧，那我就提第二个问题：如果美国大总统从那个门进来，站在你的正前方说'给我找一套房间'的话，请你讲出真实的情况，你是不是会给他准备一套房间呢？"

"嘿，金克拉先生，如果是美国大总统来到这里，我肯定要为他准备一套房间，这样做恐怕你我都能理解吧？"

"我们两人都是正直的人，都能讲真话。你明白我的意思，今天大总统并没有来，所以，请你让我使用他的房间吧！"

那天晚上，金克拉先生如愿以偿地住进了旅馆。而在这之前，主办演讲的单位本想为他订一间客房，但失败了，尽管旅馆老板的秘书是这个单位某职员的夫人。金克拉之所以能住进旅馆，不是因为别的，只是因为他提出的问句。通过对这两个问句的回答，凯瑞小姐已经把自己"塑造"成了一个"正直"的人，一个不讲假话的人，若再说实在是没有房间的话，就会前后矛盾。为了维护自身的形象，唯一的办法就是给金克拉一个房间。

开动脑筋，积极思考应对策略，你就一定能像金克拉先生那样在不可能的情况下达到自己的目的。只要你肯开动脑筋，一切不可能都会变成可能。

## 三、善于使用虚拟手法

彼尔去市场购买一件救生衣。市场上的新救生衣价格都在 40 元以下，就是那种最善于讨价还价的游客，最低也只能压到 36 元。他看到一个游客把价格压到 28 元时，遭到衣贩的斥责。彼尔把这些放在心里仔细琢磨后，顿生一计。

他若无其事地走到衣贩妻子跟前问道："请问这位太太，我想买一件新的救生衣，该付多少钱？"他不等对方回答，接着问道，"记得前些时候，我只花了 25 元就买了一件新的，您是否记得这个摊位在什么地方？"他说完后，像是现在才注意到这个摊位上的救生衣似的，有礼貌地问衣贩，可否以 25 元一件卖给他，他说他欠了一大笔债，妻儿处于饥寒之中。

他的诉苦引得衣贩夫妇大笑起来，衣贩更是唠唠叨叨地抱怨说："如果这样便宜地卖给你，岂不是把我的衬衣都赔进去了？"可是，说归说，终归还是以 25 元一件的价格卖给他了。彼尔用虚拟的情景便以最低的价格买到了救生衣，他的聪明就在于虚拟手法的恰当使用。

詹姆斯先生想买几条好烟，在一家商店里看中了一个品牌的香烟，便开始与店主讨价还价。

"这种香烟最低价是多少？"

"8 元一包。"

"我要是搞批发呢？"

"如果买得多的话，就 7 元 8 角一包。"

"我在别的商店里看到零售价才 7 元 8 角一包。"

"不会的，所有商店里的香烟价钱都一样，如果你认为那边价低，可以去那边买。"

"让我看看你的烟。"詹姆斯先生拿过一条香烟，装着研究的模样，过了一会儿说："你这烟好像是假的。"

"怎么可能呢？这是真烟。"店主像是被揭了自己的短处，迷惑地眨着眼睛。

詹姆斯察觉店主不识烟，道："请你打开一包看看。"

詹姆斯接过烟，抽出一支，指着烟丝说："你看这烟丝，黄中带黑。这个牌子的真的烟丝是金黄金黄的。"

詹姆斯点着烟吸了一口说："你抽抽这烟是什么滋味，真正的烟应该有一种清凉感。"

店主在他的再三攻击下，真以为自己进了假烟，詹姆斯乘机以 50 元一条的价格买了 5 条香烟。

詹姆斯掌握了店主不识烟丝的信息后，虚拟"你这烟是假烟"，同样令店主同意了他的说法。

## 成功结束推销的艺术

推销过程总要结束，不管客户买不买你的产品，都要审时度势，成功结束推销。

## 一、把握成功推销

吉拉德认为，订约签字的那一刹那，是人生中最有魅力的时刻。

他说："缔结的过程应该是比较轻松的、顺畅的，甚至有时候应该充满一些幽默感。每当我们将产品说明的过程进行到缔结步骤的时候，不论是推销员还是客户，彼此都会开始觉得紧张，抗拒也开始增强了，而我们的工作就是要解除这种尴尬的局面，让整个过程能够在非常自然的情况之下发生。"

你在要求成交的时候应该先运用假设成交的方法。当你观察到最佳的缔结时机已经来临时，你就可以直接问客户："你觉得哪一样产品比较适合你？"或者问："你觉得你想要购买一个还是两个？""你觉得我们什么时候把货送到你家里最方便呢？"或者直接拿出你的购买合同，开始询问客户的某些个人资料的细节。

缔结的过程之所以让人紧张，主要的原因在于推销员和客户双方都有所恐惧。推销员恐惧在这个时候遭受客户的拒绝；而客户也有所恐惧，因为每当他们作出购买决定的时候，他们会有一种害怕作错决定的恐惧。

没有一个人喜欢错误的决定，任何人在购买产品时总是冒了或多或少的风险，万一他们买错了、买贵了、买了不合适的产品，他们的家人是否会怪他们，他们的老板或他们的合伙人是不是会对他们的购买决定不满意，这些都会造成客户在作出购买决定的时候犹豫不决或因此退缩。

缔结是成交阶段的象征，也是推销过程中很重要的一环，有了缔结的动作才有成交的机会，但推销员有时却羞于提出缔结的要求，而白白地让成交的机会流失。

有位挨家挨户推销清洁用品的推销员好不容易才说服公寓的主妇，帮他开了铁门，让他上楼推销他的产品。当这位辛苦的推销员在主妇面前完全展示他的商品的特色后，见她没有购买的意识，黯然带着推销品下楼离开。

主妇的丈夫下班回家，她不厌其烦地将今天推销员向她展示的产品的优良性能重述一遍后，她丈夫说："既然你认为那项产品如此实用，为何没有购买？"

"是相当不错，性能也很令我满意，可是那个推销员并没有开口叫我买。"

这是推销员百密一疏、功亏一篑之处，很多推销员，尤其是刚入行的推销员在面对客户时，不敢说出请求成交的话，他们害怕遭到客户的拒绝，生怕只因为这一举动葬送了整笔交易。

　　其实，推销员所做的一切工作，从了解顾客、接近顾客到后来的磋商等一系列行为，最终的目的就是为了成交，遗憾的是，就是这临门一脚也是最关键的一环却是推销员最需要努力学习的。

　　成交的速度当然是越快越好，任何人都知道成交的时间用得越少，成交的件数就越多。有一句话在推销技巧中被喻为金科玉律："成交并不稀奇，快速成交才积极。"这句口号直接说明了速度对于销售的重要性。

　　但是，到底要如何才能达到快速成交的目的？首先必须掌握一个原则：不要作太多说明，商品的特性解说对于客户接受商品的程度是有正面影响的，但是如果解释得太详细反而会形成画蛇添足的窘境。

　　推销员若感觉到客户购买的意愿出现，可以适当地提出销售建议，这是很重要的一环。大多数人在决定买与不买之间都会有犹豫的心态，这时只要敢大胆地提出积极而肯定的要求，营造出半强迫性的购买环境，客户的订单就可以手到擒来。千万不要感到不好意思，以为谈钱很现实，反而要了解"会吵的孩子有糖吃"的道理。

　　适时地尝试可以达到快速成交的理念，倘若提出要求却遭受无情的拒绝，而未能如愿以偿也无妨，只要再回到商品的解说上，接续前面的话题继续进行说明就可以了，直到再一次发现客户的购买意愿出现，再一次提出要求并成交为止。多一份缔结要求就等于多一分成交的机会，推销员必须打破刻板的旧观念，大胆勇于尝试提出缔结的要求。

## 二、任何时候都要留有余地

　　乔·吉拉德说，保留一定的成交余地，也就是要保留一定的退让余地。任何交易的达成都必须经历一番讨价还价，很少有一项交易是按卖主的最初报价成交的。尤其是在买方市场的情况下，几乎所有的交易都是在卖方做出适当让步之后拍板成交的。因此，推销员在成交之前如果把所有的优惠条件都一股脑地端给顾客，当顾客要你再做些让步才同意成交时，你就没有退让的余地了。所以，为了有效地促成交易，推销员一定要保留适当的退让余地。

　　有时进行到了这一步，当电话销售人员要求客户下单的时候，客户可能还会有另外没有解决的问题提出来，也可能他有顾虑。想一想：我们前面更多地探讨的是如何满足客户的需求，但现在，需要客户真正作决定了，他会面临决策的压力，他会更好地询问与企业有关的其他顾虑。如果客户最后没作决定，在销售人员结束电话前，千万不要忘了向客户表达真诚的感谢：

"马经理，十分感谢您对我工作的支持，我会与您随时保持联系，以确保您愉快地使用我们的产品。如果您有什么问题，请随时与我联系，谢谢！"

同时，推销员可以通过说这样的话来促进成交：

"为了使您尽快拿到货，我今天就帮您下定单可以吗？"

"您在报价单上签字、盖章后，传真给我就可以了。"

"马经理，您希望我们的工程师什么时候为您上门安装？"

"马经理，还有什么问题需要我再为您解释呢？如果这样，您希望这批货什么时候到您公司呢？"

"马经理，假如您想进一步商谈的话，您希望我们在什么时候可以确定？"

"当货到了您公司以后，您需要上门安装及培训吗？"

"为了今天能将这件事确定下来，您认为我还需要为您做什么事情？"

"所有事情都已经解决，剩下来的，就是得到您的同意了（保持沉默）。"

"从公司来讲，今天就是下定单的最佳时机，您看怎么样（保持沉默）？"

一旦销售人员在电话中与客户达成了协议，需要进一步确认报价单、送货地址和送货时间是否准备无误，以免出现不必要的误会。

推销时留有余地很容易诱导顾客主动成交。

诱导顾客主动成交，即设法使顾客主动采取购买行动。这是成交的一项基本策略。一般而言，如果顾客主动提出购买，说明推销员的说服工作十分奏效，也意味着顾客对产品及交易条件十分满意，以致顾客认为没有必要再讨价还价，因而成交非常顺利。所以，在推销过程中，推销员应尽可能诱导顾客主动购买产品，这样可以减少成交的阻力。

推销员要努力使顾客觉得成交是他自己的主意，而非别人强迫。通常，人们都喜欢按照自己的意愿行事。由于自我意识的作用，对于别人的意见总会下意识地产生一种"排斥"心理，尽管别人的意见很对，也不乐意接受，即使接受了，心里也会感到不畅快。因此，推销员在说服顾客采取购买行动时，一定要让顾客觉得这个决定是他自己的主意。这样，在成交的时候，他的心情就会十分舒畅而又轻松，甚至为自己做了一笔合算的买卖而自豪。

不要为了让你的客户一时作出购买的决定而对他们作出你根本无法达到的承诺。因为这种做法最后只会让你丧失你的客户，让客户对你失去信心，那是绝对得不偿失的。

许多推销员在成交的最后过程中，为了能使客户尽快地签单或购买产品，而无论客户提出什么样的要求，他们都先答应下来，而到最后当这些承诺无法被满足的时候，却发现绝大多数的情况下会造成客户的抱怨和不满，甚至会让客户取消他们当初的订单。而且当这种事情发生时，我们所损失的不是只有这个客户，而是这个客户以及他周边所有的潜在客户资源。

## 三、成交以后尽量避免客户反悔

有位大厦清洁公司的推销员刘先生，当一栋新盖的大厦完成时，马上跑去见该大厦的业务主任，想承揽所有的清洁工作，例如，各个房间地板的清扫、玻璃窗的清洁、公共设施、大厅、走廊、厕所等所有的清理工作。当刘先生承揽到生意，办好手续，从侧门兴奋地走出来时，一不小心，把消防用的水桶给踢翻，水泼了一地，有位事务员赶紧拿着拖把将地板上的水拖干。这一幕正巧被业务主任看到，他心里很不舒服，就打通电话，将这次合同取消，他的理由是："像你这种年纪的人，还会做出这么不小心的事，将来实际担任本大厦清扫工作的人员，更不知会做出什么样的事来，既然你们的人员无法让人放心，所以我认为还是解约的好。"

推销员不要因为生意谈成，高兴得昏了头，而做出把水桶踢翻之类的事，使得谈成的生意又变泡影，煮熟的鸭子又飞了。

这种失败的例子，也可能发生在保险业的推销员身上，例如，当保险推销员向一位妇人推销她丈夫的养老保险，只要说话稍不留神，就会使成功愉快的交易，变成怒目相视的拒绝往来户。

"现在你跟我们订了契约，相信你心里也比较安心点了吧？"

"什么！你这句话是什么意思，你好像以为我是在等我丈夫的死期，好拿你们的保险金似的，你这句话太不礼貌了！"

于是洽谈决裂，生意也做不成了。

乔·吉拉德提醒大家，当生意快谈拢或成交时，千万要小心应付。所谓小心应付，并不是过分逼迫对方，只是在双方谈好生意，客户心里放松时，推销员最好少说几句话，以免搅乱客户的情绪。此刻最好先将摊在桌上的文件慢慢地收拾起来，不必再花时间与客户闲聊，因为与客户聊天时，有时也会使客户改变心意，如果客户说："嗯！刚才我是同意了，现在我想再考虑一下。"那你所花费的时间和精力就白费了。

成交之后，推销工作仍要继续进行。

专业推销员的工作始于他们听到异议或"不"之后，但他真正的工作则开始于他们听到"可以"之后。

永远也不要让客户感到专业推销员只是为了佣金而工作。不要让客户感到专业推销员一旦达到了自己的目的，就突然对客户失去了兴趣，转头忙其他的事去了。如果这样，客户就会有失落感，那么他很可能会取消刚才的购买决定。

对有经验的客户来说，他对一件产品发生兴趣，但他往往不是当时就买。专业推销员的任务就是要创造一种需求或渴望，让客户参与进来，让他感到兴奋，在客户情绪到达最高点时与他成交。但当客户的情绪低落下来时，当他重新冷静时，他往往会产生后悔之意。

很多客户在付款时都会产生后悔之意。不管是一次付清还是分期付款，总要犹豫一阵才肯掏钱。一个好办法就是：寄给客户一张便条、一封信或一张卡片，再次称赞和感谢他们。

作为一名真正的专业推销员，他不会卖完东西就将客户忘掉，而是定期与客户保持联系，客户会定期得到他提供的服务的。而老客户也会为他介绍更多的新客户。

"猎犬计划"是著名推销员乔·吉拉德在他的工作中总结出来的。主要观点是：作为一名优秀的推销员，在完成一笔交易后，要想方设法让顾客帮助你寻找下一位顾客。

吉拉德认为，干推销这一行，需要别人的帮助。吉拉德的很多生意都是由"猎犬"（那些会让别人到他那里买东西的顾客）帮助的结果。吉拉德的一句名言就是："买过我汽车的顾客都会帮我推销。"

在生意成交之后，吉拉德总是把一叠名片和"猎犬计划"的说明书交给顾客。说明书告诉顾客：如果他介绍别人来买车，成交之后，每辆车他会得到 25 美元的酬劳。

几天之后，吉拉德会寄给顾客感谢卡和一叠名片，以后至少每年他会收到吉拉德的一封附有"猎犬计划"的信件，提醒他吉拉德的承诺仍然有效。如果吉拉德发现顾客是一位领导人物，其他人会听他的话，那么，吉拉德会更加努力促成交易并设法让其成为"猎犬"。

实施"猎犬计划"的关键是守信用——一定要付给顾客 25 美元。吉拉德的原则是：宁可错付 50 个人，也不要漏掉一个该付的人。

1976 年，"猎犬计划"为吉拉德带来了 150 笔生意，约占总交易额的 1/3。吉拉德付出了 1400 美元的"猎犬"费用，收获了 7.5 万美元的佣金。

# 第四章　贝特格无敌推销术

## 听到"不"时要振作

贝特格说："成功不是用你一生所取得的地位来衡量的，而是用你克服的障碍来衡量的。"任何一次推销，推销员都要做好被拒绝的心理准备，面对拒绝要坚持不懈，把坚忍不拔当成一种习惯。

### 一、做好被拒绝的准备

推销员可以说是与"拒绝"打交道的人，战胜拒绝的人，才称得上是推销高手。在战场上，有两种人是必败无疑的：一种是幼稚的乐观主义者，他们满怀豪情，奔赴战场，硬冲蛮打，全然不知敌人的强大，结果不是深陷敌人的圈套，便是惨遭敌人的毒手；另一种是胆小怕死的懦夫，一听到枪炮声便捂起耳朵，一看见敌人就闭上眼睛，东躲西藏、畏缩不前，甚至后退，一旦被敌人发现也是死路一条。这是战场上的原则和规律，但也同样适用于商场和商战。

一个朋友告诉贝特格说，纽约一个制造商正寻找合适的保险公司，想为自己买一份金额是 25 万美元的财产保险。听到这个消息，贝特格立即请这位朋友帮他安排一次会面的机会。

两天后，会面的时间已经安排好，次日上午 10 点 45 分。贝特格为第二天的会面积极地准备着。

第二天早晨，他踏上了前往纽约的火车。

为给自己多一些压力，他一下火车就给纽约最大的一家体检中心打了一个电话，预约好了体检时间。

贝特格很顺利地走进总裁的办公室。

"你好，贝特格先生，请坐。"他说，"贝特格先生，真不好意思，我想你这一次又白跑一趟了。"

"为什么这么说呢？"听到这儿，贝特格有些意外，但并不感到沮丧。

"我已经把我想投保财产保险的计划送交给了一些保险公司，它们都是纽约比较大而且很有名气的公司，其中3个保险公司是我朋友开的，并且有一个公司的老总还是我最好的朋友，我们经常会在周末一起打高尔夫球，他们的公司无论规模还是形象都是一流的。"博恩先生指着他面前办公桌上的一摞文件说。

"没错，这几家公司的确很优秀，像这样的公司在世界上都是不多见的。"贝特格说。

"情况大致就是如此，贝特格先生。我今年是46岁，假如你仍要坚持向我提供人寿保险的方案，你可以按我的年龄，做一个25万美元的方案并把它寄给我，我想我会和那些已有的方案做一个比较加以考虑的。如果你的方案能让我满意，而且价格又低的话，那么就是你了。不过我想，你如果这样做很可能是在浪费我的时间，同时也是在浪费你的时间。希望你慎重考虑。"博恩先生说。

一般情况下，推销员听到这些会就此放弃，但贝特格却没有。他说："博恩先生，如果您相信我，那么我就对您说真话。"

"我是做保险这一行的，如果您是我的亲兄弟，我会让您赶快把那些所谓的方案扔进废纸篓里去。"贝特格冷静而坚守地说道。

"只有真正的保险统计员才能明白无误地了解那些投保方案，而一个合格的保险统计员大概要学习7年左右的时间，假如您现在选择的保险公司价格低廉，那么，5年后，价格最高的公司就可能是它，这是历史发展的规律，也是经济发展的必然趋势。没错，这些公司都是世界上最好的保险公司，可您现在还没有作出决定，博恩先生，如果您能给我一次机会，我将帮助您在这些最好的公司里作出满意的选择，我可以问您一些问题吗？"

"你将了解到你所想知道的所有信息。"

"在您的事业蒸蒸日上的时候，您可以信任那些公司，可假如有一天您离开了这个世界，您的公司就不一定像您这样信任他们，难道不是吗？"

"对，可能性还是有的。"

"那么我是不是可以这样想，当您申请的这个保险生效时，您的生命财产安全也就转移到了保险公司一方？可以想象一下，如果有一天，您半夜醒来，突然想到您的保险昨天就到期了，那么，您第二天早晨的第一件事，是不是会立即打电话给您的保险经纪人，要求继续交纳保险费？"

"当然了！"

"可是，您只打算购买财产保险而没有购买人寿保险，难道您不觉得人的生命是第一位的，应该把它的风险降到最低吗？"

博恩先生说："这个我还没有认真考虑过，但是我想我会很快考虑的。"

"如果您没有购买这样的人寿保险，我觉得您的经济损失是无可估量的，同时也影响了您的很多生意。"

"今天早上我已和纽约著名的卡克雷勒医生约好了，他所做的体检结果是所有保险公司都认可的。只有他的检验结果才能适用于 25 万美元的保险单。"

"其他保险代理不能做这些吗？"

"当然，但我想今天早晨他们是不可以了。博恩先生，您应该很清楚地认识到这次体检的重要性，虽然其他保险代理也可以做，但那样会耽搁您很多时间，您想一下，当医院知道检查的结果要冒 25 万美元的风险时，他们就会作第二次具有权威性的检查，这意味着时间在一天天拖延，您干吗要这样拖延一周，哪怕是一天呢？"

"我想我还是再考虑一下吧！"博恩先生开始犹豫了。

贝特格继续说道："博恩先生，假如您明天觉得身体不舒服，比如说喉咙痛或者感冒的话，那么，就得休息至少一个星期，等到完全康复再去检查，保险公司就会因为您的这个小小的病史而附加一个条件，即观察三四个月，以便证明您的病症是急性还是慢性，这样一来您还得等下去，直到进行最后的检查，博恩先生，您说我的话有道理吗？"

"博恩先生，现在是 11 点 10 分，如果我们现在出发去检查身体，您和卡克雷勒先生 11 点 30 分的约会还不至于耽误。您今天的状态非常不错，如果体检也没什么问题，您所购买的保险将在 48 小时后生效。我相信您现在的感觉一定很好。"

就这样，贝特格做成了这笔生意，他又发掘了一个大客户。

被拒绝是很正常的事，一次、两次、三次，但是 30 次以上还有耐心拜访的人恐怕没有几个，对顾客的拒绝做好心理准备，把被拒绝的客户都当作没有拜访过的客户，订单自然会源源不断。

愚勇和怯懦都将导致失败。怎样才能在推销中获胜呢？孙子曰："知己知彼，百战不殆。"所谓知己，对推销员来说便是知道商品的优劣特点及自己的体力、智力、口才等，并在推销中加以适当发挥。所谓知彼，就是要了解顾客的需要和困难是什么，掌握了这些推销规律和技巧才不怕被顾客拒绝。

有些推销新手缺少被顾客拒绝的经验教训，盲目地认为："我的产品物美价廉，推销一定会一帆风顺。""这家不会让我吃闭门羹！"净往顺利的方面想，根本没有接受拒绝的心理准备，这样推销时一旦交锋，便会被顾客的"拒绝"打个措手不及、仓皇而逃。

推销员必须具备顽强的奋斗精神，不能因顾客的拒绝一蹶不振、垂头丧气，而应该有被拒绝的心理准备，心理上要能做到坦然接受拒绝，并视每一次拒绝为一个新的开始，最后达到推销成功。

贝特格说，推销员与其逃避拒绝，不如抱着被拒绝的心理准备去争取一下。推销前好好研究应对策略，如：顾客可能怎样拒绝、为什么要拒绝、如何对付拒绝等问题。那么你就能反败为胜，获得成功。

## 二、顺着拒绝者的观点开始推销

一个五六岁的孩子因为父母吵架，就撑着一把雨伞蹲在墙角，父母又求又哄，但孩子不理不睬。两天过去了，孩子的体力极度衰竭，最后，他们请来著名的心理治疗大师狄克森先生。狄克森也要了一把雨伞在孩子的跟前蹲下了，他面对孩子，注视着孩子的双眼，向孩子投去关切的目光。终于，孩子从恍惚中震了一下，像沉睡中被闪电惊醒的人，狄克森继续与孩子对视。

孩子突然问："你是什么？"

狄克森反问："你是什么？"

孩子："蘑菇好，刮风下雨听不到。"

狄克森："是的，蘑菇好，蘑菇听不到爸爸、妈妈的吵闹声。"这时，孩子流泪了。

狄克森："做蘑菇好是好，但是蹲久了又饿又累，我要吃巧克力。"他掏出块巧克力，送到孩子鼻子前让他闻一闻，然后放进自己嘴里大嚼起来。

孩子："我也要吃巧克力。"狄克森给了孩子一块巧克力，孩子吃了一半。

狄克森："吃了巧克力太渴，我要去喝水。"说着，他丢掉了雨伞，站了起来，孩子也跟着站起来。

这是一个从学步入手取得信任，然后起步治疗心理障碍的经典案例。其实，克服推销障碍与克服心理障碍的原理是一样的。

每个推销员都会遇到推销被质疑的困扰。

有位做了4年的保险推销顾问经常面对"保险是欺骗，你是骗子"的责难，他怎么办呢？他难道与客户辩论吗？显然不行，他说："您认为我是骗子吗？"

对方答："是啊。你难道不是骗子吗？"

他说："我也经常疑惑，尤其在像您这样的人指责我的时候，我有时真不想干保险了，可就是一直下不了决心。"

对方说："不想干就别干，怎么还下不了决心呢？"

他说："因为我在 4 年时间里已经同 500 多个投保户结成了好朋友，他们一听说我不想继续干下去了，就都不同意，要我为他们提供续保服务。尤其是 13 位理赔的客户，听说我动摇了，都打电话不让我走。"

对方惊讶地问："还有这事？你们真的给投保户赔偿？"

他说："是的，这是我经手的第一桩理赔案……"就这样，他一次又一次战胜了对保险推销的偏见和拒绝，当场改变了对立者的观点，做成了一笔又一笔的业务。

要想推销成功，面对顾客拒绝时首先要接受顾客的观点，然后从顾客的观点出发与顾客沟通，最后沿着共同认可的方向努力，以促成成交。

想成为一名成功的推销人员，你就得学会如何应对客户的拒绝。但这并不保证你学会以后就能一帆风顺，有时碰到难缠的客户，你也只好放弃。总而言之，不妨把挫折当成是磨炼自己的机会，从中学习克服拒绝的技巧，找到被拒绝的症结所在，你就能应对自如了。

## 三、不因拒绝止步不前

有位很认真的保险推销员，当客户拒绝他时，他站起来，拎着公文包向门口走去，突然，他转过身来，向客户深深地鞠了一躬，说："谢谢您，您让我向成功又迈进了一步。"

客户觉得很意外，心想：我把他拒绝得那么干脆，他怎么还要谢我呢？好奇心驱使他追出门去，叫住那位小伙子，问他，为什么被拒绝了还要说谢谢？

那位推销员一本正经地说："我的主管告诉我，当我遭到 40 个人的拒绝时，下一个就会签单了。您是拒绝我的第 39 个人，再多一个，我就成功了。所以，我当然要谢谢您。您给了我一次机会，帮我加快了迈向成功的步伐。"

那位客户很欣赏小伙子积极乐观的心态，马上决定向他投保，还给他介绍了好几位客户。

作为一个推销员，被客户拒绝是难免的，对新手来说也是比较难以接受的。但是再成功的推销员也会遭到客户的拒绝。问题在于优秀的推销员认为被拒绝是常事，并养成了习惯吃闭门羹的气度，他们经常抱着被拒绝的心理准备，并且怀着征服客户拒绝的自信，以极短的时间完成推销。即使失败了，他们也会冷静地分析客户的拒绝方式，找出应付这种拒绝的方法，当下次再遇到这类拒绝时，就会胸有成竹了。这样长此下去，所遇到的真正拒绝就会越来越少，成功率也会越来越高。其实，要想真正取得推销的成功，就得有在客户拒绝面前从容不迫的气魄和勇气，不管遭到怎样不客气的拒绝，推销员都应该保持彬彬有礼的服务态度，不管在什么样的拒绝下都应毫不气馁。

面对客户的拒绝，我们可以选择执著，也可以选择以退为进。

首先，把打开的资料合起来，将工具一一收拾好。这时候动作一定要缓慢，除了极特殊的一些人之外，大多数人不会催你，你已经顺从他或她的意志了。一边收拾，一边轻声叹息："太遗憾了，这么好的东西（方案），您不要……"显示你对商品（方案）的强烈信心，对对方未能拥有商品（方案）表示惋惜。

其次，再把收拾好的资料、工具一一放进包（箱）中，继续说："现在不要，以后还不一定能要呢！现在不马上决定，真是太可惜了……"这时候的语速稍微加快，声音也稍稍提高，又一次表达你对商品的信心的同时制造一种紧迫感，强调此时不要，以后不一定能要成，进行一次强力促成。

如果对方仍无动于衷，就把包（箱）放到左手边，摆出一副立即要中止商谈的架势，趁对方略微放松的一瞬间，突然换一个角度，说："我给您讲一个故事吧……"讲述一个简短而感人的故事，再进行一次情感触动。

若是还不见效，就要真的中止商谈了。把笔插进口袋，站起身，向对方伸出右手（如果你在别人的地盘上，这时候左手拎起包或箱），微笑着说："跟您交谈，真是一件愉快的事情。下次再好好谈一谈，弥补这次的遗憾。"充分显示你并没有把商谈的成败得失放在心上，而是喜欢和对方这个"人"打交道。同时，又争取到了下次面谈的机会。有些高手甚至能做到当场敲定下次面谈的时间。

握手告别后，如果你在别人的地盘上，需要离开商谈场所，转身的动作要干脆利落，与前面的慢声细语形成鲜明的对照，给人留下深刻的印象。转身后别忘记挺胸抬头，使脊背直起来，给对方留下一个美丽的背影，垂头丧气是万万不可取的。

### 四、教你避免被拒绝

顾客回绝的理由是你必须克服的障碍。在各类交谈中，都会遇到对方的回绝。只要有可能，就要设法将对方的回绝变成对你有利的因素。但是一定要摸准对方的心理。贝特格教你战胜别人拒绝的方法。

步骤1：重复对方回绝的话。

这样做具有双重意义。首先，可以有时间考虑；其次，让顾客自己听到他回绝你的话，而且是在完全脱离顾客自己的态度及所讲的话的上下文的情况下听到的。

步骤2：设法排除其他回绝的理由。

用一种干脆的提问方式十分有效。"您只有这一个顾虑吗？"或是用一种较为含蓄的方式："恐怕我还没完全听明白您的话，您能再详细解释一下吗？"

步骤3：就对方提出的回绝理由向对方进行说服。

完成这项工作有多种方式。

回敬法：将顾客回绝的理由作为你对产品宣传的着眼点，以此为基础提出你的新观点。

如果客户说："我不太喜欢这种后开门的车型。"

你可以说："根据全国的统计数字来看，这种车今年最为畅销。"

通过这种方式，你不仅反驳了对方的理由，而且还给对方吃了定心丸。

同有竞争能力的产品进行比较：将产品的优点与其他有竞争能力的产品进行比较，用实例说明自己的产品优于其他同类产品。

还有一种是紧逼法：说明对方回绝的理由是不成立的，以获取对方肯定的回答。

顾客："这种壶的颜色似乎不太好，我喜欢红色的。"

供应商："我敢肯定可以给您提供红色的壶。假如我能做到的话，您是否要？"

顾客："这种我不太喜欢，我希望有皮垫子的。"

家具商："如果我能为您提供带皮垫的安乐椅，您是否会买？"

这种方法极其有效。如果将所有回绝理由都摸清并排除的话，最后一个问题一解决就使对方失去了退路。如果这种方法仍行不通，说明你没能完全把握对方的心理，没能弄清对方的真正用意。

总之，面对顾客的拒绝，你不要后退，再艰难你也要勇敢地闯过去。面对顾客的拒绝，开动脑筋，化不利为有利。任何一个推销员只要做好这个方面的工作，就是一个优秀的推销员。

# 最重要的销售秘诀

任何事情要想成功，都有捷径，销售也不例外。从顾客的喜好入手，适时制造紧张气氛，找到对手最软弱的地方给予一击，将问题化整为零，等等，这就是贝特格的销售秘诀。知道了销售中的秘诀，你离成功还会远吗？

## 一、顾客的喜好是你的出发点

顾客一般都喜欢和别人谈他的得意之处，推销员一定要找好出发点，从顾客的喜好入手。

顾客见到推销员时一般都有紧张和戒备心理，如果直奔主题将很难成功，只有从顾客的喜好出发，调动顾客的积极性才是制胜之道。

美国心理学家弗里德曼和他的助手曾做过这样一项经典实验：让两位大学生访问郊区的一些家庭主妇。其中一位首先请求家庭主妇将一个小标签贴在窗户或在一份关于美化加州或安全驾驶的请愿书上签名，这是一个小的、无害的要求。两周后，另一位大学生再次访问家庭主妇，要求她们在今后的两周时间内，在院中竖立一块呼吁安全驾驶的大招牌，该招牌立在院中很不美观，这是一个大要求。结果答应了第一项请求的人中有55%的人接受了这项要求，而那些第一次没被访问的家庭主妇中只有17%的人接受了该要求。

这种现象被心理学上称之为"登门槛效应"。

一下子向别人提出一个较大的要求，人们一般很难接受，而如果逐步提出要求，不断缩小差距，人们就比较容易接受，这主要是由于人们在不断满足小要求的过程中已经逐渐适应，意识不到逐渐提高的要求已经大大偏离了自己的初衷；并且人们都有保持自己形象一致的愿望，都希望给别人留下前后一致的好印象，不希望别人把自己看作"喜怒无常"的人，因而，在接受了别人的第一个小要求之后，再面对第二个要求时，就比较难以拒绝了，如果这种要求给自己造成的损失并不大的话，人们往往会有一种"反正都已经帮了，再帮一次又何妨"的心理。于是"登门槛效应"就发生作用了，一只脚都进去了，又何必在乎整个身子都要进去呢？

所以，当顾客选购衣服时，精明的售货员为打消顾客的顾虑，会"慷慨"地让顾客试一试，当顾客将衣服穿在身上时，他称赞该衣服很合适，并周到地为你服务，在这种情况下，当他劝你买下时，很多顾客难以拒绝。

做父母的望子成龙，但人才的培养只能循序渐进而不能拔苗助长。尤其是对于年龄较小的孩子，可先提出较低的要求，待他按要求做了，予以肯定、表扬乃至奖励，然后逐渐提高要求，逐渐实现他的人生目标。

## 二、把问题大而化小

问题不过是一个"结果"，在它发生之前，必有潜在原因，只要能找出原因，想出正确的对策，然后付诸行动，那么问题就不可怕了。找出原因并消除它，问题必能获得解决，同时也可避免日后再度发生同样的问题。

从推销业绩的好坏来看，我们不难发现：普通的推销员与顶级的推销员，在对问题的看法上显然有所不同。不用说，前者属于"逃避问题型"，后者则属于"改善问题型"。而所谓的"顶级推销员"，通常都是先逐一解决影响销售成绩的问题，然后才能取得优良的销售业绩，其间的艰辛也是可想而知的。

优秀的销售员发现问题的能力较强，除了平日上司考核的绩效数字，或是最近发生的问题之外，他们还会进一步地发掘问题，并向问题挑战，这样，才会觉得有成就感。优秀的推销员会把"问题"看成宝藏，因此会采取积极的行动，努力去挖掘它。但是，一般的推销员却并非如此，他们碰到问题时，常常会畏缩不前，一味地逃避，刻意"绕道而行"，但最后却被问题绊住了脚，屈服于问题之下。他们的销售业绩为何无法提升，原因就在这里。

总而言之，想要使业绩不断提高，当务之急是改变对问题的看法或想法，积极地面对问题，逐步改善问题，这便是推销员或营业部门的首要工作。

大多数的人只看问题的表面，因而容易感到困惑，这样一来，当问题变得复杂时，便很难找到解决的方法。正确的做法是，当问题发生时，将大问题分解为小问题。因为大问题是由小问题累积而成的，如果能让小问题逐一解决，便可有效地改善大问题。小问题的构成分子是引起大问题的因素；大问题是"结果"，小问题是"原因"，两者的因果关系十分明显。

只有将问题层层剖析，寻找出最初的根源，运用"化整为零"的思考方法，才能透视问题的本质。而且，这种"化整为零"的方法不仅可以分析问题，而且在确立对策及实际上也是不可或缺的。

当我们发现某一问题时，谁都会提醒自己："绝不能再如此下去！"可是，如果问题接二连三地出现，许多人的反应便是束手无策。

在任何情况下，当务之急就是采用重点管理的方法，换句话说，问题固然繁杂，对策也有很多，只要将它们分出轻、重、缓、急，从优先顺序中找出最重要的问题先下手，逐项解决，一切问题便可迎刃而解。

## 三、引起对方的好奇心

英国的十大推销高手之一约翰·凡顿的名片与众不同，每一张上面都印着一个大大的 25％，下面写的是约翰·凡顿，英国××公司。当他把名片递给客户的时候，几乎所有人的第一反应都是相同的："25％，什么意思？"约翰·凡顿就告诉他们："如果使用我们的机器设备，您的成本就将会降低25％。"这一下子就引起了客户的兴趣。约翰·凡顿还在名片的背面写了这么一句话："如果您有兴趣，请拨打电话×××××"，然后将这些名片装在信封里，寄给全国各地的客户。结果把许多人的好奇心都激发出来了，客户纷纷打电话过来咨询。

人人都有好奇心，推销员如果能够巧妙地激发客户的好奇心，就迈出了成功推销的第一步。

推销中引起顾客的好奇心，让他愿意和你交往下去是第一步，找到顾客最软弱的地方给予"致命一击"，则是你接下来要做的工作。

这是一个发生在巴黎一家夜总会的真实故事：为招徕顾客，这家夜总会找了一位身壮如牛的大汉，顾客可随便击打他的肚子。不少人都一试身手，可那个身壮如牛的家伙竟然毫发无损。一天晚上，夜总会来了一位美国人，他一句法语也不懂。人们怂恿他去试试，主持人最终用打手势的办法让那个美国人明白了他该做什么。美国人走了过去，脱下外套，挽起袖子。挨打的大个子挺起胸脯深吸一口气，准备接受那一拳。可那个美国人并没往他肚子上打，而是照着他下巴狠揍了一拳，挨打的大汉当时就倒在了地上。

那个美国人显然是由于误解而打倒了对手，但他的举动恰好符合推销中的一条重要原则—找到对手最软弱的地方给予致命一击。

几年前，在匹兹堡举行过一个全国性的推销员大会，会议期间，雪佛莱汽车公司的公关经理威廉先生讲了一个故事。威廉说，一次他想买幢房子，找了一位房地产商。这个地产商可谓聪明绝顶，他先和威廉闲聊，不久他就摸清了威廉想付的佣金，还知道了威廉想买一幢带树林的房子。然后，他开车带着威廉来到一所房子的后院。这幢房子很漂亮，紧挨着一片树林。他对威廉说："看看院子里这些树吧，一共有 18 棵呢！"威廉夸了几句那些树，开始问房子的价格，地产商回答道："价格是个未知数。"威廉一再问价格，可那个商人总是含糊其辞。威廉先生一问到价格，那个商人就开始数那些树"一棵、两棵、三棵"。最后威廉和那个房地产商成交了，价格自然不菲，因为有那 18 棵树。

讲完这个故事，威廉说："这就是推销！他听我说，找到了我到底想要什么，然后很漂亮地向我做了推销。"

只有知道了顾客真正想要的是什么，你就找到了让对手购买的"致命点"。

好好把握，成功推销很快就能实现了。


# 在极短时间内达成销售

贝特格说，每个人都是你的客户，尊重每一个客户，对不同的客户要具体问题具体分析，适时制造紧张气氛，如果有人情在，你的销售就更容易成功了。

## 一、重视你的每一位顾客

一个炎热的下午，有位穿着汗衫、满身汗味的老农伸手推开厚重的汽车展示中心的玻璃门，他一进入，迎面立刻走来一位笑容可掬的汽车推销员，很客气地询问老农："大爷，我能为您做些什么吗？"

老农夫有点不好意思地说："不，只是外面天气热，我刚好路过这里，想进来吹吹冷气，马上就走了。"

推销员听完后亲切地说："就是啊，今天实在很热，气象局说有 34℃ 呢，您一定热坏了，让我帮您倒杯冰水吧。"接着便请老农坐在柔软豪华的沙发上休息。

"可是，我们种田人衣服不太干净，怕会弄脏你们的沙发。"

推销员边倒水边笑着说："有什么关系，沙发就是给客人坐的，否则，买它干什么？"

喝完冰凉的茶水，老农闲着没事便走向展示中心内的新货车东瞧瞧、西看看。

这时，推销员又走了过来："大爷，这款车很有力哦，要不要我帮您介绍一下？"

"不要！不要！"老农连忙说，"不要误会了，我可没有钱买，种田人也用不到这种车。"

"不买没关系，以后有机会您还是可以帮我们介绍啊。"然后推销员便详细耐心地将货车的性能逐一解说给老农听。

听完后，老农突然从口袋中拿出一张皱巴巴的白纸，交给这位汽车推销员，并说："这些是我要订的车型和数量，请你帮我处理一下。"

推销员有点诧异地接过来一看，这位老农一次要订 12 台货车，连忙紧张地说："大爷，您一下订这么多车，我们经理不在，我必须找他回来和您谈，同时也要安排您先试车……"

老农这时语气平稳地说："不用找你们经理了，我本来是种田的，后来和人投资了货运生意，需要进一批货车，但我对车子外行，买车简单，最担心的是车子的售后服务及维修，因此我儿子教我用这个笨方法来试探每一家汽车公司。这几天我走了好几家，每当我穿着旧汗衫，进到汽车销售行，同时表明我没有钱买车时，常常会受到冷落，让我有点难过……而只有你们公司知道我不是你们的客户，还那么热心地接待我，为我服务，对于一个不是你们客户的人尚且如此，更何况是成为你们的客户……"

重视每一位客户说起来很容易，可是做起来却很难。推销员每天面对那么多人，况且人的情绪也有阴晴不定的时候。抓住每一位顾客的心很难，可是，只有你尊重你的每一位顾客，你才会有机会抓住尽可能多的顾客。

## 二、善于制造紧张气氛

玛丽·柯蒂奇是美国"21 世纪米尔第一公司"的房地产经纪人，1993 年，玛丽的销售额是 2000 万美元，在全美国排名第四。下面是玛丽的一个经典案例，她在 30 分钟之内卖出了价值 55 万美元的房子。

玛丽的公司在佛罗里达州海滨，这里位于美国的最南部，每年冬天，都有许多北方人来这里度假。

1993 年 12 月 13 日，玛丽正在一处新转到她名下的房屋里参观。当时，他们公司有几个业务员与她在一起，参观完这间房屋之后，他们还将去参观别的房子。

就在他们在房屋里进进出出的时候，看见一对夫妇也在参观房子。这时，房主对玛丽说："玛丽，你看看他们，去和他们聊聊。"

"他们是谁？"

"我也不知道。起初我还以为他们是你们公司的人呢，因为你们进来的时候，他们也跟着进来了。后来我才看出，他们并不是。"

"好。"玛丽走到那一对夫妇面前，露出微笑，伸出手说：

"嗨，我是玛丽·柯蒂奇。"

"我是彼特，这是我太太陶丝。"那名男子回答，"我们在海边散步，看见有房子参观，就进来看看，我们不知道是否冒昧了？"

"非常欢迎。"玛丽说，"我是这房子的经纪人。"

"我们的车子就放在门口。我们从西弗吉尼亚来度假，过一会儿我们就要回家去了。"

"没关系，你们一样可以参观这房子。"玛丽说着，顺手把一份资料递给了彼特。

陶丝望着大海，对玛丽说："这儿真美！这儿真好！"

彼特说："可是我们必须回去了，要回到冰天雪地里去，真是一件令人难受的事情。"

他们在一起交谈了几分钟，彼特掏出自己的名片递给了玛丽，说："这是我的名片，我会给你打电话的。"

玛丽正要掏出自己的名片给彼特时，忽然停下了手："听着，我有一个好主意，我们为什么不到我的办公室谈谈呢？非常近，只要几分钟就能到。你们出门往右，过第一个红绿灯，左转……"

玛丽不等他们回答好还是不好，就抄近路走到自己的车前，并对那一对夫妇喊："办公室见！"

车上坐了玛丽的两名同事，他们正等着玛丽呢。玛丽给他们讲了刚才的事情，没有人相信他们将在办公室看见那对夫妇。

等他们的车子停稳，他们发现停车场上有一辆卡迪拉克轿车，车上装满了行李，车牌明明白白显示出：这辆车来自西弗吉尼亚！

在办公室，彼特开始提出一系列的问题。

"这间房子上市有多久了？"

"在别的经纪人名下6个月，但今天刚刚转到我的名下，房主现在降价求售。我想应该很快就会成交。"玛丽回答。她看了看陶丝，然后盯着彼特说："很快就会成交。"

这时候，陶丝说："我们喜欢海边的房子。这样，我们就可以经常到海边散步了。

"所以，你们早就想要一个海边的家了！"

"嗯，彼特是股票经纪人，他的工作非常辛苦，我希望他能够多休息休息，这就是我们每年都来佛罗里达的原因。"

"如果你们在这里有一间自己的房子，就更会经常来这里，并且还会更舒服一些。我认为，这样一来，不但对你们的身体有利，你们的生活质量也将会大大提高。"

"我完全同意。"

说完了这话，彼特就沉默了，他陷入了思考。玛丽也不说话，她等着彼特开口。

"房主是否坚持他的要价？"

"这房子会很快就卖掉的。"

"你为什么这么肯定？"

"因为这所房子能够眺望海景，并且，它刚刚降价。"

"可是，市场上的房子很多。"

"是很多。我相信你也看了很多。我想你也注意到了，这所房子是很少拥有车库的房子之一。你只要把车开进车库，就等于回到了家。你只要登上楼梯，就可以喝上热腾腾的咖啡。并且，这所房子离几个很好的餐馆很近，走路几分钟就到。"

彼特考虑了一会儿，拿了一支铅笔在纸上写了一个数字，递给玛丽："这是我愿意支付的价钱，一分钱都不能再多了。不用担心付款的问题，我可以付现金。如果房主愿意接受，我感到很高兴。"

玛丽一看，只比房主的要价少一万美元。

玛丽说："我需要你拿一万美元作为定金。"

"没问题。我马上给你写一张支票。"

"请你在这里签名。"玛丽把合同递给彼特。

整个交易的完成，从玛丽见到这对夫妇到签好合约，时间还不到 30 分钟。

适时地制造紧张气氛，让顾客觉得他的选择绝对是十分正确的，如果现在不买，以后也就没有机会了。你只要能调动客户，让他产生这样的心情，不怕他不与你签约。

### 三、利用人情这把利器

日本推销专家甘道夫曾对 378 名推销员做了如下调查："推销员访问客户时，是如何被拒绝的？"70％的人都没有什么明确的拒绝理由，只是单纯地反感推销员的打扰，随便找个借口就把推销员打发走，可以说拒绝推销的人之中有 2/3 以上的人在说谎。

作为一个推销员，你可以仔细回顾一下你受到的拒绝，根据以往经验把顾客的拒绝理由加以分析和归类，结果会在很大程度上与上述统计数字接近。

一般人说了谎都会有一些良心的不安，这是人之常情，也是问题的要害，抓住这个要害，就为你以后的推销成功奠定了基础。

顾客没有明确的拒绝理由，便是"自欺欺人"，这就好比在其心上扎了一针，使良心不得安宁。假如推销员能抓住这个要害，抱着"不卖商品卖人情"的信念，那么，只要顾客接受你这份人情，就会买下你的商品，回报你的人情。

"人情"是推销员推销的利器，也是所有工商企业人士的利器，要想做成生意，少不了人情。

一位推销员说起他的一次利用人情推销成功的经验："我下决心黏住他不放，连续两次静静地在他家门口等待，而且等了很长时间，第三天，他让我进门了。这个顾客买下了我的人情。生意成交后，他的太太不无感慨地说：'你来了，我说我先生不在，你却说没关系，你等他，而且就在门口等，我们在家里看着实在不好意思。'"这种人情推销，谁好意思拒绝呢？

利用好人情这把利器，推销时使用它，你一定能快刀斩乱麻，顺利走向成交。

## 必须学会的销售技巧

贝特格告诉我们：销售中也要学会欲擒故纵、出其不意等招数，利用各种资源为推销铺路，尽量从满意的顾客处发展新的业务，不失时机地亮出你的底牌也是很关键的制胜之道。

### 一、欲擒故纵

在推销生涯早期，推销大师威尔克斯先生平时衣衫不整，就连领带也是皱皱巴巴的。他当时的工资很少，佣金不多，除了供给家人衣食外，所剩无几。但他却告诉了后来成为推销大师的库尔曼一个神奇的推销技巧。

威尔克斯当时面临的最大困难就是推销失败。与客户第一次接触后，他常常得到这样的答复："你所说的我会考虑，请你下周再来。"到了下周，他准时去见客户，得到的回答是："我已仔细地考虑过你的建议，我想还是明年再谈吧。"

他感到十分沮丧。第一次见面时他已把话说尽，第二次会谈时实在想不出还要说些什么。有一天，他突发奇想，想到一个办法，第二次会谈竟然旗开得胜。

他把这个神奇的办法告诉库尔曼，库尔曼将信将疑，但还是决定试一试。次日早晨，库尔曼给一位建筑商打电话，约了第二次会谈的时间。此前一周，库尔曼与他会谈过，结果是两周以后再说。

库尔曼按照威尔克斯先生所讲的严格去做。会谈之前，他把本该由客户填的表格填好，包括姓名、住址、职业等。他还填好了客户认可的保险金额，然后在客户签名栏做上重重的标记。

库尔曼按时来到建筑商的办公室，秘书不在，门开着，可以看到建筑商坐在桌前，他认出库尔曼，说："再见吧，我不想考虑你的建议。"

库尔曼装作没听见，大步走了过去，建筑商坚定地说："我现在不会买你的保险，你先放放这事儿，过半年再来吧。"

在他说话的时候，库尔曼一边走近他，一边拿出早已准备好的表格，把表格不由分说地放在他面前。按照威尔克斯先生的指导，库尔曼说："这样可以吧，先生？"

他不由自主地瞥了一眼表格，库尔曼趁机拿出钢笔，平静地等着。

"这是一份申请表吗？"他抬头问道。

"不是。"

"明明是，为什么说不是？"

"在您签名之前算不上一份申请表。"说着库尔曼把钢笔递给他，用手指着做出标记的地方。

真如威尔克斯先生所说，他下意识地接过笔，更加认真地看着表格，后来慢慢地起身，一边看一边踱到窗前，一连 5 分钟，室内悄无声息。最后，他回到桌前，一边拿笔签名，一边说："我最好还是签个名吧，如果以后真有麻烦呢。"

"您愿意交半年呢还是交一年?"库尔曼抑制着内心的激动。

"一年多少钱?"

"只有 500 美元。"

"那就交一年吧。"

当他把支票和钢笔同时递过来时,库尔曼激动得差点跳起来。

欲擒故纵还有一种表现形式,就是在和顾客谈生意的时候不要太心急,如果太心急,只会引起顾客的不信任,把握好结束推销的方法也是促成成交的一种手法。

有一天,一个推销员在一个城市兜售一种炊具,他敲了公园巡逻员凯特先生家的门,凯特的妻子开门请推销员进去。凯特太太说:"我的先生和隔壁的华安先生正在后院,不过,我和华安太太愿意看看你的炊具。"推销员说:"请你们的丈夫也到屋子里来吧!我保证,他们也会喜欢我对产品的介绍。"于是,两位太太"硬逼"着他们的丈夫也进来了。推销员做了一次极其认真的烹调表演。他用他所要推销的那一套炊具,用文火不加水煮苹果,然后又用凯特太太家的炊具煮。这给两对夫妇留下深刻的印象。但是男人们显然装出一副毫无兴趣的样子。

一般的推销员看到两位主妇有买的意思,一定会趁热打铁,鼓动她们买。如果那样,还真不一定能推销出去,因为越是容易得到的东西,人们往往觉得它没有什么珍贵的,而得不到的才是好东西。聪明的推销员深知人们的心理,他决定用"欲擒故纵"的推销术。他洗净炊具,包装起来,放回到样品盒里,然后对两对夫妇说:"嗯,多谢你们让我做了这次表演。我很希望能够在今天向你们提供炊具,但今天我只带了样品,你们将来再买它吧。"说着,推销员起身准备离去。这时两位丈夫立刻对那套炊具表现出了极大的兴趣,他们都站了起来,想要知道什么时候能买得到。

凯特先生说:"请问,现在能向你购买吗?我现在确实有点喜欢那套炊具了。"

华安先生也说道:"是啊,你现在能提供货品吗?"

推销员真诚地说:"两位先生,实在抱歉,我今天确实只带了样品,而且什么时候发货,我也无法知道确切的日期。不过请你们放心,等能发货时,我一定把你们的要求放在心里。凯特先生坚持说:"唔,也许你会把我们忘了,谁知道啊?"

这时,推销员感到时机已到,就自然而然地提到了订货事宜。

于是，推销员说："噢，也许……为保险起见，你们最好还是付定金买一套吧。一旦公司能发货就给你们送来。这可能要等待一个月，甚至可能要两个月。"

适时吊吊客户的胃口，人们往往钟爱得不到的东西，聪明的推销员都会使用这一方法，但是在你没有把握的时候千万不要使用，否则就会弄巧成拙。

## 二、亮出自己的底牌

曾经有一位动物学家发现，狼攻击对手时，对手若是腹部朝天，表示投降，狼就停止攻击。为了证实这一点，这位科学家躺到狼面前，手脚伸展，袒露腹部。果然，狼只是闻了他几下就走开了。这位科学家没有被咬死，但"差点被吓死"。

秦朝末年，谋士陈平有一次坐船过河，船夫见他白净高大，衣着光鲜，便不怀好意地瞄着他。陈平见状，就把上衣脱下，光着膀子去帮船夫摇橹。船夫看到他身上没什么财物，就打消了恶念。

袒露不易，之所以不易，一方面是因为需要极大的勇气和超绝的智慧，另一方面是因为要找准对象。如果对一条狗或一个傻船夫玩袒露的把戏，后果还用说吗？

日常推销工作中，常常可能遇到一些固执的客户，这些人脾气古怪而执拗，对什么都听不进去，始终坚持自己的主张。面对这种执迷不悟的情况，推销员千万不要丧失信心，草草收兵，只要仍存一丝希望，就要做出最后的努力。一般来说，这种最后的努力还是开诚布公的好，索性把牌摊开来打。这种以诚相待的推销手法能够修补已经破裂的成交气氛，当面摊牌则可能使客户重新产生兴趣。

有位推销员很善于揣摩客户的心理活动，一次上门访问，他碰到一位平日十分苛刻的商人，按照常规，对方会把自己拒之门外的。这位推销员灵机一动，仔细分析了双方的具体情况，想出一条推销妙计，然后登门求见那位客户。

双方一见面，还没等坐定，推销员便很有礼貌地说："我早知道您是个很有主见的人，对我今天上门拜访您肯定会提出不少异议，我很想听听您的高见。"他一边说着，一边把事先准备好的18张纸卡摊在客户的面前："请随便抽一张吧！"对方从推销员手中随意抽出一张纸片，见卡片上写的正是客户对推销产品所提的异议。

当客户把 18 张写有客户异议的卡片逐个读完之后，推销员接着说道："请您再把卡片纸反过来读一遍，原来每张纸片的背后都标明了推销员对每条异议的辩解理由。"客户一言未发，认真看完了纸片上的每行字，最后忍不住露出了平时少见的微笑。面对这位办事认真又经验老练的推销员，客户开口了："我认了，请开个价吧！"

摊开底牌是一种非常微妙的计谋，不像其他一些计谋那样可以经常使用，除非你决心一直以坦荡、诚实、胸无城府的形象出现，但这几乎是不可能的。因此，偶尔用一次就够了，可一而不可再。尤其注意不要在同一个人面前反复使用，对方会想：这家伙怎么老没什么长进啊？偶尔为之，下不为例。

# 如何确保顾客的信任

贝特格说："赢得客户的信任，你才能源源不断地得到客户，只有保证顾客对你的信任，你才能稳住你的老客户。"

## 一、首先要赢得顾客的信任

艾丽斯长得很漂亮，从事推销工作没多久时间。她知道电话推销是最快捷、最经济的推销方式之一，也知道打电话的技巧和方法。她几乎用 60% 的时间去打电话、约访顾客。她努力去做了，可遗憾的是业绩还是不够理想。

她自认为自己的声音柔美、态度诚恳、谈吐优雅，可就是约访不到顾客。

一天，她心生一计，她想到打电话最大的弊端是看不到对方的人，不知道对方长什么样子，缺乏信赖感。为什么不想方设法让对方看到自己呢？

于是，她从影集里找出一张最具美感和信赖感的照片，然后把照片扫描到电脑里去，以电子邮件的形式发给顾客，当然会加一些文字介绍。同时，她又把照片通过手机发到不方便接收电子邮件的顾客手机上去。

一般情况下，她打电话给顾客之前，先要告诉对方刚才收到的邮件或短信上的照片就是她。当顾客打开邮件或短信看到她美丽的照片时，感觉立即就不一样了，对她多了几分亲近，多了几分信赖，从此，她的业绩扶摇直上。

赢得顾客的信任，你才能成功地完成销售工作。如果你不能获得顾客的信任，怎么能让人和你成交呢？顾客买你的产品，同时买的也是对你的信任。

贝特格认识一位客户，她是一位高高兴兴的小老太太，她对任何陌生人都持有戒心，之所以同意与贝特格见面，纯粹是因为她的律师做了引荐。

她一个人住，对任何一个她不认识的人都不放心。贝特格在路上时，给她家里打了一个电话，然后抵达时又打了一个电话。她告诉贝特格，律师还未到，不过她可以先和他谈谈。这是因为之前贝特格和她说了几次话，让她放松了下来。当这位律师真正到来时，他的在场已经变得无关紧要了。

贝特格第二次见到这位准客户时，发现她因为什么事情而心神不宁。原来，她申请了一部"急救电话"，这样当她有病时，就可以寻求到帮助。社会保障部门已经批准了她的申请，但一直没有安装。贝特格马上给社会保障部门打电话，当天下午就装好了这部"急救电话"，贝特格一直在她家里守候到整个事情做完。

从那时起，这位客户对贝特格言听计从—给予了他彻底的信任，因为贝特格看到了困扰她的真正事情。现在，她相信贝特格有能力满足她的欲求和需要。这个"额外"的帮忙好像使得贝特格的投资建议几乎变得多余。这些投资建议是贝特格当初出现在她面前的主要原因，虽然那时她对此并无多大兴趣。贝特格说："信任有许多源头。有时候，它赖以建立的物质基础和你的商业建议没有任何关系，而是因为你—作为一名推销员，做了一些额外的小事。恰恰是这点小事，可以为你带来意想不到的收获。"

得到别人如此的信任也是一份不小的荣耀。想必很多人都有这么一个体会：信任会因最奇怪的事情建立，也会被最无关紧要的事情摧毁。忠诚会带来明日的生意和高度的工作满足感。

人们购买的是对你的信任，而非产品或服务。一个推销员所拥有价值最高的东西是客户的信任。成功的推销是感情的交流，而不只是商品。

## 二、取得客户信任的方法

多年来，推销大师贝特格经手了很多保险合同，投保人在保险单上签字，他都复印一份，放在文件夹里。他相信，那些材料对新客户一定有很强的说服力。

与客户的会谈末尾，他会补充说："先生，我很希望您能买这份保险。也许我的话有失偏颇，您可以与一位和我的推销完全无关的人谈一谈。能借用电话吗？"然后，他会接通一位"证人"的电话，让客户与"证人"交谈。"证人"是他从复印材料里挑出来的，可能是客户的朋友或邻居。有时两人相隔很远，就要打长途电话，但效果更好。

初次尝试时，他担心客户会拒绝，但这事从没发生过。相反，他们非常乐于同"证人"交谈。

无独有偶，一个朋友也讲了他的类似经历。他去买电烤炉，产品介绍像雪片一样飞来，他该选谁？

其中有一份因文字特别而吸引了他："这里有一份我们的客户名单，您的邻居就用我们的烤炉，您可以打电话问问，他们非常喜欢我们的产品。"

朋友就打了电话，邻居都说好。自然，他买了那家公司的烤炉。

取得客户的信任有很多种方法，现代营销充满竞争，产品的价格、品质和服务的差异已经变得越来越小，推销人员也逐步意识到竞争核心正聚焦于自身，懂得"推销产品，首先要推销自我"的道理。要"推销自我"，首先必须赢得客户的信任，没有客户信任，就没有展示自身才华的机会，更无从谈起赢得销售成功的结果。要想取得客户的信任，可以从以下几个方面去努力：

1. 自信＋专业

但我们也应该认识到：在推销人员必须具备自信的同时，一味强调自信心显然又是不够的，因为自信的表现和发挥需要一定的基础—"专业"。也就是说，当你和客户交往时，你对交流内容的理解应该力求有"专家"的认识深度，这样让客户在和你沟通中每次都有所收获，进而拉近距离，提升信任度。另一方面，自身专业素养的不断提高，也将有助于自信心的进一步强化，形成良性循环。

2. 坦承细微不足

"金无足赤，人无完人"是至理名言，而现实中的推销人员往往有悖于此。他们面对客户经常造就"超人"形象，及至掩饰自身的不足，对客户提出的问题和建议几乎全部应承，很少说"不行"或"不能"的言语。从表象来看，似乎你的完美将给客户留下信任；但殊不知人毕竟还是现实的，都会有或大或小的毛病，不可能做到面面俱美，你的"完美"宣言恰恰在宣告你的"不真实"。

3. 帮客户买，让客户选

推销人员在详尽阐述自身优势后，不要急于单方面下结论，而是建议客户多方面了解其他信息，并申明：相信客户经过客观评价后会作出正确选择的。这样的沟通方式能让客户感觉到他是拥有主动选择权利的，和你的沟通是轻松的，体会我们所做的一切是帮助他更多地了解信息，并能自主作出购买决策，从而让我们和客户拥有更多的沟通机会，最终建立紧密和信任的关系。

### 4. 成功案例，强化信心保证

许多企业的销售资料中都有一定篇幅介绍本公司的典型客户，推销人员应该积极借助企业的成功案例消除客户的疑虑，赢得客户的信任。在借用成功案例向新客户作宣传时，不应只是介绍老客户名称，还应有尽量详细的其他客户的资料和信息，如公司背景、产品使用情况、联系部门、相关人员、联络电话及其他说明等，单纯告知案例名称而不能提供具体细节的情况，会给客户留下诸多疑问。比如，怀疑你所介绍的成功案例是虚假的，甚至根本就不存在。所以细致介绍成功案例，准确答复客户询问非常重要，用好成功案例能在你建立客户信任工作上发挥重要作用——"事实胜于雄辩"。

# 让人们愿意和你交流

贝特格认为，不同的人有不同的性格，对待不同的人要有不同的方法。交流是很重要的，推销员和客户如果没有交流，就不会有成交这一刻。

## 一、事先调查，了解对方性格

有一天，贝特格访问某公司总经理。

贝特格拜访客户有一条规则，就是一定会做周密的调查。根据调查显示，这位总经理是个"自高自大"型的人，脾气很怪，没有什么爱好。

这是一般推销员最难对付的人物，不过对这一类人物，贝特格倒是胸有成竹、自有妙计。

贝特格首先向前台小姐自报家门："您好，我是贝特格，已经跟贵公司的总经理约好了，麻烦您通知一声。"

"好的，请等一下。"

接着，贝特格被带到总经理室，总经理正背着门坐在老板椅上看文件。过了好一会儿，他才转过身，看了贝特格一眼，又转身看他的文件。

就在眼光接触的那一瞬间，贝特格有种讲不出的难受。

忽然，贝特格大声地说："总经理，您好，我是贝特格，今天打扰您了，我改天再来拜访。"

总经理转身愣住了。

"你说什么?"

"我告辞了,再见。"

总经理显得有点惊慌失措。贝特格站在门口,转身说:"是这样的,刚才我对前台小姐说给我一分钟的时间让我拜访总经理,如今已完成任务,所以向您告辞,谢谢您,改天再来拜访您。再见。"

走出总经理室,贝特格早已浑身是汗。

过了两天,贝特格又硬着头皮去做第二次拜访。

"嘿,你又来啦,前几天怎么一来就走了呢?你这个人蛮有趣的。"

"啊,那一天打扰您了,我早该来向您请教……"

"请坐,不要客气。"

由于贝特格采用"一来就走"的妙招,这位"不可一世"的准客户比上次乖多了。

事先了解你的客户,做了充分调查以后,根据客户的性格特点制订相应的销售策略,让人们愿意和你交流。如果鲁莽行事,后果会很糟糕。

## 二、推销员要练就好口才

推销员的武器是语言,工欲善其事,必先利其器。一个推销员如果没有良好的语言功底,是不可能取得推销的成绩的。

一句话,十样说,就看怎么去琢磨。向客户介绍自己的产品或在商务谈判时,遣词造句是很重要的,它关系着订单签还是不签。

缺乏经验的推销员们似乎并不明白遣词造句所能产生的力量。他们往往对自己的话随意发挥,不是很讲究语言的艺术。

推销员在措辞方面应该注意,他们有时所使用的词语确实没有太多的价值,甚至对于整个推销过程是十分有害的。

在实际推销中,很多平庸的推销员都是凭个人的直觉进行推销,对如何说话更能达到洽谈目的、更能说服顾客并不在意,也很少考虑。但恰恰在语言上,这些看似微不足道的细节却正是阻碍洽谈成功的重要因素。平庸的推销员在洽谈时经常出现错误的谈话方式。

平庸的推销员洽谈时常用以"我"为中心的词句,不利于与顾客发展正常关系,洽谈气氛冷淡,洽谈成功率低。

聪明的推销员应该多使用"您"字。总之,推销员应该仔细推敲自己的遣词造句,做到对自己的说话方式和技巧有独到的把握,这是成为优秀推销员的必备条件之一。

## 三、努力克服怯场心理

几乎所有的艺术表演者都怯过场，在出场前都有相同的心理恐惧：一切会正常无误吗？我会不会漏词、忘表情？我能让观众喜欢吗？

贝特格从事推销的头一年收入相当微薄，因此他只得兼职担任史瓦莫尔大学棒球队的教练。有一天，他突然收到一封邀请函，邀请他演讲有关"生活、人格、运动员精神"的题目，可是当时他面对一个人说话时都无法表达清楚，更别说面对 100 位听众说话了。

由此贝特格认识到，只有先克服和陌生人说话时的胆怯与恐惧才能有成就，第二天，他向一个社团组织求教，最后得到很大的进步。

这次演讲对贝特格而言是一项空前的成就，它使贝特格克服了懦弱的性格。

推销员的感觉基本上与他们完全一样。无论你称之为"怯场""放不开"还是"害怕"，不少推销员很难坦然、轻松地面对客户。很多推销员会在最后签合同的紧要关头突然紧张害怕起来，不少生意就这么被毁了。

从打电话约见面谈时开始，一直到令人满意地签下合同，这条路一直充满惊险。没有人喜欢被赶走，没有人愿意遭受打击，没有人喜欢当"不灵光"的失意人。

有一些推销员，在与客户协商过程中，目标明确、手段灵活，直至签约前都一帆风顺，结果在关键时刻失去了获得工作成果和引导客户签约的勇气。

你会突然产生这种恐惧吗？这其实是害怕自己犯错，害怕被客户发觉错误，害怕丢掉渴望已久的订单。恐惧感一占上风，所有致力于目标的专注心志就会溃散无踪。

在签约的决定性时刻，在整套推销魔法正该大展魅力的时刻，很多推销员却失去了勇气和掌控能力，忘了他们是推销员。

在这个时刻，他们却像等待发成绩单的小学生，心里只有听天由命似地期盼：也许我命好，不至于留级吧。

推销员的心情就此完全改观。前几分钟他还充满信心，情绪高昂，但现在却毫无把握，信心全无了。这种情况，通常都是以丢了生意收场。

客户会突然间感觉到推销员的不稳定心绪，并借机提出某种异议，或干脆拒绝这笔生意。推销员大失所望、身心疲惫，脑子里只有一个念头：快快离开客户，然后心里沮丧得要死。

如何避免这种状况发生呢？无疑只有完全靠内心的自我调节，这种自我调节要基于以下考虑：就好像推销员的商品能够解决客户的问题一样，优秀的推销员应该能帮助客户作出正确的决定。

推销员其实是个帮助人的好角色——那他有什么好害怕的呢？签订合同这个推销努力的辉煌结果，不能被视为（推销员的）胜利，或者（客户的）失败，反过来也是一样，无所谓胜或败，毋宁说是双方都希望达到的一个共同目标，而推销员和客户，本来就不是对立的南北两极。

请你暂且充当一下推销高手的角色吧，我们这样画一张图：

你牵着客户的手，和他一起走向签约之路，带他去签约，客户会觉得你亲切体贴，而他的感激正是对你最好的鼓舞！

在途中，客户几乎连路都不用看（他是被人引导的嘛），只顾着欣赏你带他走过的美妙风景，而你却以亲切动人的体贴心情一路为他指引解说。

"游园"之后，客户会自动与你签约并满怀感激地向你道别。因为，达到目的，也是他一心想往的，何况这趟"郊游之旅"又是如此美妙！

有没有发觉在这里为什么要为你描述这么一幅美好与和谐的图像？因为，你把它转化到内心深处，就一定能毫无畏惧地和客户周旋。

其实，你只要打定主意在整个事件中扮演向导的角色就对了。在推销商谈的一开始，你要抓住客户的手，一路引他走到目的地。

只有你知道带客户走哪一条路最好——而到达目的地时，你要适时说声："我们到了！"在途中，你有的是时间帮客户的忙，因此他会感激你。

正如你已经了解的道理：消极的暗示（如我不害怕）通常不会产生正面的影响力。相反，上面那样一幅正面的、无忧无惧的图像，才会被你的潜意识高高兴兴地接纳吸收，并且加以强化。

而你这位伸出援助之手的人，就当然不会害怕面对客户，一定是信心十足地请客户作决定——拿到你的合同。

推销员的推销成绩与推销次数成正比，持久推销的最好方法是"逐户推销"，推销的原则在于"每户必访"。但是，并不是每一个推销员都能做到这一点。

"我家的生活水平简直无法与此相比。"面对比自己更有能力、比自己更富有、比自己更有本领的人而表现出的自卑感，使某些推销员把"每户必访"的原则变为"视户而访"。他们甩过的都是什么样的门户呢？就是在心理上要躲开那些令人望而生畏的门户，而只去敲易于接近的客户的门。这种心理正是使"每户必访"的原则一下子彻底崩溃的元凶。

莎士比亚说："如此犹豫不决，前思后想的心理就是对自己的背叛，一个人如若惧怕'试试看'的话，他就把握不了自己的一生。"

因此，遇到难访门户不绕行、不逃避，挨家挨户地推销，战胜自己的畏惧心理，推销的前景才会一片光明。


# 不要害怕失败

失败离成功很近，不要害怕失败，要努力挖掘成功潜力。从失败中得到的教训，是最宝贵的资源。

## 一、用积极心态面对失败

美国推销员协会曾经做过一次调查研究，结果发现：80％销售成功的个案，是推销员连续 5 次以上的拜访达成的。这证明了推销员不断地挑战失败是推销成功的先决条件。48％的推销员经常在第一次拜访之后便放弃了继续推销的意志；25％的推销员拜访了两次之后，也打退堂鼓了；12％的推销员拜访了 3 次之后，也退却了；5％的推销员在拜访过 4 次之后放弃了；仅有1％的推销员锲而不舍，一而再、再而三地继续登门拜访，结果他们的业绩占了全部销售的 80％。

推销员所要面对的拒绝是经常性的，这需要每一位从业人员拥有积极的心态和正确面对失败的观念，

一个人的心理会对他的行为产生微妙的作用，当你有负面的心态时，你所表现出来的行为多半也是负面与消极的。如果你真的想将推销工作当作你的事业，首先必须拥有正面的心态。因此，不要再用"我办不到"这句话来作为你的借口，而要开始付诸行动，告诉自己"我办得到"。

只要你在从事推销工作，无论时间长短、经验多少，失败都是不可避免的。但是，同样是经历风雨，有的人可以获得最后的成功，有的人却一事无成。因为，问题不在于失败，而在于对失败的态度。有些业务人员失败一次，就觉得是自己无能的象征，把失败记录看成是自己能力低下的证明。这种态度才是真正的失败。

如果害怕失败而不敢有所动作，那就是在一开始就放弃了任何成功的可能。当你面对失败的时候，记住：勇敢的战士是屡败屡战，只有注定一生无成的人，才会屡战屡败。

## 二、从失败中找到成功的希望

在沙漠里，有 5 只骆驼吃力地行走，它们与主人带领的 10 只骆驼走散了，前面除了黄沙还是黄沙，一片茫茫，它们只能凭着最有经验的那只老骆驼的感觉往前走。

不一会儿，从它们的右侧方向走出一只筋疲力尽的骆驼，原来它是一周前就走散的另一只骆驼。另外 4 只骆驼轻蔑地说："看样子它也不是很精明啊，还不如我们呢！"

"是啊，是啊，别理它！免得拖累咱们！"

"咱们就装着没看见，它对我们可没有什么帮助！"

"看那灰头土脸的样子……"

这 4 只骆驼你一言我一语，都想避开路遇的这只骆驼。老骆驼终于开腔了："它对我们会很有帮助的！"

老骆驼热情地招呼那只落魄的骆驼过来，对它说道："虽然你也迷路了，境遇比我们好不到哪里去，但是我相信你知道往哪个方向是错误的，这就足够了，和我们一起上路吧！有你的帮助，我们会成功的！"

我们当然可以嘲笑别人的失败，但如果我们能从别人的失误中提供机遇，从别人的失败中学习经验，那最好不过了。把别人的失败当成对自己的大声忠告，这非常有利于自己的成长。

遭遇拒绝、遭遇失败是人之常情，世上并没有常胜不败的将军。遭遇拒绝、遭遇失败的原因无非是自己还有缺陷，谁不希望得到完美的东西，而会去企求有缺陷的东西呢？当然世上也不可能有毫无缺陷的东西，但是我们应尽量地完善自己，把自己完善到足以让人接受、使人认同的程度。这样，即使遇到困难也能克服，遇到关卡也能越过，也就不至于在遇到挫折时使自己陷入困境不能自拔了。

因此，要想让别人接受你、赞许你，要想成功，你就不能害怕困难和挫折，不能害怕别人的拒绝。相反，你要把拒绝当作你的励志之石，当成你不断完善、走向成功的动力。但是，在现实生活中并非所有的人都懂得这些道理。因此，他们在遇到困难挫折时就采取了完全不同的态度。

高尔文是个身强力壮的爱尔兰农家子弟，充满进取精神。13岁时，他见到别的孩子在火车站月台上卖爆玉米花赚钱，也一头闯了进去。但是，他不懂得，早占住地盘的孩子们并不欢迎有人来竞争。为了帮他懂得这个道理，他们无情地抢走了他的爆玉米花，并把它们全部倒在街上。第一次世界大战以后，高尔文从部队复员回家，他又雄心勃勃地在威斯康星办起了一家公司。可是无论他怎么卖劲折腾，产品始终打不开销路。有一天，高尔文离开厂房去吃午餐，回来只见大门被上了锁，公司被查封，高尔文甚至不能够进去取出他挂在衣架上的大衣。高尔文并没有气馁，积极寻找着下一次机会。

1926年他又跟人合伙做起收音机生意来。当时，全美国估计有3000台收音机，预计两年后将会扩大100倍。但这些收音机都是用电池作能源的，于是他们想发明一种灯丝电源整流器来代替电池。这个想法本身不错，但产品却仍打不开销路。眼看生意一天天走下坡路，他们似乎又要停业关门了。高尔文通过邮购销售的办法招徕了大批客户。他手里一有了钱，就办起专门制造整流器和交流电真空管收音机的公司。可是不到3年，高尔文又破了产，此时他已陷入绝境，只剩下最后一个挣扎的机会了。当时他一心想把收音机装到汽车上，但有许多技术上的困难有待克服。到1930年底，他的制造厂的账面上竟欠了374万美元。在一个周末的晚上，他回到家中，妻子正等着他拿钱来买食物、交房租，可他摸遍全身只有24美元，而且全是赊来的。

然而，经过多年的不懈奋斗，如今的高尔文早已腰缠万贯，他盖起的豪宅就是用他的第一部汽车收音机的牌子命名的。

可以说，在困难面前没有失败就没有成功，失败是成功之母！只遭遇一次失败就失去信念，就不去挑战困难，实际上就等于放弃了人生成功的机会，殊不知机会就隐藏在失败背后。你战胜的困难越多，你人生成功的机会也就越多。这就如同淘金一样，淘掉的沙子越多，得到的金子也就越多。沙子的多少与金子的多少是成正比的，失败与成功的关系就如同沙子与金子的关系。

贝特格指出：要成功，首先不要畏惧困难，不要让困难把你的心态摧垮。其次，要成功还得正视困难、研究困难，从战胜困难中总结经验教训，通过困难磨炼自己的意志品格，练就一身战胜困难的本领。

# 第五章　托德·邓肯告诉你如何成为销售冠军

## 排练法则—排练好销售这幕剧

托德·邓肯认为：决定销售成败的因素很多，在销售前充分考虑好各方面的情况，排练好销售这幕剧至关重要。

### 一、销售尽量让气氛融洽

在推销洽谈的时候，气氛是相当重要的，它关系到交易的成败。只有当推销员与顾客之间感情融洽时，才可以在和谐的洽谈气氛中推销商品。推销员把顾客的心与自己的心相通称为"沟通"。即使是初次见面的人，也可以由性格、感情的缘故而"沟通"。

那么怎样才能创造融洽的气氛呢？要注意的地方很多，比如时间、地点、场合、环境等。但最重要的一点是：推销员应当处处为顾客着想。

年轻气盛、没有经验的推销员在向顾客推销产品时，往往不愿倾听顾客的意见，自以为是、盛气凌人，不断地同顾客争论，这种争论又往往发展成为争吵，因而妨碍了推销的进展。要知道，在争吵中击败客户的推销员往往会失去达成交易的机会。推销员不是靠同顾客争论来赢得顾客。同时，推销员也知道，顾客要是在争论中输给推销员，就没有兴趣购买推销员的产品了。

没有人喜欢那些自以为是的人，更不会喜欢那些自以为是的推销员。推销员对那些自作聪明者的不友好的建议很反感，就是那些友好的建议，只要它们不符合推销员的愿望，有时推销员也同样会感到很反感。所以，有些推销员总是愿意同顾客进行激烈的争论。可能他们忘记了这样一条规则：当某一个人不愿意被别人说服的时候，任何人也说服不了他，更何况是要他掏腰包。

托德·邓肯告诉我们：要改变顾客的某些看法，推销员首先必须使顾客意识到改变看法的必要性，让顾客知道你是在为他着想，为他的利益考虑。

改变顾客的看法，要通过间接的方法，而不应该直接地影响顾客，要使顾客觉得是他们自己在改变自己的看法，而不是其他人或外部因素强迫他们改变看法。在推销洽谈开始的时候，要避免讨论那些有分歧意见的问题，着重强调双方看法一致的问题。要尽量缩小双方存在的意见分歧，让顾客意识到你同意他的看法，理解他提出的观点。这样，洽谈的双方才会有共同的话题，洽谈的气氛才会融洽。

应当尽量赞同顾客的看法。因为你越同意顾客的看法，他对你的印象就越深，推销洽谈的气氛就对你越有利。如果你为顾客着想，顾客也就能比较容易地接受你的建议。有时候必要的妥协有助于彼此互相迁就，有助于加强双方的联系。推销员不应过多地考虑个人的声誉问题，一个过分担心自己的声誉受到损害的推销员很快就不得不担心他的推销。

在推销洽谈中，即使在不利的情况下也应该努力保持镇静。当顾客说推销员准备向他兜售什么无用的笨货的时候，应当友好地对他笑一笑，并且说："无用的笨货？我怎么会推销那些东西呢？特别是我怎么能向您这样精明的顾客推销那些东西呢？我为什么要和您开那样的玩笑呢？您想一想，还有什么比我们之间的友谊更重要？"

有时候，推销洽谈会出现僵局，双方都坚持己见，相持不下。如果出现这种情况，明智的推销员会设法缓和洽谈的气氛，或者改变洽谈的话题，甚至把洽谈中断，待以后再进行。总之，绝不在气氛不佳的情况下进行洽谈。

托德·邓肯认为：在空间上和客户站在同一个高度是使气氛融洽的很好的一个方法。

回想一下你被上级叫去，面对面地站着讲话的情景，大概就可以体会到那种使人发窘的气氛。人是在无意识中受气氛支配的，最能说明问题的事例便是日本的 SF 经营方法。其方法是等顾客多起来后，运用独特的语言向人们发起进攻，让人觉得如果失去这次机会，就不可能在如此优越的条件下买到如此好的东西，抱有此种观点的顾客事后都发现"糊里糊涂地就买了"。这种人太多了。

再次推销时，常常要说："对不起，能否借把椅子坐？"若不是过于笨拙是绝不会被拒绝的。如一边说着"科长前几天谈到的那件事……"一边靠近对方身体，从而进入了同等的"势力范围"，这样做既能从共同的方向一起看资料，又能形成亲密气氛。不久，顾客本人也较快地意识到并增添了双方的亲密感。

空间上的恰当位置是促进人与人之间关系密切的辅助手段，是非常重要的绝不可忽视的手段。

## 二、学会让顾客尽量说"是"

世界著名推销大师托德·邓肯在推销时，总爱向客户问一些主观答"是"的问题。他发现这种方法很管用，当他问过五六个问题，并且客户都答了"是"，再继续问其他关于购买方面的知识，客户仍然会点头，这个惯性一直保持到成交。

托德·邓肯开始搞不清里面的原因，当他读过心理学上的"惯性"后，终于明白了，原来是惯性化的心理使然。他急忙请了一个内行的心理学专家为自己设计了一连串的问题，而且每一个问题都让自己的准客户答"是"。利用这种方法，托德·邓肯缔结了很多大额保单。

优秀的推销员可以让顾客的疑虑统统消失，秘诀就是尽量避免谈论让对方说"不"的问题。而在谈话之初，就要让他说出"是"。销售时，刚开始的那几句话是很重要的，例如，"有人在家吗……我是××汽车公司派来的。是为了轿车的事情前来拜访的……""轿车？对不起，现在手头紧得很，还不到买的时候。"

很显然，对方的答复是"不"。而一旦客户说出"不"后，要使他改为"是"就很困难了。因此，在拜访客户之前，首先就要准备好让对方说出"是"的话题。

关键是想办法得到对方的第一句"是"。这句本身虽然不具有太大意义，但却是整个销售过程的关键。

"那你一定知道，有车库比较容易保养车子喽？"除非对方存心和你过意不去。否则，他必须同意你的看法。这么一来，你不就得到第二句"是"了吗？

优秀的推销员一开始同客户会面，就留意向客户做些对商品的肯定暗示。

"夫人，您的家里如装饰上本公司的产品，那肯定会成为邻里当中最漂亮的房子！"

当他认为已经到了探询客户购买意愿的最好时机，就这样说：

"夫人，您刚搬入新建成的高档住宅区，难道不想买些本公司的商品，为您的新居增添几分现代情趣吗？"

优秀的推销员在交易一开始时，利用这个方法给客户一些暗示，客户的态度就会变得积极起来。等到进入交易过程中，客户虽对优秀的推销员的暗示仍有印象，但已不认真留意了。当优秀的推销员稍后再试探客户的购买意愿时，他可能会再度想起那个暗示，而且还会认为这是自己思考得来的呢！

客户经过商谈过程中长时间的讨价还价，办理成交又要经过一些琐碎的手续，所有这些都会使得客户在不知不觉中将优秀的推销员预留给他的暗示当作自己所独创的想法，而忽略了它是来自于他人的巧妙暗示。因此，客户的情绪受到鼓励，定会更热情地进行商谈，直到与推销员成交。

"我还要考虑考虑！"这个借口也是可以避免的。一开始商谈，就立即提醒对方应当机立断就行了。

"您有目前的成就，我想，也是经历过不少大风大浪吧！要是在某一个关头稍微一疏忽，就可能没有今天的您了，是不是?"不论是谁，只要他或她有一丁点成绩，都不会否定上面的话。等对方同意甚至大发感慨后，优秀的推销员就接着说：

"我听很多成功人士说，有时候，事态逼得你根本没有时间仔细推敲，只能凭经验、直觉而一锤定音。当然，一开始也会犯些错误，但慢慢地判断时间越来越短，决策也越来越准确，这就显示出深厚的功力了。犹豫不决是最要不得的，很可能坏大事呢，是吧?"

即使对方并不是一个果断的人，他或她也会希望自己是那样的人，所以对上述说法点头者多，摇头者少。因此下面的话就顺理成章了：

"好，我也最痛恨那种优柔寡断、成不了大器的人。能够和您这样有决断力的人交谈，真是一件愉快的事情。"这样，你怎么还会听到"我还要考虑考虑"之类的话呢?

任何一种借口、理由，都有办法事先堵住，只要你好好动脑筋，勇敢地说出来。也许，一开始，你运用得不纯熟，会碰上一些小小的挫折。不过不要紧，总结经验教训后，完全可以充满信心地事先消除种种借口，直奔成交，并巩固签约成果。

## 三、抓住顾客心理促成交易

托德·邓肯讲过这样一个故事：

有两家卖粥的小店，左边小店和右边小店每天的顾客相差不多，都是川流不息、人进人出的。

然而晚上结算的时候，左边小店总是比右边小店多出百十元来，天天如此。

于是一天，我走进了右边那个粥店。

服务小姐微笑着把我迎进去，给我盛好一碗粥，问我："加不加鸡蛋？"我说加。于是她给我加了一个鸡蛋。

每进来一个顾客，服务员都要问一句："加不加鸡蛋？"有说加的，也有说不加的，大概各占一半。

过了一天，我又走进了左边那个小店。

服务小姐同样微笑着把我迎进去，给我盛好一碗粥，问我："加一个鸡蛋，还是加两个鸡蛋？"我笑了，说："加一个。"

再进来一个顾客，服务员又问一句："加一个鸡蛋还是加两个鸡蛋？"爱吃鸡蛋的就要求加两个，不爱吃鸡蛋的就要求加一个。也有要求不加的，但是很少。

一天下来，左边这个小店就要比右边那个小店多卖出很多个鸡蛋。

托德·邓肯发现：给顾客提供较少的选择机会，你就会收到较多的效果，"一"或"二"的选择比"要""不要"的选择范围小了很多。

面对爱挑剔的顾客，也自有推销之道。

一天，商场瓷器柜台前来了一位男人，他在柜台前老是挑来挑去。上等的瓷器他不要，偏偏要那种朴实便宜的青瓷盘，并且还要一件件地开包挑选。这位先生看一件之后说有瑕疵扔在一边，拿过一件说花纹不精美又扔在一边。而推销员不急不恼、泰然处之。他扔下一件，推销员就随手拾起"啪"的一下将它摔碎。他再扔下一件，推销员又摔一件，就这样连摔了3件。那位先生开口了："摔它干啥？我不要，你可以再卖给别人嘛！"

推销员坚决地回答："不！这是我们公司的规定，绝不把顾客不满意的产品卖给任何一个消费者！"

那位先生愣了一下，像是有意要试试这份承诺的可信度到底有多大，于是就旁若无人地低下头继续挑选。推销员毫不心疼，仍旧是他扔一件摔一件，就这样连续摔了31个青瓷盘。不过这一过程中，推销员脸上始终带着微笑。这时，已有许多人纷纷赶来围观了。

"不要再摔了！不要再摔了！"

"那算什么毛病？他不要卖给我！"

人们开始对这件事情发起评论来了。冷寂许久的柜台前第一次拥来这么多人，顾客围得里3层外3层，像看一出惊心动魄的大戏一样。当这位先生抓起第32件瓷盘时，沸腾的人群发出一声声愤怒的吼叫。

这次，那位先生抓起瓷盘后，看都没看，便拿上走了。

"我买！我买！"

"给我一件！给我一件！"

人们开始来到柜台前抢购瓷器，就在这一天，这个瓷器柜台前空前火爆，当场卖了近300件，第二天卖了500件，是以前几十上百倍的销量。那天晚上，老板重重表扬了那位推销员。

让人想不到的是，一个月后，那位先生又来了，不过，他不是来退货或是再来挑毛病的，而是洽谈购买瓷器生意的。后来，那个摔瓷器的推销员和这位先生也就成了朋友。在随后的几年里，他和他的朋友先后从这儿买去了几万件瓷器，为公司增加了上百万的销售额。

托德·邓肯的销售秘诀是：面对不同的顾客，找到适当的方法去推销你的产品，尽管有的时候顾客很挑剔，你只要用心去做，对症下药，销售也一定会成功的。

## 靶心法则—开发高回报的顾客

客户也有不同种类，高回报顾客能带给你高收益，多多开发高回报的客户，能做到低投入、高产出。

### 一、从购买习惯出发策划

一次讲座上，托德·邓肯讲到了下面这个案例：

卡尔是一个没有多高学历但极具学习力和悟性的人。他高中未毕业就被学校勒令退学，退学后，他到小旅馆洗过盘子、擦过地板，后来又到一家小型锯木厂做学徒，再后来到工地做挖水井的工作，最后才踏进推销这一行来。

他善于学习，读过推销方面的书籍不下3000本，他不断地阅读书籍来充实自己；他向同行前辈、推销高手学习。经过多年的实践和积累，他拥有了一整套最广泛、最有效的推销方法。

卡尔曾经卖过办公室用品。一天，他去拜访一家电脑公司，那是一家有钱的公司。他向电脑公司的采购主管介绍完产品之后，就等待对方的回应。但他不知道对方的采购策略是什么。

于是他就问：

"您曾经买过类似这样的产品或服务吗？"

对方回答说："那当然。"

"您是怎样作决定的？当时怎么知道这是最好的决定？采用了哪些步骤去作结论？"卡尔继续问。

他知道每个人对产品或服务都有一套采购策略。人都是习惯性动物，他们喜欢依照过去的方法做事，并且宁愿用熟悉的方式作重要决策，而不愿更改。

"当时是有 3 家供应商在竞标，我们考虑的无非是 3 点：一是价格，二是品质，三是服务。"采购主管说。

"是的，您的做法是对的，毕竟货比三家不吃亏嘛。不过，我可以给您提供这样的保证：不管您在其他地方看到什么，我向您保证，我们会比市场中其他任何一家公司更加用心为您服务。"

"嗯，我可能还需要考虑。"

"我了解您为什么犹豫不决，您使我想起××公司的比尔，他当初购买我们产品的时候也是一样犹豫不决，最后他决定买了，用过之后，他告诉我，那是他曾经作过的最好的采购决定。他说他从我们的产品中享受的价值和快乐远远超过多付出一点点的价格。"卡尔知道讲故事是最能令顾客留下深刻印象的。

卡尔的成功经验告诉我们：推销中必须不时转换策略，开发高回报的客户。

托德·邓肯告诉我们：要成为优秀的推销员，你必须具有随时考虑各种策略、不断努力达到目的的能力和素质。如果你的表现让你的顾客觉得你很有敬业精神，可能产生这样的效果：即便你不积极地去争取，顾客也会自动上门。能够做到这点的绝对是一个卓越的推销员。

如果你的老顾客对你抱有好感，就会为你带来新的顾客。他会介绍自己的朋友来找你。但是这一切的前提是你用自己的魅力确确实实感染他。而且你们之间有一种信任的关系，也许是那种由于多次合作而产生的信任关系，但不一定是朋友的关系，因为总是有一些人把工作和生活分得很清楚。其实，只要你让你的老客户对你产生了这样的好感，他会对他的朋友介绍说："我经常和某某公司的某某合作，他很亲切而且周到，我对他很有好感。"既然是朋友的推荐，那位先生一定会说："既然这样，那我也去试试看。"这对推销员来说，就等于是别人为你开了财路。

当你一旦建立起一个良好的客户接近圈，并能驾驭这张网良性运作时，你就会看到银行整天的忙碌都是为了把所有客户的钱从他们的账户上划到你的账户上，你就会觉得所有"财神爷"的口袋都是向你敞开着的。

## 二、开发有影响力的中心人物

开发有影响力的中心人物，利用中心开花法则。中心开花法则就是推销人员在某一特定的推销范围里发展一些具有影响力的中心人物，并且在这些中心人物的协助下，把该范围里的个人或组织都变成推销人员的准顾客。实际上，中心开花法则也是连锁介绍法则的一种推广运用，推销人员通过所谓"中心人物"的连锁介绍，开拓其周围的潜在顾客。

中心开花法则所依据的理论是心理学的光环效应法则。心理学原理认为：人们对于在自己心目中享有一定威望的人物是信服并愿意追随的。因此，一些中心人物的购买与消费行为就可能在他的崇拜者心目中形成示范作用与先导效应，从而引发崇拜者的购买与消费行为。实际上，任何市场概念内及购买行为中，影响者与中心人物是客观存在的，他们是"时尚"在人群传播的源头。只要了解确定中心人物，使之成为现实的顾客，就有可能发展与发现一批潜在顾客。

利用这种方法寻找顾客，推销人员可以集中精力向少数中心人物做细致的说服工作；可以利用中心人物的名望与影响力提高产品的声望与美誉度。但是，利用这种方法寻找顾客，把希望过多地寄托在中心人物身上，而这些所谓中心人物往往难以接近，从而增加了推销的风险。如果推销人员选错了消费者心目中的中心人物，有可能弄巧成拙，难以获得预期的推销效果。

在你推销商品时，常常有这样的情况：一个家庭或一群同伴们来跟你谈生意、做交易，这时你必须先准确无误地判断出其中的哪位对这笔生意具有决定权，这对生意能否成交具有很重要的意义。如果你找对了人，将会给你的生意带来很大的便利，也可让你有针对性地与他进行交谈，抓住他某些方面的特点，把你的商品介绍给他，让他觉得你说的正是他想要的商品的特点。

相反，如果你开始就盲目地跟这一群人中的某一位或几位介绍你的商品如何如何，把真正的决定者冷落在一边，这样不仅浪费了时间，而且会让人看不起你，认为你不是生意上的人，怎么连最起码的信息——决定权掌握在谁手里都不知道，那你的商品又怎能令人放心？

　　如何确定谁是这笔交易的决定者，很难说有哪些方法，只有在长期的实践过程中经常注意这方面的情况，慢慢摸索顾客的心理，才能做到又快又准确地判断出谁是决定者。不过，这里可介绍几种比较常见但又比较容易让人判断错的情况。

　　当你去一家公司推销沙发时，正好遇到一群人，当你向他们介绍沙发时，他们中有些人听得津津有味，并不时地左右察看，或坐上去试试，同时向你询问沙发的一些情况并不时地作出一些评价等。而有些人则对沙发无动于衷，一点儿也不感兴趣，站在旁边，似乎你根本就不在旁边推销商品。这两种人都不是你要找的决定人。当你向他们提出这样的问题："你们公司想不想买这种沙发？""我觉得这沙发放在办公室里挺不错的，贵公司需不需要？"他们便会同时看着某一个人，这个人便是你应找的公司领导，他能决定是否买你的沙发。

　　当你在推销洗衣机时，一个家庭的几位成员过来了，首先是这位主妇说："哦，这洗衣机样式真不错，体积也不大。"然后长子便开始对这台洗衣机大发评论了，还不停地向你询问有关的情况。这时你千万不要认为这位长子便是决定者，从而向他不停地讲解，并详细地介绍和回答他所提出的问题，而要仔细观察站在旁边不说话，但眼睛却盯着洗衣机在思索的父亲，应上前与他搭话："您看这台洗衣机怎么样，我也觉得它的样式挺好。"然后再与他交谈，同时再向他介绍其他的一些性能、特点等。因为这位父亲才是真正的决定者，而你向他推销、介绍，比向其他人介绍有用得多，只有让他对你的商品感到满意，你的交易才可能成功，而其他人的意见对他只具有参考价值。

　　在有些场合下，你一时难以判断出谁是他们中的决定者，这时你可以稍微改变一下提问的方式。比如，你可以向这群人中的某一位询问一些很关键、很重要的问题，这时如果他不是领导者，他肯定不能给你准确明了的答复，而只是一般性的应答，或是让你去找他们的领导。

　　如果你正碰上领导者，那么他就能对你提出的重要的问题给予肯定回答。这种比较简单的试问法可以帮你尽快地、准确地找到你所想要找的决定者。因此，能使你更有效地进行推销活动，避免了时间上的浪费，提高了你的商品推销说明的效率。

　　推销人员可以在某一特定的推销范围里发展一些具有影响力的中心人物，并且在这些中心人物的协助下，把该范围里的个人或组织都变成推销人员的准顾客。

### 三、寻找一个团体中的拍板人

托德·邓肯说，如果想在你所有的人脉中得到更多的人脉资源，必须先以其中一人为中心向外扩张，也就是借由这最初的 250 个人脉关系，从中再寻找可以让你向其他人脉网搭上关系的桥梁，如此周而复始地推动，将每一个人的 250 条人脉紧紧地串联在一起，也就是直销界经常使用的推荐模式。通过不断联络经营，认识的人会源源不绝，真可谓"取之不尽，用之不竭"！所以良好的人际关系全看自己如何去推动。如果要验证自己的人脉网络是否丰富，可以随意走到任何的公共场合中，假如时常遇见认识的人和自己打招呼，即证明你的人际关系已经是相当成功了。

此外，通常在推销中寻找拍板人时，也要充分尊重其他人。仅仅尊重是不够的，要让所有的人变成准客户、客户才行。

首先，访问重要人物时，注意搞好与在拜访过程中遇到的人的关系。比如，即使你明明知道大人物的住处或办公室，但也可以在途中找个人问一问，创造办完事回过头来再次和那个人接触的良机。简单地说，让你所接触的人们都变成准客户。要知道，不管你推销什么，任何人都有可能对你的推销产生影响。平时注意"小人物"已经不那么容易，谈"大生意"时就更难了。光顾着拍板人、冷落其他人的事例太多了。

经常听到有些专业推销员说自己跟谁"很熟"，但一问到一些细节，他就答不上来。"熟人"和"准客户"是有明显区别的。要是你把别人当成准客户，你就要了解清楚对方的姓名、年龄、籍贯、性格、经济状况、爱好等，在此基础上，再进行认真的商谈，对方才会由熟人变成准客户，进而成为客户。

请记住：当你与一位经理、厂长、部长洽谈大生意时，与秘书、主任、司机等人先成交小生意的可能性非常大。除了成交真正的生意外，赢得这些"小人物"的心也要比争取"大人物"的好感容易得多。

养成多说一句话的习惯，请人给别人介绍自己和产品。

"这样的好东西，跟亲戚朋友多说一说。"

"你知道谁特别需要这种产品吗？请给我介绍一下。"

成交也好，暂时未能成交也好，你多说一句总是没什么坏处的，因为你已经撒下了一粒成功的种子！

# 杠杆法则—让对手成为杠杆

记住：对手多的地方机会就越多。应该感谢你的敌人和对手，真诚地给对手赞赏，永远不要去抱怨。

## 一、对手多的地方机会就越多

日本的游泳运动一直是处于世界领先的地位。但有人说，他们的训练方法也有着很神奇的秘密。有一个人到过日本的游泳训练馆，他惊奇地发现，日本人在游泳馆里养着很多鳄鱼。后来他探询到了这个秘密。在训练的时候，队员跳下水去之后，教练不久就会把几只鳄鱼放到游泳池里。几天没有吃东西的鳄鱼见到活生生的人，立即兽性大发，拼命追赶运动员。尽管运动员知道鳄鱼的大嘴已经被紧紧地缠住了，但看到鳄鱼的凶相，还是条件反射地拼命往前游。

加拿大有一位长跑教练，以在很短的时间内培养出了几位长跑冠军而闻名。有很多人来这里探询他的训练秘密，谁也没有想到他成功的秘密是因为有一个神奇的陪练，这个陪练不是一个人，而是一只凶猛的狼。他说他是这样决定用狼做陪练的，因为他训练队员的是长跑项目，所以他一直要求队员从家里来时一定不要借助任何交通工具，必须自己一路跑来，作为每一天训练的第一课。他的一个队员每天都是最后一个来，而他的家还不是最远的。他甚至告诉这位队员让他改行去干别的，不要在这里浪费时间了。但是突然有一天，这个队员竟然比其他人早到了 20 分钟，他知道这位队员离家的时间，他算了一下，惊奇地发现，这个队员今天的速度几乎可以超过世界纪录。他见到这个队员的时候，这个队员正气喘吁吁地向他的队友们描述着今天的遭遇。原来，在他离开家不久，在经过那一段 5 公里的野地时，他遇到了一只野狼，那只野狼在后面拼命地追他，他拼命地往前跑，那只野狼竟然被他给甩下了。教练明白了，这个队员今天超常的成绩是因为一只野狼，因为他有了一个可怕的敌人，这个敌人使他把自己所有的潜能都发挥出来了。从此，他聘请了一个驯兽师，找来几只狼，后来，他的队员的成绩都有了大幅度的提高。

有对手的地方就会充满竞争，而竞争是我们前进的动力。对手往往还能够给你带来经验，甚至还有客户。

托德·邓肯告诉我们：竞争并不可怕，把对手当作你的杠杆，对手越强大，你的前进动力越大。

## 二、真诚赞赏你的对手

托德·邓肯的朋友亚斯独自开起了一家计算机销售店，旗开得胜，这可引起了邻近的计算机销售店店主瑞特的怨恨，瑞特无中生有地指责年轻的亚斯"不地道，卖水货"。亚斯的好友为此感到非常气愤，劝说亚斯向法院起诉，控告瑞特的诬陷。亚斯却不仅不恼，反而笑嘻嘻地说："和气才能生财，冤冤相报何时了？"当顾客们再次向亚斯述说起瑞特的攻击时，亚斯心平气和地对他们说："我和瑞特一定是在什么事情上产生了误会，也许是我不小心在什么地方得罪了他。瑞特是这个城里最好的店主，他为人热情、讲信誉。他一直为我所敬仰，是我学习的榜样。我们这个地方正在发展之中，有足够的余地供我们两家做生意。日久见人心，我相信瑞特绝对不是你们所说的那种人。"瑞特听到这些话，深深地为自己的言行感到羞愧，不久后的一天，他特地找到亚斯，向亚斯表达了自己的这种心情，还向亚斯介绍了自己经商的一些经验，提了一些有益的建议。这样，亚斯真诚的赞扬消除了两人之间的怨恨。

给客户真诚的赞赏，在顾客面前给你的竞争对手美言几句，这是托德·邓肯成为客户最信赖的推销员的原因。

一切都发生在俄亥俄州一家大型化学公司财务主管琼斯先生的办公室里。琼斯先生当时并不认识后来成为推销大师的法兰克·贝特格，很快贝特格发觉琼斯对贝特格服务的菲德利特公司丝毫也不了解。

以下是他们的对话：

"琼斯先生，您在哪家公司投了保？"

"纽约人寿保险公司、大都会保险公司。"

"您所选择的都是些最好的保险公司。"

"你也这么认为？"

"没有比您的选择更好的了。"

接着贝特格向琼斯讲述了那几家保险公司的情况和投保条件。

贝特格说的这些丝毫没有使琼斯觉得无聊，相反，他听得入神，因为有许多事是他原来不知道的。贝特格看得出他因认为自己的投资判断正确而感到自豪。

之后，贝特格接着说："琼斯先生，在费城还有几家大的保险公司，例如菲德利特、缪托尔等，它们都是全世界有名的大公司。"

贝特格对竞争对手的了解和夸赞似乎给琼斯留下了深刻的印象。当贝特格再把菲德利特公司的投保条件与那几家他所选择的大公司一起比较时，由于经贝特格介绍他已熟悉了那几家公司的情况，他就接受了贝特格，因为菲德利特的条件更适合他。

在接下来的几个月内，琼斯和其他 4 名高级职员从菲德利特公司购买了大笔保险。当琼斯的公司总裁向贝特格咨询菲德利特公司的情况时，琼斯先生连忙插嘴，一字不差地重复了贝特格对他说过的话："那是费城 3 家最好的保险公司之一。"

贝特格能成为推销大师绝非偶然，他身上的闪光点，都需要我们好好学习。真诚赞赏一下竞争对手，对你能有什么损失呢？

## 三、正确对待竞争对手

在推销商品时完全不遇到竞争对手的情况是很少的。面对这种情况，托德·邓肯告诉我们，必须做好准备去对付竞争对手，如果没有这种思想准备，客户会以为你敌不过竞争对手。

当然，大多数客户都知道一些竞争对手提供的商品，但推销员会吃惊地发现，并不知道同一领域里有哪些主要竞争者的买主也时有所遇。因此，聪明的推销员一般都不主动提及有无竞争对手的事，他们害怕那样做将会向客户提供出他们不知道的信息。

下面以销售汽车为例说明问题：

某企业的总经理正打算购买一辆汽车送给儿子作为高中毕业的礼物，萨布牌轿车的广告曾给他留下印象，于是他到一家专门销售这种汽车的商店去看货。而这里的推销员在整个介绍过程中却总是在说他的车如何如何比"菲亚特"和"大众"强。

作为总经理的他似乎发现，在这位推销员的心目中，后两种汽车是最厉害的竞争对手，尽管总经理过去没有听说过那两种汽车，他还是决定最好先亲自去看一看再说。最后，他买了一辆"菲亚特"。

看来，真是话多惹祸。

不贬低诽谤同行业的产品是推销员的一条铁的纪律。请记住：把别人的产品说得一无是处，绝不会给你自己的产品增加一点好处。

如何对待竞争对手呢？除了上文说的给对手真诚的赞赏外，还要尽量掌握对手的情况。

为什么必须经常注意竞争对手的动向呢？托德·邓肯指出了另一个原因，他说：

"我不相信单纯依靠推销术被动竞争能够做好生意，但我相信禁止我的推销员讨论竞争对手的情况是极大的错误。我过去太喜欢'埋头苦干'，以至于对市场动向掌握甚少。现在我已要求手下的推销员只要在他们负责的区域发现一种竞争产品就立即给我送来。

"我的这种愿意研究他人产品的态度对手下人是一剂兴奋剂。它至少表明我不愿意在打瞌睡的时候被别人超过去；如果本行业已经纷纷扬扬地议论起新出现的竞争产品，而我仍然在睡大觉，推销员们势必会灰心丧气。

"我坚决主张应当全面掌握竞争对手的情况。外出执行任务的推销员不断会听到关于他人产品的优点和自己产品的弱点的议论，因此必须经常把他们召回大本营，让他们从头至尾重新制订自己货品的推销计划，这样他们才不至于在推销工作中落入被动竞争的困境。"

在实际行动中，要承认对手，但是不要轻易进攻。

毫无疑问，避免与竞争对手发生猛烈"冲撞"是明智的，但是，要想绝对回避他们看来也不可能。推销员如果主动攻击竞争对手，他将会给人留下这样一种印象：他一定是发现竞争对手非常厉害，觉得难以对付。人们还会推断：他对另一个公司的敌对情绪之所以这么大，那一定是因为他在该公司手里吃了大亏。客户下一个结论就会是：如果这个厂家的生意在竞争对手面前损失惨重，他的竞争对手的货就属上乘，我应当先去那里瞧瞧。

托德·邓肯讲过这样一件事，说明推销员攻击竞争对手会造成什么样的灾难性的后果：

"我在市场上招标，要购入一大批包装箱。收到两项投标，一个来自曾与我做过不少生意的公司，公司的推销员找上门来，问我还有哪家公司投标。我告诉他了，但没有暴露价格秘密。他马上说道：'噢，是啊，是啊，他们的推销员吉姆确实是个好人，但他能按照你的要求发货吗？他们工厂小，我对他的发货能力说不清楚。他能满足你的要求吗？你要知道，他对你们要装运的产品也缺乏起码的了解。'等等。

"应该承认，这种攻击还算是相当温和的，但它毕竟还是攻击。结果怎样？我听了这些话产生出一种强烈的好奇心，想去吉姆的工厂里面看看，并和吉姆聊聊，于是前去考察。他获得了订单，合同履行得也很出色。这个简单的例子说明，一个推销员也可以为竞争对手卖东西，因为他对别人进行了攻击，我才在好奇心的驱使下产生了亲自前去考察的念头，最后，造成了令攻击者大失所望的结局。"

最好不要和你的客户进行对比试验。

有时，竞争变得异常激烈，必须采用直接对比试验来确定竞争产品的优劣，比如在销售农具、油漆和计算机时就经常这样做。如果你的产品在运行起来之后，客户马上可以看到它的优点，采用这种对比试验进行推销就再有效不过了。但是，如果客户本来就讨厌开快车，你还向他证明你的车比另一种车速度快，那便是不得要领了。

然而，对比试验也有可能因人为操纵而变得不公平。比如：

有两家公司生产的双向无线电通讯设备在进行竞争性对比试验，一家是摩托罗拉公司，另一家的名字最好还是不公开。前者的方法：允许客户从手头堆放的设备中任选一部，然后由它们的人控制操纵台随意进行试验。后者是一家巨型公司，是前者的主要对手。它的方法却是：使用经常特别调试的设备参加对比试验，以保证达到最佳效果，而且由该公司的人控制操纵台，不让客户动手。

最后，摩托罗拉公司吃了大亏，下令公司的人永远不准与那家大公司的代表在同一间屋里与他们进行对比试验。看来，对比试验也有一定的危险，需要警惕。

# 求爱法则—用真诚打动顾客

推销其实就是推销感情，让顾客从心里接受你。用真诚打动顾客的心，用心拓展客户关系，你的推销就一定能被顾客接受。托德·邓肯说："一段客户关系要想表面看上去正常，首先里面必须是正确的。"

## 一、对待客户要用心

关于这一点，我们身边的故事相信对你更有启发性。

亿万富翁李晓华说："在我走向成功的道路上，赵章光先生给了我很大的帮助。"

当时，"章光101"生发精在日本行情看涨，在国内更是供不应求，一般人根本拿不到货。而李晓华与赵章光又素昧平生。

李晓华决定主动进攻。

他第一天来到北京毛发再生精厂，吃了闭门羹。门卫告诉他："一年以后再来吧！"

第二天，他又来到该厂。这一次，虽然他想办法进了大门，找到了供销科，但得到的答复仍然是："一年后再来吧！"也难怪，"101毛发再生精"卖得正红火，李晓华根本排不上号。

经过一番思考，他改变了策略。

第三天，他坐着一辆由司机驾驶的奔驰来到101毛发再生精厂，并自报家门："海外华侨李晓华先生前来拜访！"

在与对方的交谈中，他先不提买毛发再生精的事情，而是海阔天空地聊天，从中捕捉对自己有用的信息。

当他了解到101毛发再生精厂职工上下班汽车不够用时，立即表示愿意赠送一辆大客车和一辆小汽车。

果然，一个月后，两辆汽车开到了北京101毛发再生精厂，李晓华的慷慨和真诚相助，使赵章光深受感动。

从此，李晓华与赵章光成了好朋友。李晓华如愿以偿，取得了101毛发再生精在日本的经销权。他常常包下整架飞机，把101毛发再生精运到日本。短短几个月，李晓华进入了千万富翁的行列。

用心拓展客户关系，用真诚打动顾客，不要错失任何机会，客户永远至上。

## 二、用真诚去打动客户

詹姆斯作为一个新手，在进入汽车销售行的第一年就登上公司的推销亚军宝座，令许多人都羡慕不已。同事纷纷向他祝贺，讨教经验似地问："你是如何取得这么好的销售业绩的？你真棒！"但詹姆斯一时也说不出个所以然来，这也成为一个问题，困扰了他好几天。

直到有一天，詹姆斯坐在车上，忽然想起来了：真傻，这一点问问客户不就清楚了吗！他扬了扬手中的签约单，笑着对自己说："好，现在就开始！"

那天的客户乔治先生是一家地产公司的老板，是詹姆斯以前的一个客户介绍过来的，算上今天这次，这是他们的第三次见面。詹姆斯觉得乔治先生很直爽，向他问这个问题应该不会太失礼。

在乔治先生家中，双方签完约，合上合同文本，詹姆斯又很有耐心地向乔治先生重复了一遍公司的售后服务和乔治先生作为车主所享有的权益。然后，才很有礼貌地问："乔治先生，我有一个私人问题想问一下您，可以吗？"

乔治先生看了一眼詹姆斯，从沙发上坐直身子，说道："当然可以！"

"是这样的，我想问您，您为什么会和我签约？当然，我的意思是说，其他公司好的推销员很多，您为什么会选择我？"第一次问这种问题，詹姆斯觉得有点不好意思，略带歉意地望着乔治先生。

乔治先生爽朗地笑了起来，很高兴地说："年轻人，我果然没有看错人。"乔治先生接着说："你是我的朋友介绍的，他也在你这儿买过车，你该记得的。当时他就告诉我：'这小伙子很诚实，我信得过他。'我听了有点不以为然，你别介意，但我确实是如此想的。推销员我见多了，还不都是油嘴滑舌，把自己的产品吹得天花乱坠吗？但第一次见面，你言简意赅地向我介绍了几款车，便静静地听我讲述要求。我们交谈时，你双目注视着我，给我留下深刻的印象，的确，像我朋友所说的，你与别的推销员不同，你很真诚。

"第二次见面时，你全力向我推荐了这款车。其实这款车我早就注意过了，我也听了不下 6 个推销员向我介绍这款车，但你又一次打动了我。应该说，这款车的性能、价位、车型设计等都比较符合我的要求，正在我犹豫之际，你又主动跟我说：'这款车许多客人初看都很喜欢，但买的人不算太多，因为这款车最主要的缺点就是发动机声响太大，许多人受不了它的噪音，如果对这一点你不是很在意的话，其他如价格、性能等符合你的愿望，买下来还是很合算的。'

"你还记得我试过车后说的话吗？我说：'你特意提出噪音的问题，我原以为大得惊人呢，其实这点噪音对我来讲不成问题，我还可以接受，因为我以前的那款车声音比这还大，我看这不错。其他的推销员都是光讲好处，像这种缺点都设法隐瞒起来，你把缺点明白地讲出，我反而放心了。'你看，我们就这么成交了！"

从乔治先生家里出来，詹姆斯既高兴又激动，脸涨得都有点红了，今天这种方式真不错，很有实效！詹姆斯觉得，这对自己不仅是一种肯定和鼓励，而且还增进了他与乔治先生的交情，刚才出门之前，乔治先生还很殷勤地邀请他在家共进晚餐呢，这个朋友是交定了！

把产品的缺点告诉你的客户，对待客户像对待朋友一样，切不可为了一时利益隐瞒不利于销售的地方，这样，你永远都成不了优秀的推销员。

## 三、带着感情推销

推销员与客户交往好像是在与恋人"谈恋爱"，能够把恋爱技巧运用到推销上的推销员一定是成功的。如果你看上一个女孩，第一次见面就跟她大谈特谈数学、物理、逻辑，那你注定要失败。同样，推销员如果与客户一见面就大谈商品、生意，或一些深邃难懂的理论，那他一定不会取得客户的好感。

善于辩论，说起理论来一套一套的，可在商场上却四处碰壁的推销员，也不乏其例。

推销员汉特曾是大学辩论会的优胜者，便自以为口才非凡，平常说话总是咄咄逼人，可工作几个月后，销售业绩总是排在后面。请看一段他与客户的对话。

"我们现在不需要。"客户说。

"那么是什么理由呢？"

"理由？总之我丈夫不在，不行。"

"那你的意思是，你丈夫在的话，就行了吗？"汉特出言不逊、咄咄逼人，终于把这位客户惹恼了："跟你说话怎么那么麻烦？"

汉特碰了一鼻子灰出来，还对别人说："我说的每句话都没错呀，怎么生气了？"他以为自己的语句合乎逻辑推理，却不想他的话一点都不合人情。

推销员与客户结缘，绝用不上什么高深理论，最有用的可能是那些最微不足道、最无聊甚至十分可笑的废话。

因为客户对推销员的警戒是出于感情上的，要化解它，理所当然"解铃还需系铃人"。除了用感情去感化，理论是无济于事的。

"空中客车"公司是法国、德国和英国等国合营的飞机制造公司，该公司生产的客机质量稳定、性能优良。但是，因为它是 20 世纪 70 年代新办的企业，外销业务一时难以打开。为改变这种被动局面，公司决定招聘能人，将产品打入国际市场。贝尔那·拉第埃正是在这一背景下受聘于该公司的。

当时正值石油危机，世界经济衰退，各大航空公司都不景气，飞机的外销环境相当艰难。尽管如此，拉第埃还是挺身而出，决定大显身手。

拉第埃走马上任遇到的第一个棘手问题是和印度航空公司的一笔交易。由于这笔生意未被印度政府批准，极可能会落空。在这种情况下，拉第埃匆忙赶到新德里，并且会见谈判对手——印航主席拉尔少将。在和拉尔会面时，拉第埃对他说："因为您，使我有机会在我生日这一天又回到了我的出生地。"接着，他介绍了自己的身世，说他 1924 年 3 月 4 日生于加尔各答，拉尔听后深受感动并邀请他共进午餐。拉第埃见此情形，趁热打铁，从公文包中取出一张相片呈给拉尔，并问：

"少将先生，您看这照片上的人是谁?"

"这不是圣雄甘地吗?"拉尔回答。

"请您再看看旁边的小孩是谁?"

"……"

"就是我本人呀! 那时我才 3 岁半，在随父母离开印度去欧洲的途中，有幸和圣雄甘地同乘一条船。"

拉第埃说完这些话，拉尔已经开始动摇了，当然，这笔生意也就成交了。

拉第埃的这一招，正应了中国古代兵法"攻心为上"。他的一句话既巧妙地赞美了对方，又引起了对方听下去的兴趣。接着，他用自己的生平介绍解除了对方"反推销"的警惕和抵抗，拉近了双方的距离。最后，又用甘地的照片彻底打动了对方，由此而产生感情共鸣，而这种感情共鸣产生的时候，也正是他适时采用这一攻心战术，才顺利成交。

总之，做人要真诚，做事要真诚，做推销更要真诚。

# 钩子法则——吸引顾客守候到底

托德·邓肯告诉我们：对待不同的顾客、面对不同的情况要采用不同的策略，只有想办法迷住你的顾客，才能吸引顾客守候到底。

## 一、重视机会，把劣势变优势

实业界巨子华诺密克参加了在芝加哥举行的美国商品展览会，很不幸的是，他被分配到一个极偏僻的角落，任何人都能看出，这个地方是很少会有游客来的。因此，替他设计摊位的装饰工程师萨孟逊劝他索性放弃这个摊位，等明年再参加。

你猜华诺密克怎样回答? 他说："萨孟逊先生，你认为机会是它来找你，还是由你自己去创造呢?"

萨孟逊回答："当然是由自己去创造的，任何机会都不会从天而降！"

华诺密克愉快地说："现在，摆在我们面前的难题就是促使我们创造机会的动力。萨孟逊先生，多谢你这样关心我，但我希望你把关心我的热情用到设计工作上去，为我设计一个漂亮而又富有东方色彩的摊位！"

萨孟逊果然不负所托，为他设计了一个古阿拉伯宫殿式的摊位，摊位前面的大路变成了一个人工形成的大沙漠，人们走到这个摊位时仿佛置身阿拉伯一样。

华诺密克对这个设计很满意，他吩咐总务主任令最近雇用的那245个男女职员全部穿上阿拉伯国家的服饰，特别是女职员，都要用黑纱将面孔下截遮住，只露出两只眼睛，并且特地派人去阿拉伯买了6只双峰骆驼来做运输货物之用。

他还派人做了一大批气球，准备在展览会内使用。但这一切都是秘密进行的，在展览会开幕之前不许任何人宣扬出去！

对于华诺密克这个阿拉伯式的摊位设计，已引起参加展览会的商人们的兴趣，不少报纸和电台的记者都争先报道这个新奇的摊位。这些报道更引起很多市民的注意。等到开幕那天，人们早已怀着好奇心准备参观华诺密克那个阿拉伯式的摊位了。

突然，展览地内飞起了无数色彩缤纷的气球，这些气球都是经过特殊设计的，在升空不久，便自动爆破，变成一片片胶片撒下来，胶片上面印着一行很漂亮的小字："亲爱的女士和先生，当你们看到这小小的胶片时，你们的好运气就开始了，我们衷心祝贺你。请你们拿着胶片到华诺密克的阿拉伯式摊位去，换取一件阿拉伯式的纪念品，谢谢你！"

这个消息马上传开了，人们纷纷挤到华诺密克的摊位去，反而忘却了那些开设在大路边的摊位。

第二天，芝加哥城里又升起了不少华诺密克的气球，引起很多市民的注意。

45天后，展览会结束了，华诺密克先生做成了2000多宗生意，其中有500多宗是超过100万美元的大交易，而他的摊位也是全展览会中游客最多的摊位。

面对劣势，只要用心思考，巧做安排，让你的客户为你守候到底，托德·邓肯认为这才是推销的境界。

意外的情况并不是坏事，有时也有利于你的推销，开动脑筋，变劣势为优势，吸引你的顾客守候到底。

## 二、迷住你的客户

香港巨商曾宪梓在发迹之前，曾有一次背着领带到一家外国商人的服装店推销。服装店老板打量了一下他的寒酸相，就毫不客气地让曾宪梓马上离开店铺。

曾宪梓怏怏不乐地回家后，认真反思了一夜。

第二天一早，他穿着笔挺的西服又来到了那家服装店，恭恭敬敬地对老板说："昨天冒犯了您，很对不起，今天能不能赏光吃早茶？"

服装店老板看了看这位衣着讲究、说话礼貌的年轻人，顿生好感。两人边喝茶边聊天，越谈越投机。

喝完茶后，老板问曾宪梓："领带呢？"

曾宪梓说："今天专程来道歉的，不谈生意。"

那位老板终于被他的真诚所感动，敬佩之情油然而生，他诚恳地说："明天你把领带拿来，我给你销。"

用你的人格魅力去吸引顾客，也是很好的一个办法。

阿特·海瑞斯是斯奈克塔德零售部经理，斯奈克塔德是纽约通用电器公司的电视台之一。他认为当推销员吸引住潜在顾客时，才能创造适当的推销环境。

一位先生是个很难对付的脾气暴躁的人，他总是很敷衍地听别人讲话，但在他的办公室中却无线索可寻，海瑞斯又把停车场扫了一遍，也毫无头绪。他在这位先生所在的城市订了份报纸，当时这位先生有一批石油生意要成交。

"报纸的第一期刊登了这位先生的一封信。"海瑞斯说，"他对拆掉一座有80年历史的旅馆不满，那家旅馆是应被保护的历史建筑。"

海瑞斯马上给这位先生修书一封，对其反抗与不满予以支持，还随信寄去了一本该地区的历史旅游景点手册。

"于是我收到了所有潜在顾客来信中最友好的一封回信。"海瑞斯说道，"只有3个人对其刊登的信予以了评论。他没想到事情过了这么久仍会有人看到它。"

海瑞斯成功了，这位先生连续6年购买该公司的电视时间。

推销员要走近顾客，但不能莽撞，不要主动说："你有个10岁大的孩子，我也有，他入团了吗？"海瑞斯总是跟着顾客的思路走，顾客不提及家庭，他不会主动提及。"另一位先生与我签订了一份电视时间的购买订单。"海瑞斯说,"当我们熟悉了之后,就一同去了圣地亚哥。在商务或社会活动期间,这位先生从未提及家里的事。当他提起不久之后的日本之行时,我也未问他是否与夫人同行。"

后来海瑞斯才知道这位先生刚刚失去了妻子。若他当年问了这样的问题该有多尴尬:"你妻子怎么样?"

阿特·海瑞斯懂得迷住顾客的价值,推销也意味着在双方关系进程中要与对方保持接近。

## 三、听到"考虑一下"时你要加油

在推销员进行建议和努力说服或证明之后,客户有时会说一句:"知道了,我考虑考虑看看。"或者是:"我考虑好了再跟你联系,请你等我的消息吧!"

顾客说要考虑一下,是什么意思?是不是表示他真的有意购买,还是现在还没考虑成熟呢?如果你是这么认为,并且真的指望他考虑好了再来购买,那么你可能是一位不合格的推销员。其实,对方说"我考虑一下",乃是一种拒绝的表示,意思几乎相当于"我并不想购买"。

要知道,推销就是从被拒绝开始的。作为一名推销员,当然不能在这种拒绝面前退缩下来,正确的做法应该是迎着这种拒绝顽强地走下去,抓住"让我考虑一下"这句话加以利用,充分发挥自己的韧劲,努力达到商谈的成功。

所以,如果对方说:"让我考虑一下。"推销员应该以积极的态度尽力争取,托德·邓肯告诉我们可以用如下几种回答来应对他的"让我考虑一下":

(1)我很高兴能听到您说要考虑一下,要是您对我们的商品根本没有兴趣,您怎么肯去花时间考虑呢?您既然说要考虑一下,当然是因为对我所介绍的商品感兴趣,也就是说,您是因为有意购买才会去考虑的。不过,您所要考虑的究竟是什么呢?是不是只不过想弄清楚您想要购买的是什么?这样的话,请尽管好好看清楚我们的产品;或者您是不是对自己的判断还有所怀疑呢?那么让我来帮您分析一下,以便确认。不过我想,结论应该不会改变的,果然这样的话,您应该可以确认自己的判断是正确的吧,我想您是可以放心的。

(2)可能是由于我说得不够清楚,以至于您现在尚不能决定购买而还需要考虑,那么请让我把这一点说得更详细一些以帮助您考虑,我想这一点对于了解我们商品的影响是很大的。

（3）您是说想找个人商量，对吧？我明白您的意思，您是想要购买的。但另一方面，您又在乎别人的看法，不愿意被别人认为是失败的、错误的。您要找别人商量，要是您不幸问到一个消极的人，可能会得到不要买的建议；要是换一个积极的人来商量，他很可能会让你根据自己的考虑作出判断。这两种人，找哪一位商量会有较好的结果呢？您现在面临的问题只不过是决定是否购买而已，而这种事情，必须自己作出决定才行，此外，没有人可以替您作出决定的。其实，若是您并不想购买的话，您就根本不会去花时间考虑这些问题了。

（4）先生，与其以后再考虑，不如请您现在就考虑清楚作出决定。既然您那么忙，我想您以后也不会有时间考虑这个问题的。

这样，紧紧咬住对方的"让我考虑一下"的口实不放，不去理会他的拒绝的意思，只管借题发挥、努力争取，尽最大的可能去反败为胜，这才是推销之道。

## 四、为推销成功创造条件

有一个推销员，他以能够销售出任何商品而出名。他已经卖给过牙医一支牙刷，卖给过面包师一个面包，卖给过瞎子一台电视机。但他的朋友对他说："只有卖给驼鹿一个防毒面具，你才算是一个优秀的推销员。"

于是，这位推销员不远千里来到北方，那里是一片只有驼鹿居住的森林。"您好！"他对遇到的第一只驼鹿说，"您一定需要一个防毒面具。"

"这里的空气这样清新，我要它干什么！"驼鹿说。

"现在每个人都有一个防毒面具。"

"真遗憾，可我并不需要。"

"您稍候，"推销员说，"您已经需要一个了。"接着他便开始在驼鹿居住的林地中央建造一座工厂。"你真是发疯了！"他有朋友说。"不，我只是想卖给驼鹿一个防毒面具。"

当工厂建成后，许多有毒的废气从大烟囱中滚滚而出，过了不久，驼鹿就来到推销员处对他说："现在我需要一个防毒面具了。"

"这正是我想的。"推销员说着便卖给了驼鹿一个。"真是个好东西啊！"推销员兴奋地说。

驼鹿说："别的驼鹿现在也需要防毒面具，你还有吗？"

"你真走运，我还有成千上万个。""可是你的工厂里生产什么呢？"驼鹿好奇地问。

"防毒面具。"推销员兴奋而又简洁地回答。

托德·邓肯说，产品不是靠市场检验出来的，而是自己推出来的。需求有时候是制造出来的，解决矛盾的高手往往也先制造出矛盾来。

需求是人因生理、心理处于某种缺乏状态而形成的一种心理倾向。优秀的推销员明白：需求是可以创造出来的，推销员想把商品推销出去，所需要做的第一件事就是唤起客户对这种商品的需求。

需求是可以被创造出来的，推销员只有先唤起客户对这种商品的需求，才有把产品推销出去的可能。

有一年情人节的前几天，一位推销员去一客户家推销化妆品，这位推销员当时并没有意识到再过两天就是情人节。男主人出来接待他，推销员劝男主人给夫人买套化妆品，他似乎对此挺感兴趣，但就是不说买，也不说不买。

推销员鼓动了好几次，那人才说："我太太不在家。"

这可是一个不太妙的信号，再说下去可能就要黄了。忽然推销员无意中看见不远处街道拐角的鲜花店，门口有一招牌上写着："送给情人的礼物——红玫瑰。"这位推销员灵机一动，说道："先生，情人节马上就要到了，不知您是否已经给您太太买了礼物。我想，如果您送一套化妆品给您太太，她一定会非常高兴。"这位先生眼睛一亮。推销员抓住时机又说："每位先生都希望自己的太太是最漂亮的，我想您也不例外。"

于是，一套很贵的化妆品就推销出去了。后来这位推销员如法炮制，成功推销出数套化妆品。


# 催化法则——建立成熟的客户关系

建立成熟的客户关系，你就会一劳永逸。成交以后要重视客户的抱怨，让客户说出心里话，让客户选择你成为一种习惯。这是托德·邓肯教给我们的又一个法则。

## 一、重视客户的抱怨

"如果每一件客户抱怨的事件都一一去面对、处理，那就无法工作了，可我们还必须去做。"

"客户都是那种会随便说话的人，可即使是这样，我们仍要好好面对。"

以上的话都在告诉我们：千万不可轻视客户的抱怨。世界上有那种不发一顿牢骚绝不善罢甘休的人，正是这些人，才使我们的企业更充满活力、更适应社会。

有一些视财如命的客户会生气地问："这东西真的没问题吗?"还有一些恶劣的客户会把抱怨当作可赚钱的方法。

相反地，有一些比较忠厚的客户即使发现权益受损，也一定要下重大的决心才会去申诉。当然，也有一些客户的抱怨是出自善意，真正为商家着想。如此一来，抱怨也会因为动机及目的的不同而有所差别。

需要说明的是，对抱怨的客户而言，他们都希望自己的申诉及想法能受到重视，哪怕只是小小的一个抱怨，或者是非善意的抱怨，还有，在处理抱怨的时候千万不要感情用事。如在电话中大声辩解"没有这回事"，那就是太过感情用事了，应该说"不会有这样的事情"才对。

即使在客户越来越激动，以至于大唱反调时，我们还是应该用冷静、和缓的态度来处理，因为有些人就是喜欢添油加醋，乘机攻击别人的弱点。

面对客户大声的叱责抱怨，加以他们过激的言词，而作为推销员，只能一味地忍耐道歉，这总会使我们感到很悲惨。何况更有些是起因于客户自身的问题。

因此，在处理客户的抱怨时，我们必须以一种"是自己人生过程中的一种磨炼"的心态去应付这些事，否则根本就是难以应付的。

毫无疑问，人生并非只有快乐的一面，也有不少令人气愤或悲伤的事情。在忍受这些事的同时，也促进了人的成长，并且能培养出体谅他人的心情。如果人生事事皆顺心如意，那么人便不可能有所长进，也必定会失去人生的意义。

因此，我们要把处理抱怨之事想成是人生的一种磨炼，不断地去忍受、咀嚼这些痛苦，培养自己的忍耐性及各种优良的品质。但我们也知道忍受痛苦并不是件容易的事，所以有不愉快的事发生以后，我们不妨对亲近的同事说出自己的苦恼，以减轻自己的心理压力，同时也期望领导能充分考虑下属的处境，多奖励那些位于第一线上处理抱怨的部下，让他们振作起精神。

## 二、让客户说出心里话

托德·邓肯告诉我们：推销人员要与客户保持联系，打电话或是顺道拜访都可以，而且这些行动得在你的产品一送到他手上，或你一开始提供服务时就开始进行。你得探询他对产品是否满意，如果不是，你得设法让他心满意足。

要注意的是，千万别问他："一切都还顺利吗？"

你的客户一定会回答："喔！还好啦！"

然而，事实未必如此，他也许对你的商品不满意，但他不见得会把他的失望和不满告诉你，可是他一定会跟朋友吐苦水。

如此一来，名声毁了，介绍人跑了，生意也别想再继续了。

难道你不想给自己一次机会，让客户满意吗？

你曾在外面享用丰富美味的大餐吗？你认为，花 75 美元在一个豪华餐厅里吃一餐很划算，因为听说餐厅提供高级波尔多葡萄酒、自制意大利通心粉、新鲜蔬菜沙拉配上适量的蒜泥调味汁，提拉米苏奶糕松软可口，让人赞不绝口。

可是，如果……如果每道菜都让你不满意，例如，酒已变味、通心粉煮得烂糊糊的、生菜沙拉里放了太多蒜泥，让你吃得一嘴蒜臭，不敢跟约会的朋友开口，提拉米苏奶糕又硬又干，那就更不用说了。

餐后，老板亲自走上来，拍拍你的肩膀问："怎么样，吃得还满意吗？"

你会回答："还好！"

不必疑惑为什么每个人都回答"还好"，反正人就是如此。

如果换个说词呢？假设老板问："有什么需要改进的地方吗？"

这种坦然的问话会让你开口，你会说："葡萄酒发酸、通心粉黏糊糊的、提拉米苏奶糕又硬又干，最糟的就是生菜沙拉，你们的厨师到底懂不懂'适量的蒜味'是什么意思？"

这些话听起来很刺耳，但是老板已表明态度，他很在意自己的餐厅，期待你将这一餐的真正感受表达出来。而你照实说了，这等于是给他改善不足的机会。

他可能会如此回答：

"服务不佳，实在是非常对不起，您能说出真切感受，真是非常感激。请给我机会表达歉意。我们的大厨感冒，餐厅雇用的二厨看来无法达到我们要求的标准，我们会换一个新的。一个星期之内，当我们的大厨回来，盼望您再度光临，至于今天这一餐，您不用付任何费用。"

你必须用适当的问法，将客户的真心话引出来。如果客户发现你的产品或服务有问题，你要设法弥补。只要你有心改善，客户一定会留下好印象。如此一来，你的生意就能延续不断了。

记住：不要让客户说"还好"，要让他将心里的话说出来。

### 三、不同客户不同对待

福特是英国顶尖寿险推销人员、美国百万圆桌会议会员。他曾被美国百万圆桌协会推崇为"全球4位最佳寿险业务员之一"。

福特在自我职业定位上有一个有趣的故事：

他假设自己在逛商场，在一楼，一个小公司的负责人问福特："您从事什么行业？"福特说："我帮企业主从债权人的手上保护他们的资产，并告诉他们如何增加财富。"

在二楼，有一位要退休的有钱女士问："您从事什么行业？"福特回答说："我是一个守护财富的专家。我擅长避税和房地产规划。"

在三楼，有一位带着小孩的女士问："您从事什么行业？"福特说："我帮助家庭减少债务，帮他们规划未来。比如小孩的教育费用和他们的未来规划。"

福特总会针对不同的人作出不同的职业定位，以吸引顾客的注意力和信赖感。

不同顾客要不同对待，但是有一种方法是通用的——给顾客送上一张贺卡，同时，你也送上了一份温情。

逢年过节，为你的顾客寄上一张贺卡，一定会使他感到既惊又喜，这种行为其实也是在为顾客服务——一种精神上的服务。

他是因为购买了你推销的产品，才得到了你节日的祝福，所以，这份惊喜会使他将感情融于所购买的产品上，这样，当以后他还需要购买此种产品时，一定会毫不犹豫地继续选择你的产品。从而，也为顾客减少了诸多选择上的不必要的烦恼。

日本丰田公司的推销员在这方面做得就非常出色，也因此为自己抓住了很多老顾客，并继续以这种方式为他们提供精神服务。

顾客与推销员之间虽然是最普通的人际关系，而人与人交往的纽带永远是感情，虽然卡片很小，但"礼轻情意重"，顾客感受到的是无限的温情。

### 四、争取做第一

1910年，德国习性学家海因罗特在实验过程中发现了一个十分有趣的现象：刚刚破壳而出的小鹅，会本能地跟在它第一眼看到的母亲后边。但是，如果它第一眼看到的不是自己的母亲，而是其他活动物体，它也会自动地跟随其后。尤为重要的是，一旦这只小鹅形成对某个物体的追随反应，它就不可能再对其他物体形成追随反应。用专业术语来说，这种追随反应的形成是不可逆的，而用通俗的语言来说，它只承认第一，无视第二。

在生活中，人对第一情有独钟。你会记住第一任老师、第一天上班、初恋等、但对第二则就没什么深刻的印象，在公司中，第二把手总不被人注意，除非他有可能成为第一把手；在市场上，第一品牌的市场占有率往往是第二的倍数……

在这里需要重点指出的是：单一顾客往往相信他所满意的产品，并会在很长时间内保持对该产品的忠诚，在这段时间内，他不会对其他同类产品产生更大的兴趣和信任。

许多企业也证实：顾客忠诚度与企业的盈利具有很大的相关性。美国学者雷奇汉和赛萨的研究结果表明，顾客忠诚度每提高5％，企业的利润就能增加25％～85％。美国维特科化学品公司总裁泰勒认为，使消费者感到满意只是企业经营目标的第一步。"我们的兴趣不仅仅在于让顾客获得满意感，更要挖掘那些顾客认为能增进我们之间关系的有价值的东西。"

许多企业运用调查顾客满意程度来了解顾客对本企业产品和服务的评价，就是想通过提高顾客的满意程度来培养顾客忠诚度。然而许多管理者发现，企业进行大量投资，提高了顾客的满意程度，顾客却不断流失。对于企业和推销员来说，让顾客满意是远远不够的，如何培养顾客对组织、产品或者个人的忠诚才是推销的终极目标。

对于大多数商业机构而言，拥有一个忠诚的顾客群体是有好处的。从心理上讲，顾客忠实于某一特定的产品或商业机构也是有好处的。按照马斯洛的观点，从属感是人类比较高级的一种需要。作为一个物种，人们与其他一些同自己拥有同样想法和价值观的人在一起会感到亲切和有从属感。那些能够向其顾客提供这种从属感的商业机构正是触及到了人们这种非常重要的心理特征。

从企业角度来说，回头客是企业宝贵的财富。新顾客或新用户为企业发展和兴旺带来了新的活力。企业要通过成功的营销手段不断地吸引更多的新顾客，同时也要不懈地努力去巩固和留住老客户，这一点对企业经营是非常重要的。

留住回头客的关键还在于与顾客保持联系。

与顾客和用户保持定期的联系，表示公司对顾客的关注和尊重，这样，可以增进双方感情交流，加深双方相互理解，也能够经常听到用户意见和反馈信息，及时进行质量改进，从而进一步加深企业与顾客之间的关系。

托德·邓肯告诉我们，方便顾客联系也有利于留住回头客。沟通便利使你的重要顾客能够不断地回头。

# 中篇
## 世界上最伟大的营销方法

# 第一章　营销环境分析

## 市场调研

市场调研可以为企业提供真实的市场信息，避免企业拟定错误的营销策略，造成重大财务损失。

市场调研可帮助企业了解市场趋势以及消费者的潜在购买动机和需求，有利于企业发现新的契机。

### 一、市场调研，拿数据说话

营销是科学和艺术的结合体，销售人员创造性地开发和维护市场即所谓的艺术，而科学则侧重于拿数据说话。对于一个企业来说，要做到科学这一点，就是要做好市场研究。你把产品销售给顾客之前，要去访问和倾听，以了解顾客在想些什么、真正需要什么，从而为制订有效的营销策略打下基础。这就少不了要进行一番市场调研。

#### 市场调研的含义

所谓市场调研，就是指在对客观环境各方面的数据收集和汇总的基础上进行分析和判断，为企业营销目标的实现和营销活动的开展打下坚实的基础。市场调研主要应用于产品研究、新产品的开发、了解顾客的消费偏好等。这种方法不仅有助于形成预测，还有助于促进企业改进产品设计和策划新产品。

市场调研主要分为两大步骤，即数据收集和数据分析。其中的数据收集，也就是我们常讲的市场调查，即通过问卷和上门访谈等方式来收集数据；收集到了相应的数据之后，接下来就要着手整理这些数据，即利用这些数据来建立相关的模型，进行预测和误差分析，这便是数据分析。最后，根据数据分析的结果，形成市场调研报告。

#### 市场调研方法简介

市场调研的方法很多，但概括起来主要有两大类，即反应式方法和非反应式方法。

### 1. 反应式市场调研

反应式市场调研方法，即被访问人员对测试条件或者访问人员提出的问题作反应式回答。反应式的方法包括访问法和实验法两类。其中，访问法适用于探索性研究以及描述性研究，是应用最为普遍的一类方法，常用的访问法有深度访谈、问卷调查、FCD（焦点小组座谈会）、间接访问法等；实验法则是更为适用于因果性的研究的方法，常用的实验法包括市场试验、实地试验、实验室研究等。

### 2. 非反应式市场调研

非反应式市场调研方法与反应式市场调研方法的最大不同点在于，非反应式方法以对观察到的数据进行解释为基础，而不依赖于直接从被调查者处获得数据。与反应式方法一样，非反应式方法也主要包括两种类型，即观察法和二手资料法。其中，观察法适用于描述性研究，常用的观察法有人员观察、机械观察、内容分析、审计、衡量分析等；二手资料法适用于探索性研究，常用的具体方法包括文献研究、行业资料调研、企业内部数据研究等。

## 二、可口可乐失败的市场调研

20 世纪 70 年代之前，可口可乐一直稳坐美国饮料市场的霸主宝座，市场占有率一度达到了 80%。然而从 70 年代中后期开始，形势发生了转变，老对手百事可乐异军突起。1975 年，百事可乐的市场占有率仅落后可口可乐 7 个百分点；及至 80 年代，百事可乐更是把二者的差距缩小到微乎其微。更有甚者，百事可乐曾组织了一次现场直播的顾客口感测试活动，即在不告知参与者在拍广告的前提下，请他们品尝各种没有品牌标志的饮料，然后说出哪种饮料的口感更好。几乎每一次测试后，参与者都认为百事可乐更好喝，这些活动大大提升了百事可乐的声望。

面对百事可乐的公然挑衅，可口可乐的市场领导者坐不住了。管理层不相信百事可乐的实验，也秘密组织了一些口感测试活动，事实证明消费者确实更加喜爱百事可乐的口味。这个结果让可口可乐的高层感到震惊，他们不得不坐在一起研究对策，最后得出结论：可口可乐那神圣不可侵犯的、使用了 99 年的配方已经不能适应消费者今天的口味了，若想止住颓势，必须开发出一种全新口感、更惬意的可口可乐。

作为一个百年品牌，改变口味毕竟不是一个轻松可以作出的决定。为慎重起见，他们决定开展一次大规模的市场调查活动。这次代号为"堪萨斯工程"的市场调查活动共动用了 2000 名市场调查员，在全美 10 个主要城市同期开展。调查问题包括：可口可乐的配方中将加入一种新成分，这会让它感觉更柔和，你愿意吗？可口可乐的口味将与百事可乐相仿，这会让你感到不安吗？你想试一试这种新饮料吗？调查结果显示：仅有 10％～12％的顾客对新口味的可口可乐表示不安，且其中有一半的人表示会适应可口可乐的新口味。这似乎能够说明顾客愿意尝试新口味的可口可乐了。

尽管市场调查结果让人兴奋，可口可乐似乎要开启一个新的时代了，但谨慎的高层并没有高兴得太早。为确保万无一失，他们又耗资 400 万美元举行了一次更大规模的口感测试，测试新研制的可口可乐是否能让顾客认同。这次活动在美国 13 个最大的城市开展，超过 19 万名顾客参与了测试，结果 55％的参与者认为新可乐的口味胜过老可口可乐，而且在这次测试中，新可乐一举击败了老对手百事可乐。这个结果最终促使可口可乐停止了传统可口可乐的生产和销售，集中资源生产和销售新可乐。

为保证新可乐一炮而红，在产品上市时，可口可乐进行了大量的广告宣传。1985 年 4 月，可口可乐还在纽约举办了一次盛大的新闻发布会，邀请了 200 家媒体参加。传媒的影响力一如既往地强大，几乎所有美国人都听到了呱呱坠地的新可乐响亮的嗓音，一切似乎都很顺利。

新可乐上市初期，市场反应良好，差不多有 1.5 亿人在第一时间品尝了新可乐，销售额的节节攀升让可口可乐的高层们绽露了笑脸。然而好景不长，仅仅过去了一个月，情势就急转直下，可口可乐每天都能接到 5000 个抗议电话，还有像雪片般飞来的抗议信件。为此，可口可乐公司不得不开通了 83 部热线电话，雇用更多的公关人员来处理这些抱怨。越来越多的顾客不满将老可口可乐变成现在的样子：他们有的认为老可口可乐是美国的象征；有的声称从此以后改喝茶水，再不消费可口可乐公司的产品；有的顾客组成了"美国老可乐饮者"组织，自发地抵制新可乐；更多的顾客开始四处搜寻老可乐，以至于老可乐的价格一涨再涨。

1985 年 7 月 11 日，可口可乐的高层管理者集体站在可口可乐的标志下向公众道歉，并宣布立即恢复生产老可乐。顿时美国上下一片沸腾，几乎所有的媒体都在头版报道了老可乐归来的喜讯。至此，仅仅 3 个月的时间，新可乐计划就以失败告终。公司前期花费了 2 年的时间和巨额资金所进行的市场调研也尽付之东流。这次市场调研的失败，皆因为可口可乐忽视了非常重要的一点，那就是，消费者不是"可靠"的，愿意品尝"新可乐"并不等于淘汰"老可乐"，整个市场调研从一开始就注定了它的失败。

## 方法实施要点

市场调研是一项复杂的系统工程，难以划分清晰的步骤。但为加强书面沟通，加深读者对市场调研的认识，一般来说，可将市场调研分为以下步骤：

（1）了解背景情况。即便是明确了所面临的决策问题，也仍有必要进行背景情况的分析。比如，在某些特定的行业，对国家的政治、经济政策要有一个明确的把握，要准确地预测其趋势和走向，以免造成冲突。

（2）明确调研问题。营销经理面临着各种各样的决策问题，而市场调研的任务便是为决策提供信息依据。这就有了一个明确的问题，如果调研问题有所偏差，必然会导致调研报告的无效。

（3）设计调研方案。在这一步骤里，要执行收集信息的方法和测量的技术，明确调研对象、地点、抽样规则以及调研信息的精度，还要确定数据分析和报告提交的方法。最后，还要把时间、费用和人员的安排等内容都写入调研提案中来。

（4）现场收集信息。这里所说的现场不仅是指被访问者的家里，也可以是商业区，可以是实验室，还可以是公司的监控室。总之，一切合适的地方都可以被称作现场。

（5）数据分析。对收集来的信息进行处理和分析时，不同调研方法收集来的信息有着不同的处理程序，如问卷调查法有审核、分类、编码、录入、缺失检验、分维度统计、制图表、打印、存档等步骤。

（6）形成报告并提交。分析报告的形成也不是一种模式。有时候应客户的要求，市场调研公司还需要在现场收集数据工作完成之后、数据分析之前提交中期报告。当然，在所有工作结束后，在规定的期间内，必须形成最终报告并上交。最终报告又与中期报告大不相同。

（7）总结反馈。最终报告的提交并不意味着整个调研工作的结束，虽然在某种意义上说，它确实为整个调研活动画上了句号。作为整个调研活动的具体实施者，非常有必要对调研活动进行总结，听取各方面的意见和建议，为下一次市场调研活动积累经验。

# 外部宏观环境分析

在越来越激烈的市场竞争中，企业的成功与否，在很大程度上取决于企业营销对外部环境的适应性。

宏观环境是企业营销的大背景，企业只有积极去洞察其微妙的变化，才能抓住稍纵即逝的市场机会，也只有把握住环境的变化，才有可能对环境施加影响。

## 外部宏观环境因素，不能改变便去适应

一般来说，企业的外部宏观环境因素主要包括人口统计因素、社会与文化因素、政治与法律因素、经济因素、科技因素、竞争因素等六大类。这些因素之间相互联系，某个因素的变化很有可能会波及到其他因素，引起连锁反应。这些因素因其宏观性而不易被一家企业所控制，但是这也并不是说企业对这些因素无能为力，企业通过努力仍可以对外部环境施加一定的影响。

### 人口统计因素

人口统计因素包括人口数量、结构、分布、增长情况等方面。因为市场是由人构成的，所以对于营销人员来说，人口统计因素是非常重要的。我国是一个人口大国，消费者市场庞大而且不断变化，这势必会对企业的营销活动产生深远的影响。

### 社会文化因素

所谓的社会文化环境，即企业所处的社会结构、社会风俗、习惯、信仰、行为规范、生活方式、人口规模与地理分布、价值观念等因素的形成、变动。社会文化因素对企业营销活动有着非常重要的影响。企业在制定营销战略的时候，应充分考虑这些影响。例如，不同国家有着不同的文化传统、社会习俗和道德观念，这些都决定了消费者的消费方式和购买偏好。

### 政治与法律因素

政治因素包括社会制度、政治结构、政府政策、政治形势、政治团体等方面。这些因素势必会对企业营销战略的制定造成一定程度的影响。而法律因素则包括国家制定的各种法律、法规、法令以及政府的执法机关结构等方面。法律因素对企业营销活动的影响在于，它既保护企业的正当行为，又制

约和打击企业的不正当行为。

## 经济因素

所谓的经济因素就是指构成企业生存和发展的社会经济状况和国家的经济政策。它包括经济结构、经济体制、经济政策、经济发展状况及速度、就业水平、人均可支配收入水平、物价水平、汇率等。一般来说，在国民经济高速增长的时期，企业往往会面临着更多的发展机会。

## 科技因素

对于市场来说，科技发展所产生的影响主要表现在以下3个方面：第一，可以形成全新的行业，例如电脑和机器人行业的兴起；第二，能够改变甚至是摧毁现有的行业，比如电视机的出现几乎使电台和电影行业陷入瘫痪；第三，能够带动不相关行业的发展，如各种新型家用电器的出现使人们摆脱了沉重的家务，有更多的时间去从事其他的活动。科技的发展对企业的营销活动也会产生重要影响。例如，通讯科技的发展使得企业和消费者随时随地都可进行商业交易等。

## 竞争因素

企业面临不同的竞争环境，需采取不同的营销策略，营销分析的侧重点也应有所不同。一般来说，企业所面临的竞争主要可分为4个层次：其一，产品形式竞争。这是最狭义的一种竞争，即产品品牌的竞争。这些品牌属于同类产品，具有相同的产品特征，面对同一细分市场。其二，品类的竞争，即具有特征大同小异的产品和服务之间的竞争。例如，若不考虑各自的目标市场，所有生产个人电脑的企业都可相互视为竞争对手。其三，属类竞争，即满足顾客同一需求的产品或服务之间的竞争。比如，软饮料和果汁在"解渴"上竞争，飞机和火车在"交通"上竞争。其四，预算竞争，即争夺同一消费者钱包份额的所有产品或服务的竞争。比如，一位消费者有1万元的可支配收入，他可以用这笔钱去度假、买戒指、投资等。这样，经营各种产品和服务的企业便可对这笔钱展开争夺。

## 方法实施要点

营销人员在进行外部宏观环境分析时，应重点关注那些对企业有较大影响的宏观环境因素以及各因素之间的相互影响情况。通过分析，应努力回答下述问题：某一宏观环境因素的现状如何？发展趋势如何？这一因素会对企业的营销活动产生什么样的影响？能给企业带来怎样的机会或者威胁？企业可以采用重要性系表来进行分析，具体步骤如下：

（1）找到因素。从众多外部宏观环境因素中找出对企业的营销活动产生重要影响的因素。这些因素不宜过多，可控制在 10～15 这个范围之内。

（2）对各因素进行打分。对找出的因素根据其对营销活动的有利或不利影响程度进行打分，分数由 -7 到 7 不等，其中 -7 代表极为不利，7 则代表极为有利。

（3）给各要素设定权数。根据各要素的重要性设定权数。

（4）计算加权平均数，得出环境总分。环境总分为负数，即表示外部宏观环境对企业的营销活动有不利影响；若为正数则相反，表示外部宏观环境对企业的营销活动有利。

采用这一方法进行外部营销环境分析时，需要特别注意打分的客观性，打分人要对各影响因素与营销活动之间的关系有充分的认识和理解。为此，企业可邀请若干专业人士分别进行打分，取其平均数，从而最大限度地缩小、克服主观因素所造成的影响。

# 外部微观环境分析

如何有效地处理外部微观环境的各影响因素，将对企业的营销活动起到决定性的作用。

企业虽无法控制这些外部影响因素，但在一些情况下，可对其施加一些影响。

## 一、将外部微观环境条件为自己所用

除受外部宏观环境影响以外，企业的营销活动还受到外部微观环境的影响。外部微观环境主要由 4 方面的因素构成，分别是供应商、营销中间商、企业所处的市场和竞争对手。

### 供应商

供应商涉及到诸多类型的市场主体，任务是向企业提供其为目标市场服务所必需的资金、能源、原材料、零部件以及劳动力等生产要素。供应商对企业的影响显而易见，如若没有供应商，企业就无法组织生产。

## 营销中间机构

营销中间机构是独立的商业组织，其作用是在企业与市场中间帮助产品和服务的流通。营销中间机构可以分为 4 种类型，即中间商、实体分配公司、营销服务机构和财务中间机构。

### 1. 中间商

中间商是指协助企业寻找顾客或者直接与顾客交易的商业性企业。中间商又可以分为两类，即代理中间商和买卖中间商。其中代理中间商专门负责为企业介绍客户或者与客户商订交易合同，企业的产品经由他们流入市场，而在这个过程中，代理中间商并不拥有商品的所有权。买卖中间商也可称为经销中间商，主要包括批发商、零售商以及其他再售商。这类中间商先从企业处购得商品，拥有了商品的所有权，然后再出售商品。

### 2. 实体分配公司

所谓实体分配公司，主要是指储运公司，是协助企业储存货物并把货物从产地运送至目的地的专业企业。一般情况下，企业只有建立了自己的销售渠道后，才会求助于实体分配公司。若把产品的销售工作委托给专业的中间商，那么仓储以及运输服务均由后者承担。运输公司包括铁路、公路、航空、货运等类型，企业应权衡成本、速度、安全等因素选择最佳的货运方式。从这方面来说，实体分配公司的主要作用就是给企业创造时空效益。

### 3. 营销服务机构和财务中间机构

营销服务机构主要包括营销调研公司、广告公司、营销咨询公司、传播媒介等，其任务也是帮助企业将产品推销至适当的市场。与这些公司建立战略上的合作关系，对企业营销工作的质量和效率具有重大的意义。

财务中间机构包括银行、信用公司、保险公司等。作为营销中间机构的这些财务公司主要为企业提供融资、财产以及货物保险等服务。

## 市场

市场可以被定义为买卖双方交易的场所。但从营销的角度来看，市场是指存在需求的人或者企业，且这些人或者企业有能力并愿意消费。可见，市场是企业营销工作的中心，企业所有的营销决策都必须以市场为目标，这是营销成功的基本前提。

## 竞争对手

毋庸置疑，竞争对手对企业营销战略以及营销活动有着重要的影响。比如，竞争对手的价格、广告宣传、促销手段的变化、新产品的开发以及售前售后服务的加强等都会对企业造成直接的威胁。因此，企业必须密切关注和分析竞争对手的举动，并及时做出回应。

## 二、雀巢（菲律宾）公司的市场分析

在雀巢公司遍布全球的分公司中，菲律宾分公司的销售额名列前茅。1996年，雀巢（菲律宾）公司的销售额在各分公司中名列第10位，在亚洲—太平洋地区进入三甲，仅次于雀巢（日本）公司和雀巢（澳大利亚）公司。然而，不断增长的销售业绩并没有让雀巢（菲律宾）公司的管理者们感到高枕无忧。相反，随着市场竞争环境的急剧变化、市场竞争的日趋激烈，如何维持这一令人羡慕的经营业绩一度让他们忧心忡忡。为此，雀巢（菲律宾）公司进行了一次详尽的市场分析。

### 菲律宾民众的饮用习惯

菲律宾是一个气温高、湿度高的国家。与欧洲人的咖啡饮用习惯不同，菲律宾人的饮用习惯有自己的特点。菲律宾人不喜欢瓶装或者锡箔包装的咖啡，他们更喜欢容量仅为1.7克的纸包装咖啡，这样，顾客可以单独购买一小包咖啡供自己享用。每一个湿热的早晨，总是有许多菲律宾人来到附近的"萨厘"商店购买这种单独使用的小包装咖啡。菲律宾人在饮用咖啡时，通常都会加少许的糖，但不加任何牛奶或者咖啡调色剂，他们认为这种口味的咖啡才是真正的"好极了"。

### 消费者购买行为分析

经过详细的市场调查，雀巢（菲律宾）公司发现，有96％的家庭在近两个星期内有购买咖啡的行为。以往市场分析人员总是认为，1.7克小包装的推出才使得家庭购买行为维持在较高的水平。而通过此次市场调查，市场分析人员还发现，咖啡的价格与家庭购买行为之间存在着明显的联系，价格的降低也是导致居民家庭对咖啡产品购买行为增加的重要原因。

### 销售渠道分析

在菲律宾，绝大多数的食品都是通过小商店出售的。这些小商店规模不大，大一些的商店占地有几百平方米，而小一些的只有几平方米（如最常见的"萨厘"商店）。像蔬菜、肉类、鱼类、水果等易腐的食品大多在传统的集市上出售。当然，有一些全方位服务蔬菜店，但数量不多；也有食品超级市场，但是没有一家超级市场开展连锁业务。如今这种情况正在发生改变，许多大型百货连锁店如埃维尔百货、环宇百货、盖萨罗百货等正在酝酿开设食品专柜，但是仍然没有任何连锁店有意经营家庭用咖啡品牌。也就是说，在未来的一段时间内，小商店仍是雀巢咖啡的主要销售渠道。

**竞争对手分析**

雀巢在菲律宾市场上的竞争对手很多，主要包括葛康威集团的美味牌咖啡、布伦德 45 牌咖啡、奥罗咖啡和菲律宾咖啡。其中布伦德 45 牌咖啡是一种含糖的咖啡产品，价格也非常便宜，在市场上颇具竞争力，市场份额维持在 15％左右。

此外，由印度尼西亚人创办的印度咖啡公司，其产品售价比同类产品要低 10％，也是雀巢不可忽视的竞争对手；总部设在新加坡的 Supermix 公司也是一个实力强劲的竞争者，它在新加坡及周边国家率先推出了"三合一"单一包装的咖啡产品，即一小袋咖啡中包含了咖啡、糖和无牛奶咖啡伴侣配料。这种产品一经上市，就在市场上获得了极大的成功。这两家公司的产品一旦进入菲律宾市场，必将给市场造成一定的冲击。

还有一些知名企业对菲律宾的咖啡市场蠢蠢欲动。其中麦氏咖啡的生产商克拉特通用食品公司开始在菲律宾进行咖啡生产经营，并在菲律宾国际机场附近租用了大型的广告牌，正式宣布进入菲律宾；宝洁公司也向外界宣布，该公司不久将在菲律宾生产自己的福吉牌咖啡产品。

方法实施要点

对外部微观环境进行分析时，企业应注意以下 3 个方面的问题：

（1）给予营销中间机构足够的重视。营销中间机构由于在某些服务领域具有专业性，可帮助企业提高营销活动的质量，并降低成本。所以，大多数企业都应给营销中间机构足够的重视。

（2）企业、供应商以及营销中间机构能够组成一条价值链。企业、供应商以及营销中间机构其实是一条价值链上的 3 个环节，它们都在以自己的方式提供增值服务或者开展活动。供应商把生产产品的必要资源输送至制造商，制造商把各种原材料加以组合最终形成完整的产品，而营销中间机构则在产品从生产者流向消费者的过程中为产品提供增值服务。

（3）企业应建立针对竞争对手的情报系统。收集竞争信息并不是一个随机偶得的过程；相反，企业应仔细设计自己的竞争情报系统以便使成本有效化。企业的每一位成员不仅要去了解顾客需求并使他们满意，还应该通过各种渠道去了解竞争对手的信息并把它转到相关的部门中去。为此，企业有必要建立一个跨部门的工作小组来专门处理这件事情。

## 企业内部环境分析

面临相同的外部环境，不同企业的营销活动所取得的效果往往并不一样，这是因为它们有着不同的内部环境要素。

进行内部环境分析、了解自身所具备的优劣势，这对企业制定营销战略、有效利用自身的资源、在市场上扬长避短大有帮助。

### 一、内部环境分析，认清自己

企业的内部环境要素有许多种，其中最为引人注意的是人员、企业文化和企业组织机构等三大要素。

（1）人员。事在人为，重要的工作总要由人去完成。在企业内部环境的各要素中，人员是企业营销政策的制定者和执行者，是最为重要的资源。在企业普遍重视营销工作的情况下，能否做好营销工作、打造企业的营销竞争力，关键还是要看能否调动企业营销人员的积极性和创造力。

（2）企业组织结构。作为营销内部环境的一个要素的组织结构，主要是指企业的营销部门与其他部门之间在组织结构上的相互关系。组织结构设计得好坏，将直接影响到企业营销活动能否顺利开展。

（3）企业文化。所谓企业文化，就是指企业的所有工作人员所共同拥有的一系列思想观念和管理风貌，包括价值标准、经营哲学、思想教育、行为准则、礼仪典礼、企业形象等。企业文化在调动员工的工作积极性和创造力、提升企业的凝聚力等方面都会起到重要的作用。另外，优秀的企业文化还有利于强化员工对企业的归属感和认同感，并通过员工向外部辐射这种情感而美化企业的外在形象。

### 二、IBM 的 3 条行为准则

1914 年，老托马斯·沃森在创立 IBM 公司时曾设立过行为准则，并将其作为 IBM 公司立于市场的基石。几十年后，小托马斯·沃森接管了父亲的公司，他发现父亲设立的行为准则从来都没有过时，并坚信永远都不会过时，便决定将其发扬光大。老托马斯·沃森设立的行为准则只有 3 条：①必须尊重个人；②必须尽可能地给予顾客最好的服务；③必须追求优异的工作表现。这 3 条行为准则很简单，甚至可以说很平常，但是如今这些简单的准则构成了 IBM 特有的企业文化。

## 必须尊重个人

沃森家族深知，公司最重要的资产不是金钱或者其他的东西，而是员工。所以自 IBM 公司成立以来，他们就分外重视员工满意度。为了使员工切身体会到自己是公司的一分子，自己的行动能够给公司造成影响，IBM 煞费苦心地去尝试着创造小型企业的气氛，使各分公司也保持小型编制。

IBM 对员工的尊重还表现在对员工价值的尊重。在 IBM，从来没有自动调薪与晋升这回事，晋升和调薪完全根据员工的工作成绩来定。因此，一位刚进入公司的市场代表所拿的薪水可能比一位在公司内工作多年的员工还要高。每一位员工的薪资水平都完全以其对公司所作的贡献来核定，绝非论资排辈。对于有特殊贡献的员工，公司也会给予特别的报酬。

常人可能无法想象，像 IBM 这样的巨型企业，在其半个多世纪的发展历程中，没有一位正规聘用的员工因为裁员而失去哪怕一个小时的工作。即便是在经济不景气的时候，IBM 也总能通过周密的计划和安排，使所有的员工都不致失业。

在 IBM，没有人拥有特权，上至公司的高层管理者，下至最普通的员工，全都使用一样的办公桌、一样的洗手间；餐厅里没有领导的专座，停车场里也没有长官的预留位置。在 IBM，没有人会觉得自己低人一等。每当公司的领导岗位出现了空缺，IBM 永远都首先在自己的员工中挑选，而不是从外部招聘，因为 IBM 认为从外部招聘会使那些有干劲的员工遭受打击。

IBM 对员工的尊重体现在每一个细小的环节，同时要求每一位员工都能够尊重顾客，甚至对竞争对手也要保持尊重的态度。IBM 的行为准则规定，任何一名员工都不得毁谤或者贬抑竞争对手，因为竞争靠的是产品和服务，而不是谩骂。

## 全心全意为顾客服务

老托马斯·沃森很早就声称要使 IBM 的服务成为全球第一。他不仅这样要求本公司的员工，也同样要求所有经销 IBM 产品的公司。他特别强调，IBM 是一家"顾客至上"的公司，公司的一举一动都必须以顾客的需求为前提。

IBM 是这样承诺的，事实上它也是这么做的。无论产品出现了什么问题，公司都保证顾客会在 24 小时之内得到圆满的答复；如果顾客打电话要求服务，那么服务会在一个小时之内送达。同时，IBM 还要求任何一个新零件都必须比原换下来的要好，而且要比市场上的同级产品好。

**追求优异的工作表现**

追求优异的工作表现是 IBM 从挑选新员工开始就坚持的原则。在 IBM 看来，从全球最优秀的大学里招聘最优秀的学生，使其接受公司密集的培训课程，就必然能够培养出最优异的员工，日后也才能有最优异的工作表现。

为调动员工的工作积极性和创造力，IBM 营造了高度竞争的工作氛围，使每一位员工都努力去争取优异的工作成绩，同时又不断强调学习的重要性。因此，IBM 的员工通常都工作出色，但从不骄傲自满，总有更高的奋斗目标，认为任何事情都有可能做到，这种工作态度总是让人倍感振奋。

## 方法实施要点

企业可从以下几个方面进行企业内部环境的优化：

（1）紧抓人力资源工作。企业人力资源方面的工作任重而道远，不仅要从外部招聘合适的人才，还要加强内部人才的培养，为人才创造一个优良的成长环境。

（2）建立以市场为导向的组织结构。营销组织是企业开展营销活动的基础。为保证企业的营销活动畅通无阻，企业应树立整体营销的概念，让各职能部门意识到营销不仅是营销部门的工作，所有部门都有营销的义务。在具体设计营销组织时，要注意这样几项原则：①与企业的经营战略相适应；②与企业的规模相适应；③与技术/应用系统的水平相适应；④随经营环境的变化而变化；⑤视营销人员的素质而定。

（3）创造优良的企业文化环境。要营造良好的企业文化环境，要求企业不断完善其人事、激励、组织等方面的规章制度，积极开展各项有意义的活动，吸引员工加入其中，从而增进员工对企业宗旨的了解，增强企业员工的主人翁责任感。

# 市场机会分析法

市场机会稍纵即逝，掌握正确的市场机会分析方法有助于企业判断和识别眼前的市场机会，从而及时地采取有效的行动。

市场机会分析常用于新产品上市时，对现有产品也同样适用。

## 一、机不可失，相机而动

市场机会是关系到企业生死存亡的大事。没有市场机会，企业想尽一切办法也要创造市场机会，否则只能黯然退市；另一方面，就算存在市场机会，也并不意味着所有企业都能够发现，更不要说把握市场机会、创造利润了。机会总是青睐有准备的人，掌握市场机会分析法，便可以帮助企业判断眼前的机会并及时采取行动。

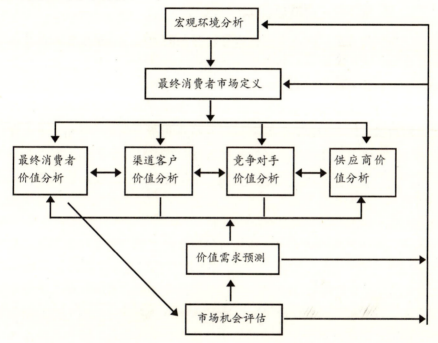

市场机会分析框架具体如下图所示：市场机会分析大致可分为以下4个步骤：

第一步，宏观环境分析。通过对宏观环境中的政治、经济、文化、技术、社会等几大要素的详细分析，以期发现新的市场机会。比如，政府西部大开发战略设想的提出是否能够带来新的市场机会呢？

第二步，最终消费者市场定位。这样做的目的是帮助企业判断和识别出具有一定机会的市场和顾客。这一步非常重要，通常会对企业在目标市场上的战略决策起到非常重要的影响。

第三步，价值分析。进行价值分析，可以帮助企业了解各主要市场参与者之间交互作用的特点和发展趋势，重点应放在了解最终消费者、供应商、渠道客户和竞争对手之间的价值交换过程。

第四步，市场机会评估。发现市场机会以后，便要对市场机会的大小和优劣进行评估。总的来说，市场机会评估的标准主要有以下几点：持久竞争优势标准，包括市场占有率、市场进入门槛等指标；财务标准，包括投资回报率、现金流、销售额增长率等指标；企业和品牌形象标准，包括企业形象的一致性等指导；协同性标准，如增加生产其他产品的机会等。

## 二、奥纳西斯、肯德基抓紧市场机会

第二次世界大战以前，人们普遍存在悲观的情绪，似乎世界末日就在不远处。然而，希腊人奥纳西斯没有在悲观中沉沦。通过认真的思索，他认为生产过剩、物价暴跌只是暂时的现象，世界经济终究会再次繁荣，到时候价格自然会回升，说不定还会暴涨。所以谁能够在今天买到便宜货，必将在明天卖出好价钱。现在看来，奥纳西斯的判断是非常准确的。然而，令人意想不到的是，奥纳西斯并没有选择购买被普遍看好的黄金、不动产或者公司的股票，而是瞄准了似乎注定要遭难的海上运输工具——轮船。他认为一旦世界经济复苏，运输就会显得尤为重要。拥有了轮船，到时候投入的金钱就会像热带植物一样疯长，利润自然滚滚而来。

一天，奥纳西斯得到了一条他最希望看到的消息：由于经济萧条，加拿大国营运输公司无力维持经营，决定出卖6艘货轮。这6艘货轮10年前价值200万美元，如今仅以25万美元出售。看到这个消息，奥纳西斯几乎兴奋得跳了起来，他立即乘机赶到加拿大，把那6艘被遗弃在"墓地"的轮船如数买下。当时，很多人认为奥纳西斯疯了，认为过不了多久，这些船就会变得一钱不值。形势像大多数人所想象的那样发展，经济一天比一天坏，整个资本主义世界都深陷在泥潭中，光明的未来似乎只是一个美丽的谎话。但奥纳西斯从没动摇自己的信心，他坚信好日子一定会来临。

第二次世界大战爆发了，对于大多数人来说，这是噩梦的开始。然而对于奥纳西斯来说却有着不同的意义。战争给那些拥有水上运输工具的人带来了神奇的机会，奥纳西斯的6艘大船瞬间变成了6座浮动的金矿，每挪动一步都会带来可观的利润。在战争结束以后，身价倍增的奥纳西斯已然成为了希腊船王。

20世纪80年代中期，美国肯德基炸鸡店对庞大的中国市场产生了兴趣，有意在中国发展加盟店。为此，他们先行派遣了一位执行董事到北京考察市场。

这位执行董事下了飞机以后，来到北京的街头，在不同的路口用秒表测量出行人的流量，然后又向 500 名不同年龄、不同职业、不同收入水平的人征求他们对炸鸡的价格、口味等要素的看法以及他们对快餐的态度。最后，这位执行董事又详细考察了北京的鸡源、油、面、盐、菜以及鸡饲料等，并将数据带回了美国进行详细的分析，最后得出了中国市场具有巨大潜力的结论。

果然，1987 年 11 月，肯德基在北京开业以后，在不到 300 天的时间内，便实现了 250 万元的销售收入。原计划在 5 年内收回的投资，不到 2 年就收回了。

### 方法实施要点

市场机会分析的应用范围有：

（1）比较广泛地应用于新产品上市时。它可以帮助企业进行市场的定位，并为企业营销计划的制订提供依据。

（2）市场机会分析也可以应用于现有产品。

（3）在具有明确发展目标的产品的营销计划的制订上也能起到作用。它可以帮助企业确认各种机会与问题的所在。

# 环境威胁机会矩阵

环境威胁机会矩阵是一种常用的营销战略分析方法，它可以帮助企业分析营销环境，以发现机会和规避风险。

在环境威胁机会矩阵的帮助下，企业不会坐等环境发生剧烈的变化，而是提前做好准备，去抓住机会或者迎接挑战。

## 一、发现机会，规避风险

如今，环境扫描日益成为一家成熟公司的重要职能，公司必须识别出环境中哪些因素有可能造成重大的威胁或者带来重大的机会。为此，许多公司纷纷建立起问题管理程序，以了解和掌握那些可能影响企业未来的问题。环境威胁机会矩阵便是一种常用的营销战略分析方法，可以帮助企业分析营销环境，以发现机会和规避风险。

### 环境威胁

环境威胁是指环境中一些不利于企业生存和发展的因素，这些因素使得企业面临严峻的挑战。为此，企业必须果断地采取有效的营销行动，否则企业的市场地位就会逐渐被侵蚀掉。

企业应在其营销计划中把这些威胁体现出来，并按严重程度和出现的可能性进行分类。如下图所示：

| | | 出现概率 | |
|---|---|---|---|
| | | 高 | 低 |
| 严重程度 | 大 | 1 | 2 |
| | 小 | 3 | 4 |

环境威胁矩阵

其中，区域1中的威胁是关键性的。它对公司的危害最大，而且出现的概率也最高。因此，企业有必要对其制订一个专门的应变计划，计划中至少应阐明：在威胁出现之前，或者在威胁出现时，企业应做哪些工作、如何使危害程度降到最低。区域4中的威胁，因为其对公司的危害程度和出现的概率均最小，公司可以置之不理。对于处于区域2和3中的威胁，公司不必对其制订一个专门的计划，但应密切关注它们，因为这些威胁有可能发展成为重大威胁。

### 环境机会

公司所面对的环境总是机会与威胁并存。要想使公司健康、稳定地发展，除了要规避或减轻威胁，更要牢牢抓住环境机会。所谓的环境机会就是指对公司的营销行为富有吸引力的领域。在这些领域中，公司将获得竞争优势。这些机会可以按其吸引力的大小和出现概率的高低来进行分类（如下图所示）。一般来说，公司在某一特定机会上取得成功的概率高低取决于它的业务实力是否与在该行业获得成功所需要的条件相符合。一家经营最佳的公司必定是在满足行业成功条件中最具竞争优势的公司，这些优势会形成公司为顾客创造价值的能力。

| | | 成功概率 | |
|---|---|---|---|
| | | 高 | 低 |
| 吸引力 | 大 | 1 | 2 |
| | 小 | 3 | 4 |

环境机会矩阵

处于区域 1 中的那些机会，因为其出现的概率和对公司营销行为的吸引力都是最大的，所以是公司所面临的最佳机会，公司的决策者们应制订若干计划以寻求一个或者几个这样的机会；而对于区域 4 中的机会，因为其出现的概率和对公司营销行为的吸引力都较小，公司可以不予考虑；对于区域 2 和 3 中的机会，公司应予以充分的关注，因为其中任何一个机会的吸引力或者成功概率都有可能出现变化。

## 二、某汽车生产企业所作的环境威胁机会分析

某汽车生产企业在激烈的市场竞争中感到茫然无措，不知如何应对来自各方面的压力。决策者们深知长此以往，企业必然会走向败落。为避免这种情况成为现实，他们决定立即进行环境威胁机会分析，期望从这一分析中找到前进的方向。

### 环境威胁分析

作为汽车生产企业，它所面临的环境威胁无外乎这样 4 种：其一，竞争对手发明一种高效的电动小汽车；其二，出现严重而漫长的经济萧条；其三，汽油的价格上升；其四，政府颁布更为严格的汽车污染控制法令。

在这 4 种环境威胁中，尤以第一种威胁最应引起重视。这是因为，在环保意识日益深入人心的今天，高效的电动小汽车毫无疑问会被消费者所热烈追捧。而且，各大汽车生产企业加紧研究高效电动小汽车也早已不是什么秘密了。这就意味着竞争对手发明高效电动小汽车并非不可能，应该说概率还是相当高的。

至于第二种威胁，诚然，这会给企业带来严重的影响，毕竟拮据的消费者绝不会把钱用于购买并非必不可少的汽车。可以想象，在那样的困难情况下，消费者手中的钱更多地会用于购买食物、衣物。但是值得庆幸的是，如今全球经济发展势头良好，中国经济更是保持着一贯的稳步上升。在可预见的将来，漫长而严重的经济危机几乎不可能发生，所以，对于第二种威胁，

企业不可不防，但也无须过于重视。

汽油价格的上升也会对汽车的销售起到一定的负面影响，而且这种情况经常出现。但是企业对此也不必忧心忡忡。汽油的价格不会高到消费者难以承受的程度，毕竟汽油生产商也要考虑自己的经济效益。

对于第四种环境威胁，企业更不必为之担忧了，因为政府不太可能作出这样的决定，而且就算颁布了更为严格的汽车污染控制法令，对汽车企业来说也并非不可逾越的障碍。因此，对于这一环境威胁，企业完全可以不予理会。

### 环境机会分析

汽车生产企业所面临的外部环境也绝非乌云密布，不见一丝光亮，实际上，企业还是有许多机会可以把握的。比如，企业可以发明一种高效电动小汽车；发明一种节油汽车，每加仑油可以行驶 96.56 千米；发明一种减震汽车；发明一种更为高效的汽车污染控制系统等。

当然，这些机会也有优劣之分，其中发明高效电动小汽车是最应引起重视的。原因上文已经提到，高效电动小汽车不仅会深受消费者的欢迎，而且其开发的难度也不是十分高。发明一种节油汽车，这个想法非常具有吸引力，也可以料想这样的汽车必然会备受市场青睐。但是遗憾的是，在现有的技术水平下，还难以设计出价位合适的节油汽车。发明一种减震汽车，这并不难以做到，但是消费者却对此兴趣不大，所以这也不是一个好机会。发明一种高效的汽车污染控制系统，这个想法稍微有些超前。从现在来看，这样的汽车还难以设计出，而且消费者也不一定会买账。

## 方法实施要点

把环境威胁矩阵和环境机会矩阵结合起来，我们就可以把某个特定公司所面临的威胁和机会图解出来，并识别出该公司所拥有的业务属于下列 4 种业务中的哪一种：

第一种是理想的业务，即拥有大量的良好机会，同时威胁很少甚至是没有。这是所有公司都渴望的业务，其未来的发展前景非常令人向往。

第二种是投机型业务，即所面临的大好机会和重大威胁出现的概率同样很高。拥有这种业务的公司务必要小心谨慎，多作计划，以抓住机会和规避风险。

第三种是成熟的业务。这种业务已迈入成熟期，大好的机会和重大的威胁出现的概率都很低。

第四种属于麻烦型业务，机会很少，但威胁却很大。公司应尽快摆脱这种业务。

总的来说，一家优秀的公司绝不会坐等环境发生剧烈变化后再手足无措地收拾残局，而是通过各种方法和途径预测大好机会和重大威胁的到来，并准备好各种计划以迎接挑战，只有这样才能使企业稳步发展。

# 市场潜力分析

市场潜力是决定企业进入或者退出市场的关键指标。

市场潜力可作为销售预测的重要依据。

## 一、为营销寻找宽广的舞台

在决定进入一个市场之前，首先要考虑这个市场的舞台有多宽、企业在这个市场内是否能大展拳脚，即该行业的市场潜力有多大。要知道，在一个潜力不足的市场内，企业是不能得到用武之地的。因此，这就需要企业在进入某一市场之前认真地进行市场潜力分析。

### 市场潜力的概念和特点

市场潜力是指企业在某个时间段内和既定的条件下有可能实现的最大销售额，即企业在该市场最多能够取得什么样的销售业绩。换句话说，也就是指在市场上的参与者都能够全面开展营销活动，并能够吸引所有潜在顾客的情况下，整个行业最终实现的销售。

市场潜力具有很强的时间性，在不同的时间段内会表现出非常大的不同。这一特性使得市场潜力很难被企业所掌握，尤其在预测销售的上限和最大销售量时更是如此。有些企业总是试图把市场潜力用一个固定的数字表示出来，这显然是难以做到的。当然，市场潜力的变化也绝非没有规律可循。一般来说，市场潜力的变化取决于行业平均价格或总体经济水平等要素的变化。

### 市场潜力分析的作用

市场潜力分析的作用主要有以下几个方面：

（1）为进入或者退出市场提供决策依据。某一行业的市场潜力往往是企业决定进入或者退出市场的关键指标。一般来说，行业的市场潜力越大，对企业的吸引力也就越大。

（2）为资源配置提供决策依据。资源的配置与产品的生命周期密切相关。企业通常愿意在产品的成长阶段投入大量的资源，因为处于成长阶段的产品具有较大的市场潜力可供挖掘；而不愿在产品的成熟阶段进行投资，因为生命周期理论认为，在这一阶段，销售已达到了市场潜力。

（3）为店址的选择和其他资源配置提供决策依据。生产商和零售商在选择新店址的时候，通常会把市场潜力作为关键指标。同样，企业在进行广告预算或者策划营销活动时，也会将市场潜力作为关键因素加以考虑。

（4）作为目标设计和绩效评估的依据。市场潜力为企业的营销人员提供了努力的方向。如若企业的实际销售量低于市场潜力，营销人员便要分析产生这种差距的原因，进而推动企业市场策略和营销计划的优化。此外，划出几个市场潜力相当的销售区域，让不同的销售员进行销售，也便于销售经理对各销售员进行绩效评估。

（5）为销售预测提供依据。企业在制订年度计划时，可将市场潜力作为销售预测的依据。

## 二、一次失败的市场潜力分析

韩国现代集团的产品以其物美价廉和品牌声誉，一度在南非市场上呼风唤雨，十大名牌汽车有其一。然而，谁也没有想到，这种繁荣的景象只是昙花一现。在进入南非市场短短几年间，现代集团在南非的代理分销公司就债台高筑，最终竟达 87.7 亿兰特（约合 14.62 亿美元）之巨，不得不宣告破产。

一位南非的高级雇员透露了现代集团溃败的根源。原来，从一开始，现代集团的决策层就对南非市场的潜力作出了错误的判断。这也难怪，虽然南非算不上幅员辽阔，但其境内基础设施相当先进，公路四通八达，人均国民生产总值也颇为可观，世界上许多大的汽车厂商都将其视为很有潜力的市场。很显然，现代集团对南非市场潜力的估计更为乐观。由于与其他主要竞争对手相比，现代集团进入南非市场较晚，为弥补这一劣势，现代集团不惜血本展开了猛烈的广告攻势，与当时的日本厂商争斗得不可开交。不仅如此，急于求成的现代集团在立足未稳之际便不由分说地投资 3 亿兰特在南非的邻国博茨瓦纳建立了组装厂，专门向南非供货。

大手笔毕竟不同凡响，现代集团很快就在南非市场上分得了一杯羹，市场销售形势喜人。在其经营得最好的时期，月销量一度高达 800 辆。然而，浮华过后，真理终究要显现。事实证明，南非市场的潜力大大低于现代集团的期望。由于贫富悬殊，南非能买得起汽车的人并不多，再加上内需不旺，汽车市场很快便尽显疲态，汽车销售总量连创新低，令各大汽车厂商愁眉不展，现代集团的眉头只有锁得更深，因为自从进入南非市场以来，它一直是在负债经营，如今的状况可算是雪上加霜。然而"屋漏偏逢连阴雨"，对现代集团更为不利的是，南非一改以往低关税的政策，并且提高了银行的贷款利率，使得现代集团的生产成本猛增，甚至出现生产汽车越多亏损越多的尴尬景象。倘若此时现代集团能认识到自己的错误，及时调整策略，收缩战线，稳住市场份额，或许还有一线生机，然而现代集团的决策层显然没有这样想。

现在看来，当时现代集团的决策层显然还对南非市场抱有幻想，认为困难只是暂时的，南非市场的潜力还是可观的。为此，现代集团不惜迎难而上，继续大举借债，硬着头皮去占有更大的市场，甚至提出了"从南非向南部非洲扩展"的策略。于是摊子越铺越大，钱越借越多，但市场形势并没有像预期的那样好转，结果现代集团难以满足的胃口最终被日益膨胀的债务所撑破。

毫无疑问，市场潜力分析的失误是现代集团败走南非的"元凶"。但不可否认，缺乏后劲和充足的实力也是其最终没能扭转困境的重要原因之一。

## 方法实施要点

市场潜力分析的方法主要有 3 种，分别是分析预测法、市场因素组合法和多因素指数法。

1. 分析预测法

这种方法通过对产品的潜在使用者或购买者提问来进行预测。实施这种方法的步骤为：

首先，明确该产品的潜在购买者和使用者。管理者可以通过评估市场上的所有顾客来确定，也可以用反向提问"谁不是合格的潜在顾客"的方式来辨别。

其次，确定每一个潜在购买群体的规模。对潜在购买者和使用者进行分类，并确定每一类别的人数。

最后，估算潜在购买群体的使用率或购买率，计算市场潜力。潜在购买群体的使用率或购买率可以根据调查或其他研究所获得的平均购买率来确定，也可根据重度使用者的使用率来确定。确定使用率或购买率后，用其乘以上一步骤所得出的结果，即可得出市场潜力。

2. 市场因素组合法

市场因素组合法，即先辨别出市场上的所有潜在购买者，然后对潜在购买者的购买量进行估计。

利用市场因素组合进行市场潜力分析还有一个比较有效的方法，就是在标准产业分类体系的基础上估计某个行业所需产品的数量。

3. 多因素指数法

多因素指数法即确定若干个对某一产品的销售会产生重要影响的因素，并赋予每一个因素一个特定的权数，从而计算出企业可期待的销售额。多因素指数法不是唯一的，企业可根据现实的市场特征，设计有针对性的指数。

# 销售预测分析法

管好一个企业就意味着管好它的未来，而要管好它的未来就必然要有准确的预测。

销售预测通过了解对未来销售活动具有重要影响的各种因素及信息，为销售计划的制订提供依据。

## 一、凡事预则立，不预则废

企业对未来营销状况的期望，也就是企业对自身未来业绩状况的认识。这便是所谓的销售预测。一般来说，企业较为关注的指标是销售额、市场占有率和利润。

销售预测与市场潜力是两个不同的概念。二者的区别主要体现在以下几个方面：从含义上来看，市场潜力是指在某一时段和给定的条件下，企业最多能获得多大的销售额，也就是回答企业最多能销售多少这个问题；而销售预测则是指在某个时间段和给定的条件下，企业最有可能达到的销售量是多少，也就是要回答企业最有可能销售多少这个问题。从范围上来看，市场潜力着眼于整个行业，是指在行业中的所有参与者都充分进行营销活动时，整个行业所能达到的销售额；而销售预测则着眼于本企业，指的是本企业的销售期望，通常要低于市场潜力。

销售预测与市场潜力又有着千丝万缕的联系，这种联系体现在：从本质上来说，销售预测与市场潜力都是对未来的一种判断，都是对需求的一种评估；市场潜力与销售预测都依赖于一系列的前提假设条件，这些条件可归纳为 4 个方面，即顾客做什么、企业做什么、竞争者做什么、总体环境如何；市场潜力与销售预测都有很强的动态性，在不同的时间段会有不同的表现。

## 二、奥伯梅尔的销售预测方法

奥伯梅尔是流行滑雪服的生产商，在美国市场上占据重要地位。公司非常重视销售预测，初时采取专家意见法，把职能部门的经理们召集起来，组成一个专家小组，然后对某种产品的销售状况作出一致性的预测。但是，事实证明这种方法并不理想，预测值常与实际情况相去甚远。例如，在 1991 至 1992 销售年度，有几款女士风雪大衣就比原先的预测多销了 200％！为解决这一问题，奥伯梅尔决定对预测方法进行改进，以获得更为准确的结果。

奥伯梅尔专门建立了一个工作小组来负责这个事情。经过详细的调查和认真的分析，工作小组提出了"正确响应"的方法。他们发现，公司的预测实际上是一种赌博。比如对生产风雪大衣的预测，实际上就是对"风雪大衣会有销路"这一判断打赌。为了规避这种赌博式的预测所带来的巨大风险，公司必须去寻找一种有效的方法。这种方法可以帮助企业确定在"早期订货"之前生产哪些产品是安全的，而哪些产品应该延期到"早期订货"搜集到可靠的信息之后再组织生产。此外，工作小组还发现，虽然专家的预测时常出现不符合实际的现象，但是仍有近一半的预测与实际销售量的误差在 10％ 以内。这也就是说，专家们的预测还是有一定的价值的。但是，如何使专家小组的预测更为准确呢？通过对专家小组工作方式的分析，他们发现专家小组通常是对某一种款式和颜色都进行广泛的讨论后才达成一致的预测。工作小组认为这就是问题所在，于是他们尝试着让专家小组的每一位成员都独立地对某种款式的产品进行销售预测，而且每一个人都要对自己的预测负责。实验证明，这种方法大大提高了预测的有效性。

奥伯梅尔公司的这项改革非常明智，它剔除了一致性预测的不足，同时也使新的预测方法更易于统计处理，也容易得到更为精确的预测结果。实际上，一致性预测往往不能实现真正意义上的一致性。专家小组中的重要成员比如资深的经理通常会在无形中给其他的成员以过度的影响，使其下意识地选择服从，而不是忠于自己的观点。采用独立预测，公司完全不必担心这样的问题了。

此外，奥伯梅尔公司还设计了一套更先进的生产计划方法，能够识别和利用各种预测信息。这套生产计划方法的优点在于，它能够在"早期订货"之前完全根据销售预测来进行产品的加工和生产，这种加工能力是"非反应性"的；而在接受订货信息之后，以订货信息来指导生产，这种加工能力被称作"反应性"。后者可以使公司提高预测精度，从而作出生产决策。

## 方法实施要点

销售预测常用的方法有以下 4 种：

（1）购买者意图调查法，即对消费者愿意买什么进行调查。如果消费者对调查非常配合，把购买意愿如实相告，且付诸实施，那么这种调查就非常有意义。这种方法适用于工业产品、耐用消费品、需要先行计划的产品采购、新产品的需求估计等。

（2）销售人员意见综合法，即请销售人员对现有和潜在的顾客会买多少公司的产品进行估计，然后对销售人员的估计结果进行综合分析。为使销售人员作出较好的预测，公司可给他们提供一些帮助和奖励，比如给他们提供一些有利于预测的材料。若预测准确，他们可以收到一定的奖励等。

（3）专家意见法。同样，企业也可以邀请专家来进行预测，综合分析专家们的预测结果。这里的专家包括经销商、分销商、供应商、营销顾问、贸易协会等。实施专家意见法主要有 3 种方式：一是小组讨论法，即将专家召集起来，组成一个小组，针对某一特定问题进行讨论，最后达成共识；二是"德尔菲法"，即收集各位专家的意见，然后由公司统一进行审查和修改，并在此基础上作进一步的估计；三是要求各位专家分别提出自己的估计和设想，然后由专门的分析人员对这些估计和设想进行汇总。

（4）试销法。当上述几种方法因种种原因无法实施的时候，便可采用市场直接测试的方法。这种方法尤其适用于对新产品的销售预测以及为产品开辟新的市场或新的销售渠道的情况。

# 市场占有率分析法

市场占有率对企业来说是一项至关重要的指标，它既能够反映企业在某一时期内的经营业绩状况，也是企业市场地位的直接体现。

盲目追求市场占有率会导致两种严重的后果：其一是单位销售费用随销售规模的扩张而提高，即导致规模不经济；其二是由于市场基础不牢靠，企业的市场地位不稳固。

## 一、重视市场占有率的"含金量"

市场占有率对企业来说是一条至关重要的经济指标，它不仅能够反映企业某一时期经营业绩的好坏，更能够直观地体现企业的市场地位。不仅如此，市场占有率还与企业的盈利能力有着密切的联系。20世纪80年代，哈佛商学院的一份研究报告显示：行业中市场占有率排名第一的企业，其回报率是第五位以后企业的4倍以上。波士顿咨询集团在这一研究基础上通过深入的探索，提出了著名的"经验曲线"，即企业的市场占有率越高，其销售额就越大，就越容易形成规模效应，从而提高其盈利能力，使得企业的利润率越来越高。

### 市场占有率简介

市场占有率又叫做市场份额，是指在一段时期内，企业所生产产品在市场上的销售量或者销售额占同类产品总销售量或总销售额的百分比。市场占有率高可以说明企业在这一时期内营销状况好、竞争能力强，在市场中处于有利地位；反之，则说明企业在这一时期内营销状况差、竞争能力弱，在市场中处于不利地位。

### 市场占有率的战略意义

市场占有率一般可分为上限、中限和下限3个范围，不同的市场占有率范围具有不同的市场战略意义：

（1）当市场占有率达到下限，即超过26％时，则说明企业仍处于激烈的市场竞争中，随时会受到竞争对手的猛烈攻击，但同时也具备了脱颖而出的条件。

（2）当市场占有率达到中限，即超过42％时，则表明企业已经从市场竞争中脱颖而出，占据了有利的地位，属于市场的领先者。达到这一界限的企业，表明其已经进入一个相对安全的状态，不易被竞争对手所击倒。

（3）当市场占有率达到上限，即超过74％时，企业在该市场上已牢牢占据垄断位置。无论其竞争对手的状况如何，都不足以撼动其市场地位。达到这一界限的企业一般不会去考虑抢占更多的市场份额，因为剩下市场中的顾客往往对其他企业有较强的忠诚度，即便是市场的巨无霸也很难争取到他们。

（4）在现实的市场竞争中，当企业在一个区域市场上与另一家企业展开竞争时，如果它的市场份额是其对手的 3 倍或者比 3 倍还多，那么竞争对手就很难给这家企业制造麻烦。如果企业在一个更大的范围内与 3 家以上的企业展开竞争，若这家企业的市场占有率是其他企业的 1.7 倍，那么它就处于一个绝对安全的范围之内了。

## 二、宝洁兵败日本

宝洁公司是非常成功的家用日化产品巨头，也是一家具有悠久历史的百年老店，在行业内拥有着良好的口碑。宝洁公司具有强烈的进取心，这一点可以从宝洁公司的目标纲领中窥豹一斑。宝洁公司的目标纲领中有这样一句话：在追求成功的过程中，我们希望自己的产品能够占据市场的领导地位并实现盈利。在这一理念的指引下，宝洁在第二次世界大战后开始在世界范围内抢占市场份额，先是在加拿大市场上获得了霸主地位，接着又在欧洲市场上连克强敌并占据了市场亚军的宝座。这一系列的成功进一步坚定了宝洁公司征服世界的信心，它的矛头已经指向了日益强大起来的日本。

宝洁公司于 1973 年开始了对日本市场的进攻。在进入市场的初期，宝洁通过全方位立体的广告宣传、极具竞争力的价格策略以及产品在世界范围内的声誉，在短时间内占据了较大的市场份额。但好景不长，当时营业额仅为宝洁 1/10 左右的日本同行同仇敌忾，对宝洁公司展开猛烈的报复，最终迫使宝洁公司退出了日本市场。回首宝洁公司在日本市场的表现，可将其教训归纳为以下几点：

第一，对日本消费者的消费心理和偏好调查不足。与西方国家相比，日本有着独特的语言、文化、传统习俗，这决定了日本消费者的消费心理和消费偏好表现出与西方国家截然不同的特征。而宝洁并没有对此进行认真细致的调查，最终的消费形势自然不能令人满意。比如，日本的商店密度大，是美国的 4 倍左右，而且日本的住房通常较为狭小，不适合储存大量的物品，所以日本人没有购买大包装商品的习惯。而宝洁公司在日本市场延续了其在西方国家屡试不爽的大包装促销方式。再比如，日本的家庭妇女是世界上最为挑剔的顾客，她们非常看重产品的质量、性能和可靠性，而便宜货和降价产品在她们眼里无异于质次产品的代名词，所以，宝洁的降价促销方式也引起了她们的质疑。

第二，与经销商的关系处理不当。日本的销售渠道比西方国家要复杂得多，批发层次甚至多达 4 层，中间商的利益不容忽视。因此，倘若使用驾轻就熟的美国销售方式，如何处理批发商和零售商之间的关系，就是宝洁公司必须要认真考虑的问题。而遗憾的是，宝洁公司在这一敏感的方面表现出了令人讨厌的傲慢，在销售 Cheer 洗衣粉的时候，直接派促销员去与零售商接洽；为了得到更好的市场回报，完全不顾批发商的利益，这也直接加剧了批发商与宝洁关系的紧张程度。

第三，激进的价格策略造成严重的后果。诚然，宝洁激进的价格策略在市场初期确实获得了成功，其产品的市场份额接连攀升，并取得了无可争议的领先地位。但这种不顾一切抢占市场的做法却最终造成了无法挽回的恶果：其一，使宝洁遭到了日本商会及媒体的强烈谴责，抨击其在市场开发过程中有破坏性的市场活动，并对日本宝洁公司高层领导者的商业道德提出质疑，极大地损坏了宝洁的商业形象。其二，激起了竞争对手的猛烈反击，并使宝洁自身的市场份额大幅下降。为报复宝洁，竞争对手努力研究更为先进、环保的产品，并最终获得了成功，从而逐渐取代了宝洁公司的市场地位。其三，加重了自身的债务负担。在急剧的扩张过程中，日本宝洁公司的亏损额达到了 260 亿日元。

宝洁公司的失利只能归咎于其太过急功近利，不顾一切地追求市场份额，最终却得到了适得其反的效果。所谓"欲速则不达"，诚然，市场占有率对企业的意义非比寻常，孜孜以求也无可厚非，但企业必须要明白：踏踏实实，逐步提高，才是成功之道。

## 方法实施要点

很多企业受到"先市场后效益""先规模后效益"等思想的误导，变成市场占有率的奴隶，发展前途一片暗淡，教训深刻。因此，企业追逐市场占有率时不仅要重"量"，更应重"质"，在坚实的基础上去逐步提高市场占有率。具体来说，要做到以下几点：

（1）加强分销渠道建设，培育持久、稳定的销售能力。许多企业只重视做销量，而忽视了做销售网络，这样也许能够在短期内业绩骄人，但因市场基础工作的薄弱、经销商缺乏忠诚度以及价格的混乱，远景却不容乐观。总而言之，无"网"不胜，没有销售网络支撑的市场占有率是不能够充分体现企业的市场地位的，其业绩也不能够长久。

（2）强化目标顾客概念，针对目标顾客开展营销活动。企业若没有目标顾客概念，盲目推销，必然会造成销售费用的水涨船高，效益自然随之下降。

（3）重视产品的研发工作，建立科学、合理的产品结构体系。有些企业凭借一两个好的产品或者某个市场机会，通过密集的宣传和大力的推销取得了较高的市场占有率。这一做法带有明显的赌博性和偶然性，不太可能维持长久。只有企业树立创新意识，加速产品的更新换代，建立完善的产品结构体系，才能够在市场上保持竞争力。

（4）营销队伍应与销售规模相适应。

（5）市场与利润并重。有利润，企业才能有积累，也才能为企业的持续发展提供资金支持。企业倘若只重视市场占有率而不计较利润，则只能是色厉内荏的"纸老虎"，其稳定性令人怀疑。

# 核心能力分析法

核心能力是企业的长期优势之源。

核心能力的竞争日益成为企业竞争的主要表现形式。

## 一、核心能力，企业基业长青的根本

核心能力理论是由美国学者普拉哈拉德和英国学者哈默尔于 1990 年首先提出的。他们发表于《哈佛商业评论》的《公司的核心能力》一文认为：企业是一个知识的集合，企业通过积累过程获得新知识，并逐渐将其融入到企业正式和非正式的行为规范中，从而成为左右企业未来积累的核心力量。这便是企业的核心能力。

企业的核心能力不是企业内人、财、物的简单叠加，而是能够使企业保持和发展竞争优势地位的企业自身的一种能力，它是企业竞争优势的根源。

### 核心能力的特征

核心能力的特征包括以下 7 个方面：

（1）价值性。核心能力在创造价值与降低成本方面占据着核心地位；核心能力能够满足顾客最根本、最迫切的需求，实现顾客特别重视的价值；核心能力是企业获得竞争优势的根本原因。

（2）独特性。不同的企业有着不同的核心竞争力，因此，每一个企业都可以说自己的核心竞争力是独一无二的。这种"独一无二"并非是指企业的核心能力独步天下，无人能及，而是说企业在某一方面比竞争对手领先一步。

（3）不完全可模仿性。核心能力是企业积累和集体学习的结果，具有因果模糊性和途径依赖性，因此其他企业很难进行模仿。

（4）延伸性。核心能力在企业能力体系中处于母体的位置，是企业能力的核心。它不仅可以帮助企业在原有的市场领域中保持持续的竞争优势，还能够帮助企业进行相关市场的拓展，并通过创新在新的市场上占据有利的竞争地位。

（5）不可买卖性。企业的资产、资源等都可以在市场上自由地买卖，而核心能力却不行。也可以这么说，凡是可以在市场上自由买卖的资源都不是核心能力。

（6）知识性。知识性是核心能力最本质的一个特征，这一点可从核心能力最早的定义中窥豹一斑。核心能力最初的定义是这样的："组织中积累性的学识，特别是关于如何协调不同的生产技能和有机结合各种技术流派的学识。"

（7）系统性。企业的核心能力体系是一个系统，核心能力的系统性主要表现在两个方面：一方面，核心能力的强弱不能完全决定企业营销目标的实现与否，与核心能力相配套的次能力的完善情况对企业的竞争优势也会有所影响；另一方面，企业的核心能力并不是一成不变的，它必须具有动态性的特点，随着外部条件的变化，调整自己去适应环境。企业只有培育出适合不同时期的企业核心能力，才能够获得持续性的发展。

## 核心能力的重要意义

随着因技术进步和信息化所导致的产品生命周期的日益缩短以及企业经营国际化的趋势日益明显，核心能力正越来越受到企业的重视。核心能力对企业经营的重要意义主要表现在以下几个方面：

（1）核心能力是企业长期竞争优势之源。产品开发、战略经营等策略只能为企业赢得暂时的竞争优势，核心能力却是企业长期竞争优势之源。在企业取得和维持竞争优势的过程中，核心能力的培养和运用是最为关键的因素。

（2）企业之间的竞争表现为核心能力的竞争。企业已逐渐将目光从具体的产品和服务竞争转移到整体实力的抗争上来。也就是说，各竞争对手所关注的焦点已变为企业核心能力的竞争。

（3）多元化战略应围绕核心能力来进行。多元化是许多寻求快速扩张的企业常用的一种战略形式，企业应以核心能力为基础实施多元化战略。对于那些与核心能力无关的业务，则最好不要去尝试，因为在这些领域内，企业毫无优势可言。

## 二、三星强化核心竞争力

三星集团是韩国最大的企业集团，也是世界著名的跨国企业。它始于贸易公司，进而在电子产品领域发展壮大，其在电子高科技领域的新产品研制能力享有世界声誉。纵观三星集团半个多世纪的发展历程，不能不说它是韩国工业企业的骄傲。及至今天，它仍然在以令人赞叹的速度发展，并向着最受人尊敬企业的方向前进。

**调整业务结构，确保核心竞争力**

三星集团曾一度对半导体业务比较依赖，这使得它们的经营风险并不能控制在一个令人满意的范围之内。三星集团并没有让这种现象持续多久，很快便完成了对业务结构的调整，形成了半导体、通讯、数字多媒体、家电等四大产业均衡发展的黄金产业结构，使利润结构得以均衡发展。毫无疑问，这种业务结构是合理的，而今它也成为三星集团的核心竞争力之一。

在业务调整方面，三星集团有这样一条原则：对局限型以及非主打型的业务应予以果断撤销，业务结构的重组应围绕半导体、移动电话等高利润产品来进行；至于那些目前盈利但从长远来看并没有发展前途的业务，企业也应及时予以整顿。除此之外，三星还创立了一条重要的"选择、集中"战略，即：任何企业都不可能在所有的领域内都获得世界第一位，所以，企业有必要根据自身的特点和实力选择有可能做到世界第一的领域，并进行集中投资。

**全面的信息管理和高效的库存管理**

曾有人这样评价三星集团：三星集团之所以具有强大的竞争力，主要是因为它在把握投资的时间上拿捏准确，恰到好处。换句话说，对机会的把握是三星获得竞争优势的根源之一。而这就不能不归功于三星卓越的信息管理。三星信息管理的特点可总结如下：首先，非常重视信息工作，对知识以及信息的驾驭能力强大且独特，对市场以及竞争对手总有深刻的认识；其次，公司内的每一位员工都有将耳闻目睹的信息整理并上报的习惯，即便是这些信息与该员工的工作毫不相干；最后，注重学习型组织的建设，强调学习和调研的重要性，上至企业的高层领导，下至一般的职员，都被要求必须具备学习精神。

在库存管理方面，三星对库存积压深恶痛绝，认为这不仅会增加库存管理费用，还会推迟新产品的推出时间，最终使企业在市场上处于不利地位。为此，三星自行开发了供给网管理系统，并配合以客户管理系统、企业资源管理系统、产品信息管理系统等的建设，使三星的平均库存时间从原来的 8 周降为现在的 3 周以下。

**高效的人才激励机制**

企业核心能力的强弱在很大程度上取决于人力资源的优劣，尤其是拥有核心技能且忠诚于企业的员工更是企业最重要的资产，也是企业核心能力的重要组成部分。在人才激励方面，三星主要采取了如下独特的做法：

（1）强化危机意识。早在 20 世纪 90 年代初期，三星便提出了"三星是一流企业吗"、"企业能永久吗"等一系列问题，鼓励员工进行大讨论，最后得出"三星还不是一流企业，不努力便被淘汰"的结论，使员工具备危机意识。此外，在技术吸收和创新上，三星也引入了危机管理的方法，为技术人员设定工作期限，要求工作小组必须在期限内完成工作。而且，三星还在国内和美国硅谷分别设立了一个负责技术引进的工作小组。这两个小组既合作又竞争，大大加快了三星对引进技术的消化和吸收速度。

（2）早勤早退的工作制度。针对电子部门的工作特点，三星制定了上午 7 点上班、下午 4 点下班的工作制度。这种早勤早退的工作制度不仅在韩国绝无仅有，就是在世界也很少见。但事实证明，这样做大大提高了员工的工作效率，以至于欧美的一些发达国家也引进了这一制度。

（3）班组管理制度。三星班组管理的活动内容很多，如开展全员降低成本活动、全员设备管理、班组合理化建议、全面质量管理等。这使班组这一企业内最小的生产组织单位成为了一个个极富创造力的群体。

总而言之，核心竞争力是企业的最为重要的资源。当核心竞争力形成以后，要再通过各种方式使其得到强化。若企业的竞争范围发生变化，则应及时调整，进入新一轮的挖掘、培养阶段，创新企业的核心竞争力。

## 方法实施要点

核心能力的管理包括以下几点：

（1）选择发展合适的核心能力。企业对核心能力的选择要考虑两个方面的问题：一方面要看这种能力是否可以为顾客带来新的利益；另一方面要看这种能力是否比过去在实现顾客价值方面更为有效。

（2）建立核心能力。在建立核心能力时，企业应注意加强下述几个方面的工作：①建立和发展联系与沟通网络。比如，加强多种学科之间的交流和联系。②培养和储备掌握多种学科知识的"通才"，使这些人在提高综合能力方面发挥重要作用。③建立核心能力要讲求效率与效益。想办法尽量快速、经济地把核心能力建立起来，也是核心能力工作的一个重要原则。

（3）充分运用核心能力。企业应充分利用努力建立起来的核心能力，让它发挥出最大的能量。比如，有的企业核心能力很强，拥有众多具有世界水平的科技人才，但却不善于依靠他们进入新的市场和创造新的机会，导致企业没能获得与其核心能力相匹配的市场地位和发展速度；有的企业虽然核心能力不是很强，但善于把有限的资源合理地配置在生产经营的各个环节上，反而能够获得更快的发展速度、更可观的效益。

（4）保护核心能力。核心能力的建立是一个长期且苦心经营的过程。建立起来的核心能力如若得不到精心的管理和保护，是很容易销蚀和散失的，这对于企业来说无疑是一个非常大的资源浪费。因此，企业的管理层必须给予核心能力的保护以充分的重视。

# 第二章　市场机会选择

## 竞争对手界定法

只有正确界定竞争对手，才有可能在竞争中取胜。

不仅争夺顾客资源的企业是竞争对手，争夺其他资源的企业也是竞争对手。

### 一、正确界定竞争对手

在激烈的市场竞争中，超越竞争对手无疑是企业的战略重点。但如若企业无法界定竞争对手，或者界定的竞争对手是不准确的，就势必会对企业的发展造成消极的影响。因此，企业超越竞争对手、实现战略目标的前提是正确地界定竞争对手。

　　企业之间的竞争，通常是指对顾客的争夺。实际上，除顾客资源方面的竞争以外，企业之间的竞争还表现在争夺其他资源上。举例来说，当当网和华为公司有着截然不同的目标顾客。从顾客资源这方面来看，它们之间没有竞争关系。但是它们都要在相同的劳动供给条件下争夺优秀的计算机编程人员。因此从人力资源角度来考虑，华为公司与当当网便是竞争对手。总的来说，界定竞争对手的标准有 4 种，即：顾客导向、营销导向、资源导向和地理区隔。具体如下表所示：

| 标准 | 细化内容 |
| --- | --- |
| 顾客导向 | 顾客为什么使用该产品和服务——满足顾客需求方式的竞争；顾客是谁——类似预算的竞争；顾客什么时候使用产品或服务——时间和注意力的竞争 |
| 营销导向 | 分销策略、价格策略、媒体策略、沟通策略、广告和促销 |
| 资源导向 | 人力资源、财务资源 |
| 地理区隔 | |

## 二、麦当劳的汉堡包之战

　　如今麦当劳的连锁店已遍布全球，是名副其实的快餐巨人，然而这个巨人是如何一步一步成长起来的呢？这还得从咖啡店说起，因为麦当劳正是踏着咖啡馆的肩膀上路的。

　　20 世纪中期，咖啡馆在美国相当受欢迎（当然现在也不冷清）。一家小的咖啡店里通常只有六七只凳子和一个柜台。在这样一个温馨的小空间里，顾客除了品尝咖啡以外，还可以吃到火腿蛋、烟熏猪肉、莴苣三明治和冰淇淋等食品，当然，汉堡包、法式炸鸡也是必不可少的。每一个城市、每一个地区的咖啡馆都有不同的特色，例如在费城，奶酪牛排三明治是其特色，蛤肉杂烩则是波士顿的特色等。不同地区的咖啡店都在警惕地防卫着自己的地盘。

　　是的，各地的咖啡馆都有自己的特色，但是这些咖啡馆并没有专心经营自己的特色。就像上文所说的，顾客可以在一个小咖啡馆里点到许多自己喜欢吃的食物。当然，这样做可以满足顾客多方面的需求，但是从营销战略的角度来看，它的战线拉得太长了，因而不堪一击。精明的雷·克罗克敏锐地发现了咖啡馆的弱点，他以最受人们欢迎的食品汉堡包作为突破口，向咖啡馆发起了猛烈的攻击。

事情进展得很顺利，应该说麦当劳的战役打得非常漂亮。作为对手的咖啡馆甚至没有意识到自己受到了攻击，而成千上万的咖啡馆的顾客却走进了麦当劳。暂时的成功并没有令克罗克得意忘形，雄心勃勃的他立即着手扩张他的麦当劳版图，很快，麦当劳的连锁店就开遍了整个美国。当咖啡馆意识到它们的顾客更多地光顾麦当劳的时候，想办法应对这一状况已经来不及了，麦当劳已经确立了它在汉堡包领域的不可动摇的优势。就这样，麦当劳开始了向巨人成长的旅程。

如今，在讨论麦当劳的成功时，营销专家们津津乐道于该公司严格的程序和标准以及它对清洁的狂热追求，却很少提及其最初的成功。但也许那才是最为重要的，而成功的原因就是：在正确的时间选择了正确的对手，最后用正确的方式战胜了对手。

## 方法实施要点

界定竞争对手的方法主要有 5 种，它们分别是：

（1）根据已有的分类标准来界定竞争对手。这是界定竞争对手最简单的方法。国际上流行的分类标准主要有 3 类，即标准工业编码、北美工业分类系统、邓白氏编码。这些分类标准把世间的各行各业进行详细的归纳分类，企业很容易找到所属的行业，从而锁定自己的竞争对手。

（2）根据产品的相互替代性来界定竞争对手。

（3）由管理者作出判断。即管理者根据自己的经验、市场报告、分销商或者其他的渠道来界定当前和潜在的竞争对手。管理者可借助图表来勾勒思维过程，下面的著名的安索夫成长矩阵变形便是一个常用的分析方法。

| 市场 | 产品或服务 | |
|---|---|---|
| | 相同 | 不同 |
| 相同 | A | B |
| 不同 | C | D |

其中，A 代表着产品和服务大体相同，追求同一顾客群体的企业之间的产品形式竞争。C 代表着目标顾客群体不同的产品形式竞争。B 则代表了企业潜在的竞争对手，这类竞争对手通过不同的产品和服务已经具备了和企业争夺市场的潜力。对于这类竞争对手，企业应予以充分的注意，努力预测其中哪些企业有可能成为自己直接的竞争对手，并制定应对措施。D 类竞争对手

是最难以预测的，它们看起来与企业没有什么竞争关系，它们针对不同的市场销售不同的产品，在产品和市场方面与企业没有任何交集，但事实上它们仍有可能是企业的强大的竞争对手。

（4）根据顾客购买信息界定竞争对手。顾客的购买信息通常包括两种，一是真实购买或使用的数据，二是判断数据。这种数据只适合评估当前的市场结构，而不能反映未来的市场结构。为了方便数据的使用，企业可根据品牌转换、交叉需求弹性等要素对顾客的购买信息进行分类。

（5）根据顾客的意见界定竞争对手。根据顾客意见界定竞争对手的方法主要有4类，即整体相似、部分相似、产品删除和替代使用。

# 竞争性路径分析法

在零和甚至是负和博弈状态下，企业若想生存和发展，必须掌握竞争对手的竞争策略。

收集竞争对手资料，对竞争对手进行分析，日益成为企业的一项重要职能。

## 一、知己知彼，方能百战不殆

企业所面临的宏观环境正经历着剧变：国际竞争日趋激烈、科技发展日新月异、利率和通货膨胀大幅波动、消费者的口味频繁变化，令人难以捉摸。在这样一个复杂的背景里，隐藏着无数不确定的因素。企业只有把握住竞争对手的脉搏，才能在市场中站稳脚跟。

要对竞争对手进行分析，首先要进行资料的收集。一般来说，资料主要来源于三大方面，即二手资料来源、原始资料来源和其他资料来源。

（1）二手资料来源。二手资料是资料的主要来源，它所涵盖的范围非常广泛，且一般不需付出较高的代价。具体来说，二手资料主要通过以下几种途径获取：①从出版物获得。企业可从地方报纸、商业出版物、贸易出版物等找到竞争对手的若干资料。②从竞争对手公开的资料中获得。竞争对手公开的资料包括年报、10K 报告、促销宣传材料等。③从各种组织机构中获得。一些组织或机构可能也会收集竞争对手的信息，通常企业可以从政府、贸易协会以及咨询机构中找到有关竞争对手的信息。④从互联网中获得。网络和电子数据库可以为企业提供大量的廉价信息，已逐渐成为二手资料的主要来源。

（2）原始资料来源。原始资料主要有 5 类来源：第一是企业的销售人员和顾客。销售人员常在市场上进行营销活动，因此他们是最有可能获知竞争对手信息的人员。企业应帮助和鼓励销售人员去收集有关竞争对手的信息。顾客也是较易于获知竞争对手信息的人群，企业可通过各种方式从顾客处获知信息。第二是企业员工。企业可发动员工去从市场上搜集竞争对手的信息。第三是供应商。企业可从供应商处搜集信息，以估计竞争对手的生产规模和销售情况。第四是咨询公司和专业调查公司。企业可从咨询公司或专业调查公司处购买有关竞争对手的报告。第五是投资银行。如果竞争对手是投资银行的目标客户，企业便可利用投资银行了解竞争对手方方面面的信息。

（3）其他资料来源。除上述种种来源之外，企业还能够通过下述途径收集资料：展览展会、招聘广告、工厂参观、逆向工程、样板市场、对手重要员工等。

## 二、雅马哈轻敌，遭遇惨败

20 世纪 70 年代末和 80 年代初，日本的雅马哈摩托车公司同本田公司展开了一场争夺行业领导者地位的竞争。这场竞争异常惨烈，甚至被时人称为"近代日本工业领域中最残酷的一场决斗"。雅马哈在这场竞争中盲目自大，忽视对竞争对手的分析，最终以惨痛的失败而告终。

自 20 世纪 50 年代以来，本田一直是摩托车行业中不可忽视的力量。进入 60 年代以后，本田突然发力，疯狂地抢占市场份额，利用盈利进行再投资，终于在 1964 年成功加冕世界摩托车行业霸主。此后本田并没有懈怠，实力愈发雄厚，在日本本土的市场占有率一度高达 85％。20 世纪 60 年代末至 70 年代初，世界摩托车市场需求趋缓，为拓宽公司的业务面，本田决定进军汽车市场。当时国际汽车行业并不景气，竞争也十分激烈。为了能在汽车行业立足，本田不得不投入大量的资源，只能暂时放缓在摩托车行业的发展。本田的努力得到了回报，1975 年，它的汽车业务的收入便超过了摩托车业务的收入。

就在本田专注于汽车业务，无暇顾及摩托车业务的时候，原来居于摩托车行业第二名位置的雅马哈公司抓住机会，积极拓展摩托车市场。在雅马哈的步步紧逼下，本田一退再退，二者市场份额的差距逐渐缩小。1970 年本田摩托车的销售额 3 倍于雅马哈，而到了 1979 年，二者销售额的对比便成为

1.4∶1，虽然本田仍然领先，但优势已大不如前；1981 年二者的市场占有率已不相上下，本田的领先优势丧失殆尽。

在巨大的胜利面前，雅马哈的管理层出现了盲目乐观的情绪。他们被本田败退的表面现象所蒙蔽，以为后者已成为待宰的羔羊，而完全忘记了"瘦死的骆驼比马大"的道理。1981 年 8 月，时任雅马哈总经理的日朝智子对外宣称："雅马哈将建立年产 100 万辆机车的新工厂。这个工厂一旦建成投产，雅马哈的年产量将提高到 400 万辆，超过本田 20 万辆，到时雅马哈将成为摩托车市场新的王者！"雅马哈公司的董事长也随后表示："身为一家专业的摩托车厂商，我们不能永远屈居第二！"

雅马哈的挑衅行为终于引起了本田的重视。这个摩托车行业曾经不可一世的霸主，决定让后来者看看什么才是真正的实力，他们迅速作出决策：在雅马哈新厂尚未建成时，以迅雷不及掩耳之势予以反击，打掉其嚣张的气焰。于是，残酷的战役拉开了序幕。

本田首先使出的杀手锏是大幅度的降价。一般车型的降价幅度超过了 1/3，同时增加了促销费用和销售点。这一招对消费者的吸引力是巨大的，拿一部 50 升的本田摩托车来说，其价格甚至不如一辆 10 变速的自行车。诚然，降价使本田摩托车业务的利润变得非常单薄，但"东边不亮西边亮"，汽车业务的利润足以维持企业的正常运转。相较而言，雅马哈是一家专业的摩托车生产商，采取与本田公司相同的降价策略无疑是不能承担的。

本田的另一招是产品的迅速升级换代。在短短 1 年多的时间内，本田凭借其雄厚的技术基础，陆续推出了 81 种新车型，淘汰了 32 种旧车型。而雅马哈的资金大多被新建的工厂所牵制，内部营运尚且资金不足，新产品开发更是有心无力，仅仅推出了 34 种新车型，淘汰了 3 种旧车型。本田的不断更新换代吸引了众多年轻消费者的关注，永远富有新鲜感也使经销商更加努力地推销新产品，相形之下，雅马哈则显得暮气沉沉。本田摩托车的销售量扶摇直上，而雅马哈产品的库存却越来越多，只能通过打折的方式销售。

这场"近代日本工业领域中最残酷的决斗"仅仅持续了 18 个月。在这期间，雅马哈的市场占有率从 37％下降至 23％，营业额锐减 50％，负债累累，其库存更是一度达到日本摩托车行业库存的一半！最终走投无路的雅马哈只得宣布投降，1983 年 6 月，雅马哈董事长川上携总经理智子，就雅马哈的"不慎言辞"正式向本田公司道歉。在记者招待会上，川上还宣布了解除智子职务的决定。至此，摩托大战终以雅马哈的惨败而画上句号。

## 方法实施要点

下面我们对竞争性路径分析的具体应用作一个简单的介绍。

1. 判定竞争对手的当前目标

判定竞争对手的当前目标，有利于企业据此制定具有针对性的应对策略。一般来说，竞争对手的基本目标无外乎 3 种，即成长性目标、保持性目标以及收获性目标。

成长性目标，就是指企业注重产品市场份额的增加以及品牌知名度和美誉度的提升，而对产品的利润不十分关注。采用这种目标的企业，其营销活动通常会出现如下现象：产品升级、价格降低、广告投入增加、促销活动频繁、分销投入增多等。竞争对手如若采用这一基本目标，其活动很容易被产品经理、广告代理和其他评估竞争品牌活动的部门所掌握。

保持性目标，即企业在市场逐渐萎缩的情况下采用有效的措施，减缓其下降速度，以期挽救市场。要判断竞争对手是否采用保持性目标，企业也无须进行大量的市场调研，可通过观察和销售电话报告等方式来保持对竞争对手活动的敏感性。

收获性目标，也被称为奶油目标，即企业已打算退出市场，从而采取各种活动来最大限度地获取收益。竞争对手如若采取这一策略，其营销活动会表现出如下特征：提高产品价格、削减营销预算。企业可通过对上述活动的分析作出正确的判断，采取正确的应对措施。

2. 判断竞争对手当前的策略

对于竞争对手的策略，企业可以从 3 个方面来进行判断：

首先，判断竞争对手的营销策略。营销策略包括 3 个要素，即目标市场选择、核心策略制定和策略实施。对于目标市场选择要素，企业应着重分析竞争对手的目标市场；对于核心策略制定要素，企业应分析竞争对手的核心竞争力是什么；价格或成本优势，抑或是产品差异化优势；对于策略实施，企业应重点分析竞争对手的定价策略、促销策略和分销策略。

其次，分析竞争对手的产品或服务的竞争策略。物理构成在短期内还是决定产品或服务竞争力强弱的关键因素。企业应仔细分析竞争对手产品的物理属性描述，以对其可能采取的策略进行判断。

最后，判断竞争对手的技术策略。可从 6 个方面来对竞争对手的技术策略进行分析和判断，即研发组织和政策、研发投入水平、竞争力来源、企业能力水平、技术专门化和竞争时效。

### 3. 评估竞争对手当前的竞争力

对竞争对手当前竞争力的评估，可以从 5 个方面来进行：一是竞争对手的创意和设计能力，这关系到新产品开发成果的质量高低。毫无疑问，具有强大产品开发能力的企业要比没有创新能力的企业更具长久威胁性。二是竞争对手的财务能力，竞争对手的资金是否雄厚势必会影响到其在市场上的竞争力。三是竞争对手的管理能力，竞争对手主要管理者的特征往往是竞争对手采取某种策略的信号。四是竞争对手的生产能力，生产能力包括竞争对手产能潜力和产品生产质量保证体系的情况。很明显，生产能力强的企业，其威胁性也更大。五是竞争对手的市场能力，市场能力包括分销渠道完善情况、营销人员是否有创造性的营销能力等方面。市场能力非常重要，就算竞争对手的产品开发能力非常强大，如果其在市场能力方面一无是处，它的市场竞争力也会微不足道。

### 4. 分析竞争对手的市场意愿

分析竞争对手的市场意愿主要是要回答以下几个问题：其一，某一产品对竞争对手的重要程度如何？通常，该产品的销售量和利润所占的比重越大，该产品生产线的员工人数越多，其对企业战略的影响就越大，竞争对手也就越大力发展该产品。其二，竞争对手对市场认同度如何？一般来说，企业的高层管理者很难承认自己是错的。其三，竞争对手是否拥有优秀的经理和一流的团队？优秀的员工是企业获得成功的基础。

### 5. 预测竞争对手未来的策略

企业在预测竞争对手的未来策略时，可采取两种方法：一是在资源变量和策略之间建立因果联系。也就是说，企业要把资源变量和能力同所要追求的策略联系起来。二是站在竞争对手的角度考虑问题。企业可以在收集到的信息的基础上尝试着扮演竞争对手的角色，设想一下竞争对手在面对这样市场环境时，会采取什么策略。

## 消费者购买决策行为分析法

影响消费者购买行为的因素很多，选取其中最为重要的几种因素进行分析，有助于企业更深入地理解消费者的需求，并据此制定相应的营销策略。

品牌/投入模型可广泛应用于消费者购买行为研究、新产品开发指导、营销策略的制定等。

## 一、了解消费者购买决策行为

对消费者购买决策行为进行分析，可以帮助企业充分认识消费者是如何购买产品的，以及消费者的购买行为受何种因素的影响。

**影响消费者购买行为的因素**

消费者的整个购买行为受到很多因素的影响，具体归纳起来主要包括三大方面：

（1）社会影响因素。社会影响因素又可以细分为 5 种类型：①文化，文化是一个民族历经漫长的岁月所积淀下来的一组符号或者实物。文化可以是有形的，也可以是无形的，它对人们的本能动作的影响是深层次的。②亚文化，属文化的一种，是指某一特定人群所独有的行为模式。③社会阶层，不同的社会阶层有着不同的偏好和生活形态，它对人们消费行为的影响正变得越来越重要。④参照群体，所谓参照群体就是指某一群体对该群体内以及群体外人的价值观或个人态度产生重要的影响。一般来说，对于消费者而言，参照群体的口碑要比销售人员的推销更具说服力。⑤家庭和住户，家庭不难理解，而住户的概念要比家庭更宽泛些，是指由个人、家庭、无关系群体所占据的一个居住单位。家庭和住户对个人购买行为也会产生重要的影响。

（2）心理影响因素。心理影响因素也可细分为 5 个种类：①动机，即是什么促使消费者采取购买行为。动机是一种感受，其越强烈越能促使消费者采取购买行为。②认知，消费者在决定采取购买行为之前需要进行信息的收集，而认知就是消费者收集和处理信息的过程。只有当消费者对某种商品或服务有了良好的认知，才有可能将购买行为付诸实施。③个性，每个人都有其不同于其他人的特质，这就是人们的个性。消费者通常会选择那些与自己个性相契合的商品。④态度，即看待事物的某种倾向。态度会对消费者的购买行为产生决定性的影响。⑤学习，随着经验的积累，消费者的购买行为也会产生变化。

（3）情绪影响因素。情绪影响因素主要包括：①购物心情，心情的好坏会对消费者的购买行为产生重要影响，比如当消费者兴奋的时候，可能会突然决定购买自己实际上并不需要的商品；②购物环境，气温、味道、灯光、声音等环境因素都会对消费者的感觉产生一定的影响，继而会影响消费者的购买行为；③购买条件，购买条件以及一些消费者愿意参与的与交易相关的活动都会影响消费者的购买行为。

## 品牌/投入模型分析法

品牌/投入模型通过品牌差异度和消费者投入度两大因素来分析消费者购买决策行为的模式。其中，前一个因素反映的是企业的营销行为对消费者所施加的影响，后一个因素反映的是此次购买的重要程度对消费者所施加的影响。分别以这两大因素为坐标，可建立品牌/投入模型，具体如下图所示：

| 品牌差异程度 | | |
|---|---|---|
| 高 | 明星 | 问题 |
| 低 | 金牛 | 瘦狗 |
| | 低 | 高 |
| | | 购买投入程度 |

从上图可以看出，品牌/投入模型把消费者的购买决策行为分成了 4 类，分别是多变型、复杂型、习惯型和和谐型。

（1）多变型：这是一种消费者购买投入低、品牌差异度高的购买决策行为模式。当消费者所需要购买的产品品牌众多、差异度高且需要的消费投入较低时，消费者通常不会专一于一个品牌，而常会有意识地尝试不同的品牌。这样做并不是因为消费者对上次购买的产品不满意，也许仅仅是为了图新鲜。比如在购买香皂时，消费者的购买行为就会表现出多变型的特点。

（2）复杂型：当消费者需要购买价格昂贵且品牌差异度较高的产品时，通常会经过一番认真、审慎的研究，广泛地收集该种产品的各种外部信息，直到最终对这一产品有了较为深入的了解，对品牌有了自己的态度，才会作出购买决策。如消费者购买汽车时常会表现出这一购买类型的特点。

（3）习惯型：对于品牌差异度低、购买投入也低的产品，消费者可能会持续购买某一品牌的产品。这并不是因为消费者特别青睐该品牌的产品，而仅仅是因为习惯型的原因。如购买报纸就大体如此。

（4）和谐型：对于品牌差异度低、购买投入较高的产品，消费者通常不会花很多时间去进行资料的收集，购买决策常取决于价格、便利性等因素；而且和谐型的购买行为决策模式的整个购买过程耗时较少。

品牌/投入模型分析法可广泛应用于消费者购买行为研究、新产品开发、营销策略制定等方面。

## 二、希尔顿的成功秘诀

康德拉·尼古逊·希尔顿出生于美国一个普通的家庭，当他打算开创自己的事业时，父亲并不能给予他强有力的支持。事实上，父亲只交给了他2000美元，再加上希尔顿自己赚来的3000美元，于是这位未来的"旅馆大王"踏上了雄心勃勃的创业之路。

上帝不会辜负信念坚定的人，虽然历经了一些磨难，但是最终希尔顿还是成功了。是的，至少当时他自己已经感到非常满足了，5000美元变成了5100万美元，这让希尔顿有了巨大的成就感，意气风发。这也无可厚非，毕竟很多人终其一生都不能拥有这么多的财富。希尔顿把自己的成绩自豪地告诉了母亲，他希望看到母亲的惊喜，希望得到母亲的夸赞。但是年迈的母亲没有显露出丝毫的兴奋，她只是淡然地说："在某种意义上说，你是与从前不同了，由一个穷小子变成了千万富翁。但在我看来，你和从前并没有两样，你并没有找到生意之道。也许你认为对顾客诚实就足够了，那么你的成功也许就止步于此了。事实上，你还必须把握一种比现有的财富更重要、更宝贵的东西，这种东西足以让每一个住过希尔顿旅馆的人还想再回来住。这种东西也许并不复杂，但只有拥有了它，你的事业才更有前途。"

母亲的话让希尔顿陷入了沉思。他确实不知道如何让顾客住过之后还想来，事实上，他根本没有想过这个问题。他不相信书本上的结论能让自己信服，他决定亲身去寻找答案。于是，他开始逛商店、串旅馆，作为一个普通的旅客和顾客去亲身体验和感受。半年之内，他不知道走了多少间商店和旅馆，终于找到了答案，那就是乐观、和气。

希尔顿将和气生财的理念贯穿到了旅馆生意的运营之中，要求每一位员工无论工作如何辛苦都要对顾客报以微笑；不管顾客何种态度，都要和气相待。即便是在经济萧条、旅馆生意每况愈下的时候，他也经常这样提醒员工：无论旅馆的生意如何的糟糕，都不要把心中的愁云摆到脸上。要知道，员工脸上的微笑永远是属于顾客的阳光。

严重的经济危机使80%的旅馆倒闭，但在那个困难的时期，微笑从没有从希尔顿旅馆服务员的脸上消失过。这给所有住过希尔顿旅馆的顾客以深刻的印象，他们也从中感受到了温暖和力量。经济危机过去后，希尔顿迅速进入了发展的黄金期。至今除南极以外，希尔顿酒店已遍布全球，成为最受顾客尊敬的国际品牌之一。

希尔顿酒店获得了巨大的成功，这来源于它对顾客的理解：理解顾客的需求、理解顾客的期望，并尽力让顾客满意。毫无疑问，任何公司能够做到这一点，都会获得巨大的成功。

### 方法实施要点

消费者的购买决策可细分为 5 个步骤：

（1）需求的认知。每个人都有一些未被满足的需求和欲望，这些需求和欲望有些是可以通过购买某种产品或服务得到满足的，这便为购买行为的产生提供了契机。这种需求的认知可能来自于消费者个体的感受，比如消费者感到口渴；也可能来自于外部的刺激，比如电视广告等。

（2）设定备选方案。消费者认知到未被满足的需求之后，便要开始想办法满足这种需求，这就需要制定一些备选方案。在制定备选方案时，消费者一般会通过经验和外部信息确定可供选择的产品，然后再确定可供选择品牌。一种产品和一种品牌相配套，便形成了一个备选方案。

（3）评估备选方案。消费者可能会以价格、式样、颜色等为标准，对上个步骤所确定的备选方案进行评估。

（4）购买决策。在选出购买方案之后和正式实施购买之前，消费者还需进行一系列的决策，首先是决定是否购买；其次，如果决定购买，则要对在何时何地购买进行决策。

（5）购后行为。消费者能够在一次购买经验中学到许多东西，这将会或多或少地影响其下次满足同种需求的行为；且在一次购买行为发生以后，消费者可能会产生许多新的想法和新的观念，并据此调整其购物的哲学。

# 组织采购行为分析法

消费者市场为大多数企业所关注，但组织市场也同样不可忽视。

营销人员通常需要花费大量的时间去研究组织客户，因为与个体消费者相比，前者更为复杂和挑剔。

## 一、了解组织采购行为

消费品市场上供应的是消费品，而组织市场上销售的则是组织用品。这二者并非以产品属性来划分，而是以购买目的来划分的。与消费者购买消费品供个人或者家庭使用不同，组织用户采购的产品或者服务主要是为了生产其他的产品或者服务，转售或者再卖给其他的组织或者消费者；也可能是为了维持组织的经营运作。

## 组织用品需求的特点

与消费品需求相比，组织用品需求具有如下特点：

（1）组织用品需求是一种衍生需求。组织用品的需求来源于消费者的需求。例如，制造商对钢材的需求，实质上来源于消费者对汽车、冰箱乃至牛奶、CD 等产品的需求。

（2）组织用品需求弹性小。组织用品的需求无弹性或者弹性很小，这主要有两方面的原因：其一，材料或者原材料的成本可能只占产品成本的一小部分；其二，零部件或者原材料没有替代品。

（3）组织用品需求波动大。虽然价格因素不足以在组织市场上兴风作浪，但是众多其他的因素使得组织用品的需求会大幅变化。实际上，与消费市场相比，组织市场的需求波动要大得多，比如设备和附属设备市场需求的波动性就很大。

（4）买方拥有充分的信息。由于组织采购者可选择的替代方案少、组织采购事关重大、相应投入精力较多等原因，组织采购者一般比最终消费者掌握更多的有关产品的信息。

## 组织采购决策过程

不同类型、不同行业的组织可能会强调不同的组织采购环节，但是概括来说，完整的组织采购决策过程应包括以下 7 个阶段：

（1）需求认知。有效地识别组织采购需求，是开展组织购买决策的前提，也是企业开展组织间营销的首要工作。组织采购需求的产生源自于各种内外部因素的刺激。

（2）描述购买需求，即确定所要购买物品的品种、数量、特征等。在这一阶段，供应商的营销人员可适时介入，加强与组织采购相关人员的沟通，介绍本企业的产品。这有可能会使组织的购买决策向着有利于该供应商的方向发展。

（3）寻找潜在供应商。明确自己的购买需求后，组织通常会主动通过各种渠道去寻找潜在的供应商，如所接触供应商的推荐、通过供应商名录筛选、网络搜索等。当然，如果采购涉及的金额比较大，组织采购者通常会通过招标的方式来物色供应商。

（4）接收并分析供应商的建议书。为方便供应商的选择，组织采购者通常会要求供应商提供采购建议书。采购建议书内一般包括采购需求特征以及数量的描述、供货方式、服务条款、付款方式等内容。对于供应商来说，应在采购建议书中重点突出企业的能力、资源以及曾服务客户的案例等，以增强竞争力。

（5）采购建议书的评估。组织采购者会在这一阶段依据一定的标准，对潜在供应商进行挑选。对于供应商而言，应在事前对组织采购者的评选标准进行深入研究，进而提高采购建议书的得分，进一步增加竞争力。

（6）执行组织采购行为。确定正式的供应商之后，组织采购者会尽快与供应方签订采购协议，正式实施采购行为。

（7）采购行为评价。在这一阶段，组织采购者会对整个采购流程进行全面的评价，以判断采购行为是否正确和恰当，并判断供应商是否实现了其在采购建议书内的承诺，进而根据这种判断决定是否与供应商继续合作。

## 二、西门子的中国采购中心

西门子公司进入中国以来，在发电设备、医疗器械、家用电器、电子控制等业务方面都取得了不俗的业绩，且增长势头依然不减。与此同时，在西门子的采购活动中，中国也开始扮演着日益重要的角色。为此，西门子已经在北京和上海两地建立大型的采购中心。所有的集团都开展本地采购，并不断扩大采购业务。为了增强本地采购的力度，西门子公司又成立了中国采购中心。

中国采购中心具有协调、控制的功能。西门子在中国所有业务部门的采购计划都要经由这个采购中心进行汇总和审核，然后进行全盘性的采购。在这一采购模式下，各分公司向中心上报采购信息，然后在中心的协调下，各分公司共同分享各种采购信息，以了解市场行情，最终实现战略性采购。通过这一采购中心，西门子期望实现协同增效的效果。

对于西门子（中国）来说，中心化采购还是一个新鲜事物。在此之前，它的各个业务部门都设有采购单元，全权负责本部门的采购活动；各个分公司也都设置采购部，分别到市场上采购。这样造成的结果就是效率的低下。那么与之相比，中心化采购有什么优点呢？原来，中心化采购的优点就在于能够将有限的、分散的采购资源集中起来，共同应对市场；而且由于集中采购的采购额会较大，能够吸引更多的供应商参与到竞标中来，不仅有利于西门子获得最优惠的价格待遇，同时还可以获得一批宝贵的供应商资源。

此外，对于西门子这样的大型跨国公司来说，采购管理实际上是供应链管理的关键环节。中心化采购可以使供应链管理在更大、更广、更深的空间内实施，使跨地区、跨行业的各业务部门之间得以互通有无、信息共享，从而使整个供应链更加顺畅和高效。

### 方法实施要点

一个完整的采购中心通常包括这样 5 种采购角色：①使用者，即使用组织用品的人。比如生产工具的使用者是生产线工人，计算器材的使用者是财务人员等。②影响者，即制定规则、标准的人。影响者可能是工程师，他为组织用品制定技术标准；也可能是一定级别的领导者，他为整个采购流程制定规范；也有可能是其他人，总之因所采购物品以及组织的特征而异。③决策者，即对整个采购行动最终拍板的人。对于一般的重复性采购来说，采购者也许就是决策者；但对于昂贵或者至关重要的组织用品来说，只有高层的管理者才是最终的决策者。④看门人，即负责控制组织内部以及组织与可能供应商沟通信息的人员。这种人可能是秘书、技术人员或者是接待员。⑤采购者，即直接与供应商接触、制订采购条件，并最终签订采购协议的人。这些通常都是组织采购部门的工作，但若组织用品是昂贵、复杂的新用品，采购者的角色也常由高层管理者来扮演。组织内不同的人可能扮演同一个角色，比如对于计算机这种组织用品来说，财务人员和设计人员同样会扮演使用者的角色；也有可能一个人同时扮演多种采购角色，比如秘书可能同时扮演使用者、看门人和影响者的角色。

# 市场细分营销

企业不可能满足所有消费者需求，它们只能根据自身的优势、条件，选择适合自身经营的目标市场。市场细分是营销成功的核心。

市场细分，营销成功的核心

市场细分这一概念，是由美国市场学家温德尔·斯密在 20 世纪 50 年代中期总结了企业界市场营销实践经验后提出来的。其含义是：按照消费者的需求和欲望把一个总体市场划分成若干具有共同特征的子市场的过程。因此，属于同一细分市场的消费者对某一产品的需求是非常相似的，而分属不同细分市场的消费者对同一产品的需求和欲望则是大相径庭的。比如，有的消费者喜欢质量过硬、价格便宜的手机；有的消费者喜欢功能多样、造型时尚的手机；有的消费者则喜欢华贵高雅、有一定象征意义的手机。手机厂商便可以据此划分出 3 个子市场，选择其中的一个或者几个开展营销活动。

企业要根据自身的优势和特点从事某一方面的生产和营销活动。而要选择合适的目标市场，则需要企业先进行市场细分。

### 市场细分的客观条件和目的

市场细分是需要一定客观条件的。只有当商品经济发展到一定阶段，市场上的商品供过于求，消费者的需求呈现出多样化、个性化特征，企业无法通过大批量生产的方式或者无差异化产品策略来满足消费者需求的时候，企业才有必要进行市场细分。

一般来说，市场细分的目的有两点：①使同一细分市场内的消费个体之间的差异降低到最小，使不同细分市场中消费个体间的需求和欲望差距增加到最大；②针对不同的细分市场，采取不同的产品和市场营销组合策略，以求获得最大的效益。

### 细分市场的原则

有效的细分市场通常具有以下特征：

（1）细分市场应该足够大，并保持稳定，以保证企业有利可图。

（2）细分市场必须是可以识别的，即可以通过人口统计学、情感价值数据和行为方式数据等来描述。

（3）不同的细分市场对同一市场营销组合的反应必须是不一样的，否则就没有进行市场细分的必要了。

（4）细分市场要具有合理的一致性，即消费个体应有非常相似的需求和欲望。

（5）就其大小而言，各细分市场应该是稳定的。

（6）该细分市场不应该大部分被竞争对手所占据，这样有可能会使自己的产品遭到失败。

方法实施要点

美国市场学家麦卡锡曾提出了进行市场细分的一整套程序，这一程序包括7个步骤：

1. 选定产品市场范围

选定产品市场范围即确定企业进入什么行业、生产什么产品。产品市场范围的确定应以顾客的需求为标准，而不是产品本身的特性。例如，一家房地产企业想要在乡下建一座简朴的住宅。如果单从这座住宅的特性来考虑，企业可能会认为住宅的目标顾客是收入不高的消费者；但若从顾客的角度来考虑问题，或许会得出不一样的结论。因为，一些高收入者厌倦了城市的喧闹和高楼大厦之后，可能会非常向往乡间清静、简单的生活。

2. 列举出潜在顾客的基本需求

企业通过调查，列举潜在顾客的基本需求。如上述例子，潜在顾客对住宅的基本需求可能包括遮风避雨、安全、方便、经济、宁静、设计合理、室内装修完备、工程质量高等。

3. 了解不同顾客的不同需求

对于列举出来的基本需求，不同顾客强调的重点可能是不一样的。比如，遮风避雨、安全、经济等条件可能是所有顾客都会关心的，而对于其他的基本需求，有的顾客会强调方便、设计合理，还有的顾客则会强调安静、内部装修等。通过这种比较，不同顾客的需求差异便会被识别出来。

4. 选取重要的差异需求为细分标准

可以抽掉顾客的共同要求，而把顾客的特殊需求作为市场细分的标准。如经济、安全、遮风避雨需求固然重要，但它不能成为市场细分的标准，因此应该别出去，而把重点放在安静、内部装修、方便等需求上。

5. 根据所选标准细分市场

营销时根据潜在顾客需求上的差异性，将顾客划分为不同的群体或者子市场。上述房地产公司将顾客划分为老成者、好动者、新婚者、度假者等多个群体，并据此采取不同的营销策略。

6. 分析各个细分市场的购买行为

进一步分析各个细分市场的需求和购买行为，并找到其原因，以便在此基础上决定是否可以合并这些细分市场或者对细分市场进行进一步的细分。

7. 评估各个细分市场的规模

在仔细调查的基础上评估每一细分市场的顾客数量、购买频率、平均每次购买数量等，并对细分市场上产品的竞争状态及发展趋势作分析。

# 利益细分法

人们在消费某一特定产品时寻求的利益（效用）是细分市场存在的真正原因。

利益细分变量比人口特征以及其他细分变量对消费者行为所起到的决定性作用要更为直接、更为精确、更具可预测性。

## 一、最有效的市场细分方法

利益细分作为行为细分的一种，建立在因果关系变量的基础之上，认为消费者在寻求某一特定产品时所寻求的利益（效用）是细分市场存在的根本原因。利益细分变量是建立细分市场的最为行之有效的细分方法。

### 利益细分概述

有研究表明，消费者所渴望的利益（效用）比人口特征或者其他细分变量对其购买行为的影响更为直接、精确，更具决定性，也更便于预测，由此可见利益细分的意义所在。依据消费者所寻求的利益建立细分市场后，也要对每一细分市场的人口特征、消费量、品牌感知等因素加以认识，这有助于营销人员更有效地接近顾客，更深入地理解顾客，从而更好地满足消费者的需求。

利益细分是对消费者价值体系进行具体衡量之后实施的，虽然具有可操作性，但操作起来比较复杂，通常需要借助于计算机来进行复杂的计算和预测。可供选择的统计方法有"Q"因素分析技术、多维比例放缩以及距测法等。这些方法都对每一个被调查者的测试结果进行比较和分析，以确定具有相似测试结果的个体集合，每一个体集合对应着一种潜在的有利可图的利益细分市场。在某些情况下，企业也可以不选择这些复杂的分析方法，直接通过直觉来进行利益细分市场的划分。这方面也不乏成功的案例，如福特汽车公司开发的野马轿车、烟草公司推出的 100 毫米长度香烟等。但不可否认的是，从长远来看，系统的利益细分研究要比仅凭直觉划分更稳妥一些。

### 利益细分在营销决策中的现实意义

企业对消费者市场进行利益细分研究，可对产品定位、价格制定、广告制作、包装设计、促销等营销因素的组合决策具有现实的指导意义。比如，利益细分的研究对指导新产品的定位有着重要的价值。营销人员一旦发现了市场中空白的利益细分市场，便可立即进行新产品的研发，发掘新的市场机会，并给新产品以准确的定位。而利益细分研究所搜集的信息将有助于企业在特定的目标市场上选择最为合适的促销方式，以及设计更为恰当的销售现场宣传资料。

利益细分方法之所以引起了众多企业以及营销研究人员的注意，就在于它向人们提供了一种研究市场的新思路。事实证明，这种思路对企业的营销工作有着巨大的促进作用。只要企业的营销人员对消费者市场进行利益细分研究，就总能发现一些小的市场。运用恰当的营销策略去占领这些小的细分市场，无疑会大大提升企业的销售业绩，有利于企业营销目标的实现。

## 二、牙膏市场的利益细分及其营销策略选择

美国营销学家拉塞尔·哈雷在对牙膏的消费者所追寻的利益进行研究后，成功地细分了牙膏市场。他的研究揭示了 4 种主要的细分市场类型，分别是防蛀、注重洁齿、注重牙膏的口味和外观以及经济实惠的价格。每一种细分市场都有其人口统计的行为和心理特征，为营销活动的策划和实施提供了依据。由于中国市场和美国市场不同，按照中国牙膏消费者所追求的利益，可以将中国牙膏市场分为 5 种类型。企业可针对这 5 种类型实施相应的营销策略：

（1）防蛀型。购买者多为有孩子的家庭，所寻求的利益点是预防龋齿。对于这一利益细分市场，企业多采用演示性广告策略，在广告中向消费者展示防蛀原理，强调牙膏的抗龋齿的功效。广告的解说词里大多包括权威机构如中华口腔医学会的认证，广告选用在学校课堂向小学生进行预防龋齿教育的场面。在产品包装的醒目位置上多标注了含氟、可提供多重保护以及中华口腔医学会的标志。这样使该利益细分市场的消费者相信产品能够满足自己的期望，从而达到良好的宣传效果。

（2）经济型。购买者所寻求的主要利益是较低的价格，购买者多为收入较低、独立型强的成年人。企业在针对这一利益细分市场的广告中，除了要宣传产品的价格竞争力之外，还可以展示其他方面的优点。

（3）预防牙周病和牙齿过敏。这类购买者更为看重牙膏的保健和治疗结果，多为中老年和患有牙病的人士。他们独立性强，性格倾向于保守，是牙膏的主要消费者。在这一利益细分市场上，蓝天六必治以"牙好，胃口就好，

吃嘛嘛香"为广告语，取得了不错的市场效果。

（4）牙齿美白。这种类型的购买者较为注重牙齿洁白和美容化妆效果，多为吸烟、性格外向、善于交际的人士。这一方面，广告主题要强调增白效果和美容保健的功能，应选择气氛轻松优雅的社交场合作为广告场景，包装设计中也应体现光亮洁白的牙齿。

（5）口味和外观。这种类型的购买者对牙膏的口味和外观更为偏好，多为儿童。针对这一利益细分市场，广告常注意口味和外观的宣传，口味上分为留兰香型、薄荷型和各种果味牙膏，外观上则主要有彩条、透明、蓝白膏体等，以吸引儿童。

### 方法实施要点

利益细分市场的基本法则包括以下几个方面：

（1）创造新的细分市场，不如维护老的细分市场。许多企业期望能够开辟新的细分市场。但是这样显得过于昂贵且效果并不与投入成正比。企业应更加重视对现有细分市场的研究，掌握已熟悉消费者的更多信息，制定更有效的营销策略，这样企业能获得更为令人满意的益处。

（2）一种品牌不可能满足所有顾客的需要。这一法则是在告诉企业：要使产品覆盖更大范围的市场，就要为顾客提供多种品牌。如今市场上新品牌不断涌现，可视为对这一法则的回应。

（3）属于同一公司的多种品牌，应尽量避免相互竞争。经常会出现同一公司旗下的品牌相互竞争的现象，诚然这有利于提高企业的活力，但谁也不能够否认这将造成极大的内耗，造成资源的浪费。

（4）产品的设计应能满足既定细分市场的需求。企业必须针对具体的顾客群进行产品的设计，也就是说，要瞄准既定的细分市场设计产品。反之，如果同时瞄准两个或者两个以上的细分市场，必然会犯市场细分定位模糊的错误，使产品左右不讨好。

# 目标市场选择法

在市场评估之后，企业便需要在有吸引力的细分市场中选择应该进入的具体目标市场。

细分市场的选择关系到企业营销目标的锁定。

## 一、选择合适的细分市场

市场细分是企业进行营销活动的基础。然而，市场细分之后，企业还需在诸多细分市场中进行评估，选择进入哪些市场、不进入哪些市场，这关系到企业营销的目标锁定。因此，采用何种方法来评估细分市场与选择目标市场才是最为重要的。

**选择目标市场的基础——评估细分市场**

评估细分市场就是在确定细分市场的有效性之后对细分市场作进一步的评估，以明确哪一个或者哪几个细分市场是企业值得进入的。评估细分市场是进行目标市场选择的基础，通常应从以下两个方面着手：

（1）细分市场的规模和成长可能性。细分市场的规模是指这一市场内购买能力的总和。企业选择何种规模的细分市场，应视自己的能力而定。一般来说，大型企业不愿意费力去开发过小的细分市场，而小企业不敢涉足规模过大的细分市场。细分市场成长的可能性是指细分市场的待开发潜力。一般来说，儿童和年轻人的细分市场成长可能性较高。

（2）细分市场的市场结构吸引力。任何一个细分市场的结构吸引力都取决于五大因素：产业竞争者、潜在进入者、供应商、产品替代品、购买者。理想的细分市场结构应为：产业竞争者少且弱、新竞争者的进入壁垒高、供应商和购买者的议价能力薄弱、产品无替代品。

**目标市场选择的 5 种模式**

目标市场选择就是指企业在市场细分的基础上根据自身的经营目标和经营能力选择有利的细分市场作为目标市场的过程。一般来说，有 5 种目标市场模式：

（1）密集单一市场，即选择一个细分市场集中营销。这样做一方面有利于企业巩固在该细分市场的地位，另一方面企业通过生产、销售和促销的专业化分工也能够获得更多的经济效益。例如，德国大众汽车公司一直致力于经营小汽车市场，理查德·伊尔文公司则集中经营经济商业教科书市场等。这些企业都通过深耕细作，在各自的领域内获得了成功。但是，不可否认，把所有鸡蛋放在一个篮子里显然要比把鸡蛋分散开来放在几个篮子中的风险要大得多。比如，专门经营年轻女士运动服的鲍比·布鲁克斯公司就曾因为女士们突然不买运动服而损失惨重。因此，大多数公司通常同时经营若干个细分市场。

（2）有选择的专门化，即企业同时经营若干个有极大赢利可能的细分市场，而且这些细分市场之间缺乏或者根本没有联系。这样做可以分散企业的风险，即使在某个细分市场遭到了损失，企业也可以从其他市场上挽回。

（3）产品专门化，指的是企业集中生产一种产品，但向不同的细分市场供应不同类型的产品。如显微镜生产商向大学、政府、工商企业、个人等不同的顾客群体销售不同种类的显微镜，但不生产其他的仪器。企业可以通过这一模式树立起某个产品非常高的声誉，但这也存在一定的风险。比如一旦显微镜被另一种全新的显微技术所代替，那么企业就会出现生存危机。

（4）市场专门化，指专门为某个顾客群体的各种需要服务。如公司可以为大学实验室提供一系列产品，包括显微镜、示波器、化学烧瓶等。公司专门为一个特定的群体服务，这有助于企业在该群体中获得很高的声誉，并成为这一群体所需各种新产品的销售代理商。采用这一模式，也有可能遇到一些风险。比如，大学实验室的经费开支一旦被突然削减，专门为大学实验室服务的公司就会遇到很大的麻烦。

（5）完全市场覆盖，即企业利用各种产品去满足各种顾客群体的需要。这种模式通常只有超大规模的企业才能采用，如计算机市场中的 IBM 公司、汽车市场中的通用汽车公司、饮料市场中的可口可乐公司等。

## 二、通用汽车在中国的目标市场选择

上海通用汽车在中国的市场占有率由 1999 年的 3％上升到 2002 年的10％，短短 3 年间成长为仅次于上海大众、一汽大众的中国市场第三轿车生产集团，尤其是其旗下的"赛欧"更是成为了细分市场上的领跑车型。几年来，上海通用汽车能以超常规的速度发展，得益于其在中国的目标市场选择中所采取的不同模式。

### 1.市场专门化模式

在通用汽车刚涉足中国市场时，国内轿车市场的基本情况是这样的：经济型轿车竞争非常激烈，而中高档轿车市场还主要以进口车为主，市场存在很大的空间。为此，通用汽车采取了走高端市场路线的策略，用成熟的别克车型抢占市场空间，在上市的第一年就连续推出了别克新世纪、GLX、GL 等3 款轿车，成为当时中国市场上最高档车型，从而一举取得中高端市场的主动地位。

## 2. 有选择的专门化策略

2000 年，上海通用汽车相继推出了具有驾驶乐趣的别克 CS 和中国第一辆多功能公务车 GL8，紧接着又针对 20 余万元的市场推出了小排量的别克 G。通过这一系列动作，上海通用形成了从 20 万元至 30 余万元的梯级产品排列格局。

## 3. 寻找空白市场

上海通用汽车在中高档轿车市场上的成功，引起了竞争对手的关注。广州本田和一汽大众分别从日本本田和德国大众引进了和别克属同一级别的本田雅阁和奥迪 A6，接着上海大众又从德国大众引进了更为先进的帕萨特 B5。这样一来，25 万元至 45 万元这一级别轿车市场上就出现了别克系列、本田雅阁、奥迪 A6、帕萨特等四大品牌，竞争已趋于白热化。别克系列轿车遭到了竞争对手的强劲挑战，市场空间已经遭到严重的挤压。为了实现突破，创造新的市场空间，上海通用汽车把目光转向了经济型轿车市场，准备将产品线延伸到低端市场。

2000 年以前的中国低端轿车市场上，实际上还没有完全意义上的国际知名轿车品牌。国产轿车虽然价格便宜，但总给人以价低质低的印象，缺乏一种具有强劲竞争力的车型。上海通用从这种现象中看到了巨大的市场契机，立即将海外市场上的一款欧宝车引进中国，取名赛欧，俗称"小别克"。这一车型凭借别克的品牌效应以及 10 万元的价格诱惑，一经推出就在中国轿车市场引起轩然大波，消费者踊跃定购。上海通用趁热打铁，在 2001 年又推出了针对中国家庭市场的赛欧家庭版——赛欧 SRV，将全新的消费观念引入到中国普通的消费者中。2002 年赛欧的产销量达到了 5 万台，成为这一级别轿车市场的最大赢家。

## 方法实施要点

无差异营销、差异营销和集中营销这 3 种目标市场选择策略各有利弊。企业到底选择其中的哪一种策略，主要取决于以下 6 个因素。

(1) 自身的资源和实力。若企业财务、技术、生产、营销等方面的实力比较强，则可以采取差异营销或者无差异营销策略；反之，则宜采取集中营销策略。

(2) 产品的同质性。产品同质性意指在消费者眼里不同厂家生产的产品相似程度如何，相似程度高的即为同质性高；反之，则为同质性低。如食盐、大米、钢铁等，虽然各厂家的产品有品质上的些微差别，但消费者并不在意，这些就属于同质性高的产品，可采取无差异营销的策略；对于服装、汽车、化妆品等，消费者的需求千差万别，产品的式样、型号等方面也大有差别，对于这类同质性低的产品，可采取差异营销或集中营销策略。

（3）市场同质性。细分市场中顾客的需求和购买行为相似程度高，即为市场同质性高；反之，则为市场同质性低。市场同质性高时，企业可采取无差异营销策略；市场同质性低时，则应采取差异营销或者集中营销策略。

（4）产品所处生命周期的阶段。在产品导入期，由于同类竞争品不多，市场竞争不激烈，企业可采取无差异营销策略；在产品的成长期和成熟期，同类产品增多，竞争趋于激烈，这时企业应采取差异化营销策略；在产品的衰退期，为保持市场地位，延长产品的寿命，企业可采取集中营销策略。

（5）竞争对手的营销策略。企业在确定自己营销策略的时候，应充分考虑竞争对手尤其是主要竞争对手的营销策略。如果竞争对手采用的是差异营销策略，企业就不能采取无差异营销策略与之对抗；若竞争对手采取的是无差异营销策略，则企业可用差异或者无差异营销策略与之抗衡。

（6）竞争者的多少。当竞争者较少、竞争不激烈的时候，可采取无差异营销策略；当竞争对手多、竞争激烈时，应采取差异或者集中营销策略。

# 第三章　确定产品竞争优势

## 产品生命周期及其营销策略

产品生命周期理论将产品分成不同的生命阶段，营销人员可针对不同阶段的特点采取有针对性的营销策略。

产品生命周期也是营销人员用来描述产品和市场运作方法的有力工具。

### 一、产品生命周期，制订营销目标和营销策略的依据

生命周期是现代市场营销中一个非常重要的概念。它是从无数产品从诞

生到退出市场的自然过程中所总结出来的，意指一种产品自开发成功和上市销售，到在市场上由弱到强，再到衰退被市场所淘汰，整个过程所持续的时间。

**产品生命周期的 4 个阶段**

典型的产品生命周期一般可以分为导入期、成长期、成熟期和衰退期 4 个阶段。

（1）导入期。这是产品开始上市的阶段，在这一阶段，产品的知名度不高，销售增长缓慢。为打开局面，企业不得不投入大量的促销宣传费用。因此，在这一阶段，产品一般不会给企业带来丰厚的利润。

（2）成长期。在这一阶段，产品的知名度迅速攀升，销售增长率也以较快的速度上升，利润显著增长，竞争对手的类似产品也有可能慢慢冒出来。

（3）成熟期。在这一阶段，产品被大量生产和销售，销售额和利润额在达到高峰后出现疲态，开始慢慢回落，市场竞争空前激烈，产品成本和价格趋于下降。但是在成熟期后期，营销费用开始逐渐增长。

（4）衰退期。销售增长率出现负值，利润越来越小，竞争的激烈程度丝毫未减，同时，产品的替代品已经出现。随着利润空间越来越小，产品会逐渐退出市场。

**产品生命周期的其他形态**

S 形曲线的产品生命周期只是产品生命周期的一般形态。事实上，现实生活中不同的产品种类、产品形式甚至不同的产品品牌的生命周期形态都不一样，其中常见的有以下 3 种形态：

（1）"增长—衰退—成熟"型。小厨房用具常常会表现出这样的特点。例如，电动刀在刚进入市场时，销售增长十分迅速，但随后就跌入到"僵化"的水平，然而这个水平却因为不断有晚期采用者首次购买产品和早期使用者更新产品而得以维持。

（2）"循环—再循环"型。药品的销售常常会出现这种形态。当新药品上市的时候，厂商通过积极的促销，会催生出第一个循环；然后随着销售额的下降，厂商不得不再次促销，于是便产生了规模和持续时间上都较小的第二轮循环。

（3）"扇"型。厂商发现了产品的新用途、特征或者用户，而使得产品的生命周期得以延长。如，某种新材料被发明后，由于其用途不断地拓展，致使其销售额不断呈扇形扩大。

## 二、产品生命周期理论在杜邦公司战略管理中的应用

化工业巨头杜邦公司在运用产品生命周期模型方面一直处于领先地位。杜邦公司将生命周期模型运用于战略分析与战略行为研究中所积累的经验是非常具有借鉴意义的。它可以帮助管理者们明确如何根据特定的市场形势应用生命周期概念。

杜邦公司通过搜集产品生命周期中的信息，并把这些信息与市场竞争情况变化的预测结合起来，形成所谓的竞争生命周期模型，以描述化工行业内每一位竞争者所经历的典型的发展历程，即：在市场发展的最初阶段，市场完全被一家企业所占据，这家企业是该市场的唯一供应商，这家企业所提供的新产品与其替代品相比，在功能方面具有很强的竞争力。随后，生产同类产品的竞争者也开始慢慢渗入到市场中来，这标志着竞争渗透阶段的开始。在这一阶段，新进入的竞争者为了对抗市场最先进入者所积累的优势，不得不向消费者提供更为优惠的价格、更为周到的服务，以获取确保企业可以长期生存下去的适当的市场份额，为此各公司之间进行着广泛的竞争。当市场增长趋缓、各竞争者所占据的市场份额相对稳定的时候，这就标志着市场竞争已进入市场份额相对稳定阶段。在这一阶段，各竞争产品间的差异逐渐缩小。随着各竞争者所提供的产品不再具有任何重要差异，一般商品竞争阶段便开始了。杜邦公司认为，如果没有例外情况，这一阶段便是竞争生命周期的最后一个阶段，也是企业退出市场的时机。

以上便是杜邦公司关于市场发展过程的理论。杜邦公司认为，无论是在市场发展的何种阶段，都应该将顾客的需求放在最重要的位置上。因此，在杜邦的战备计划中，旨在帮助管理者和营销者理解客户需求的"使用价值"分析便起到了基础性的作用。在这一分析中，经理们针对某一特定产品，对其几个重要用途进行经济评估，以得出一个能够与顾客对该产品价值的合理评价相符合的价位。这一分析基于顾客对产品的经济评价，因此它能够非常好地帮助经理们清楚地理解顾客的需求。由于顾客的需求总是随着时间的变化而不断变化，杜邦的经理们需要在生命周期的不同阶段重复进行"使用价值"分析。

在竞争的渗透阶段，不断有竞争者冒出。为了维持或者争取适当的市场份额，除了要运用"使用价值"分析之外，还可运用"竞争对手反应"分析。杜邦公司一直致力于在竞争中占据有利位置，以防在发生经济衰退时遭遇重

创。为此，经理们不仅要了解本公司的情况，更要追踪和调查竞争对手的一系列行动。

在竞争生命周期最后的一般商品竞争阶段，经理们往往还需运用"盈利性"分析来确定企业是否退出市场。杜邦公司研究发现，在市场竞争的最后阶段，由于各竞争对手的市场份额相对稳定，可以较为准确地预测公司未来的财务状况，并据此确定公司未来是否还能够赢得可观的利润额，从而为企业是否退出市场提供依据。

## 方法实施要点

产品生命周期的不同阶段常会表现出不同的市场特点，为此，需要制订出相应的营销目标和营销策略。

1. 产品导入期的营销策略

常用的策略有以下 4 种。

(1) 高价格、低促销策略。用这种方式推出产品，是为了以最小的促销费用获得最大限度的收益。这种策略的适用条件是：目标市场规模有限；产品已具有相当知名度；潜在用户愿意支付高价；潜在竞争并不紧迫。

(2) 高价格、高促销策略。这一策略的适用条件是：产品确有特点、有吸引力，但知名度不高；市场潜力巨大，目标顾客有强大的支付能力。

(3) 缓慢渗透策略，即以低价格和少量促销费用支出的策略推出新产品。这一策略的适用条件有：市场潜力较大，且消费者熟悉该产品；市场对价格敏感。

(4) 快速渗透策略，即以低价格并配合大量的促销宣传推出新产品。这一策略的目的是：迅速占领目标市场，随着产销量的扩大，降低单位产品的成本，以获取规模效益。这一策略的适用条件是：市场规模大，但用户对该产品不了解；多数购买者对价格非常敏感；潜在竞争非常严重；规模效益有实现的可能。

2. 成长期营销策略

这一阶段，产品的销售量和利润额都在迅速增长。营销策略应侧重于保持产品质量与服务质量，切忌因为销售形势好便急功近利，粗制滥造，片面地追求销售量和利润额。这无异于杀鸡取卵。具体来说，企业应做到以下几点：努力提高产品质量，增加产品新的功能和特色；积极开拓新的细分市场和开辟新的分销渠道；在适当的时机降低销售价格，以吸引对价格敏感的顾客；广告宣传的重点应由建立产品知名度转到促进用户购买方面。

3. 成熟期营销策略

这一阶段，销售增长率放缓，竞争更趋激烈，名牌逐渐形成。营销策略应是争取稳定的市场份额，延长产品的市场寿命。具体做法主要有以下几点：①努力增加产品的用户数量；②努力增加现有用户对产品的每次使用量及使用频率；③改革产品；④拓宽销售渠道，增加销售网点；⑤加大促销力度。

4. 衰退期营销策略

在这一阶段，企业若试图采取维持的策略，必将付出巨大的代价。明智的决策者应当机立断，弃旧图新，尽快实现产品的更新换代。这一阶段的营销策略突出一个"转"字，即有计划、有步骤地转产新产品。

# 品牌定位四步法

品牌定位就是给特定的品牌确定一个适当的市场位置，使其产品在消费者心中占据一个有利的位置。

正确的品牌定位是一切品牌成功的基础。

## 一、好的定位是品牌成功的基础

定位的概念有两方面的内涵，一方面是在认识自身资源及能力的前提下，在市场上找到适合自身条件的细分市场，然后充分发挥自身的能力去满足目标顾客的需求，实现消费者的期望价值，并在这一过程中实现自有及可支配资源和能力的价值最大化。四象限定位法便是基于这一方面的内涵所提出的。而另一方面的定位，则是指找到那些在面临多种选择时依然坚持选用你所提供的产品或服务的顾客，并努力去更好地满足他们的需求。品牌定位四步法便是在这一内涵的指引下发展起来的一种定位方法。

### 品牌定位四步法的定义

品牌定位四步法是零点前进咨询公司首先提出的。该公司在人口学、心理学、行为学、市场营销学等基本理论的基础上提出了分析目标群体、确定目标群体的核心价值需求，并在此基础上把产品或服务品牌符号化，从而提升品牌效果和效率的品牌定位方法。由于该定位方法的实施步骤有 4 步，分别是确定目标消费人群、确定目标群体所属角色状态、确定目标群体所属的目标角色状态所追求的核心价值、确定可以代表核心价值的符号体系，所以称之为品牌定位四步法，也称为零点品牌定位四步法。

品牌定位四步解析

第一步，确定目标消费人群。

我们可以利用人口学的（年龄、性别、教育程度）、心理学的（价值观、文化取向）和行为学的（消费行为模式、一般行为特征）等方法来确定目标消费人群。具体来说，主要有3种目标群体选择方式：其一是聚焦策略，即在一群人中找到有共同特征或消费需要的一小群人；其二是组合策略，在一大群人中找到某一个有独特需求的群体，以这一群体为主，再找若干个与这一群体有些微差异但没有实质性需求冲突的群体为辅助群体；第三种策略叫做链动策略，即对某一消费者施加影响，该消费者再将这种影响传递到其他消费者那里，从而形成链动效应。

第二步，确定目标群体所属的角色状态。

一个人在不同的时间、不同的地点会扮演不同的角色，同一个人在不同的角色背景下会对某种产品的价值、功能有不同的需求。因此，区分消费者的角色状态也是品牌定位的重要一步。一般来说，人的生存状态对其角色的定位有着非常重要的影响。人的生存状态通常有4种：个性化生存、家庭化生存、组织化生存和社会化生存，每一种生存状态都与一种特定的社会关系、社会背景相对应。这些社会关系和社会背景对个人起着约束作用，对一个人扮演的角色也起着重要的影响作用。

第三步，确定目标角色状态所追求的核心价值。

品牌的价值点不是唯一的，我们可以运用定量研究的方法，找出各个价值点之间的联系，绘制出品牌价值张力图。一般来说，品牌价值有两种类型：一是在不同的消费群体中都表现出恒定的价值，这便叫做恒定价值；另一种恰好相反，它在不同的消费群体中表现出来的价值有比较大的区别，叫做活跃价值。如果一种品牌表现出恒定的价值，我们便称这一品牌是老成持重的品牌，相反，我们便称这一品牌是具有活力的品牌。不同的产品需要有不同类型的品牌与之相对应。如果我们需要一个综合性的品牌，就必须把一些恒定的价值和一些活跃的价值组合起来。

第四步，确认可以代表核心价值的符号体系。

企业通常会给品牌设计一个比较抽象的核心价值，比如尊严、自然、自由感、超越等，这些抽象的概念可能不易于被消费者所理解。实际上，消费者通常通过一些具体而形象的符号如语言、图形、物体、色彩、人物等推测品牌的核心价值。因此，为了让消费者更好地理解品牌的核心价值，企业应将复杂的核心价值符号化。另外，人格化也是品牌价值符号体系中不可或缺的重要一环，企业应考虑如何将自己的品牌核心价值人格化。

上述 4 步联系紧密，相互关联，且每一步都是上一步的递进。只有把每一个环节都做得完美无缺，最终才能得到一个准确、科学的定位。

## 二、奶球品牌重新定位

"奶球"是一种糖果的品牌。这种糖果的包装很别致，是一个小巧而精致的黄棕色盒子。购买奶球牌糖果的多是青少年，他们觉得在看电影的时候嚼着奶球牌糖果很带劲。但是作为奶球品牌的拥有者，史维哲·克拉克公司对现有的市场并不满意。客观地说，青少年对糖果的需求有限，这也是奶球牌糖果的销售业绩总是不尽如人意的根源所在。相较而言，糖果对少不更事的儿童更有吸引力。你会发现，这些儿童的嘴里总是含着一颗糖果，对每一种口味的糖果都非常感兴趣。毫无疑问，平均年龄在 10 岁以下的儿童是糖果的最佳消费者。为了吸引最佳消费者，克拉克公司决定对品牌进行重新定位。

选定了目标消费者，克拉克公司开始着手进行消费者心理分析。调查显示，每当接触到有关糖果的信息，这些小朋友们首先想到的是糖棒的概念，比如好时、杏仁乐、银河、雀巢等品牌的糖棒都非常受欢迎。上述这些品牌的知名度和美誉度都是奶球牌糖果所不能望其项背的。这就意味着，克拉克公司若把奶球品牌定位为糖棒形象，即使花费巨额的广告费，也很难在消费者的心目中扎下根。此路不通，克拉克必须寻找其他的突破点。

经过再三的调查分析，克拉克公司的营销人员终于发现了竞争对手的一个弱点：市场上现有的糖棒都很小，不耐吃。比如 5 元钱一根的好时牌糖棒，孩子一般两三分钟就吃完了。这样使贪吃但零用钱并不宽裕的小消费者非常不满，调查人员常常听到这样的抱怨："不是我吃得太快，而是糖棒本来就不大"、"因为买棒糖，我的零用钱不知不觉就花光了。"小朋友会有这样的经验之谈："告诉你，糖棒千万不能吮吸太快，否则一会儿就没有了。"通过这些充满童趣的话语，小消费者们其实是在传达这样一个信息："我需要耐吃且价格不贵的糖棒。"

针对消费者的需求，克拉克公司很快生产了一种新型的奶球糖，它们被装在盒子里，每盒有 15 颗糖，小朋友们可以一颗一颗地品尝，也可以分几次把这些美味吃完。毫无疑问，这样一盒奶糖比同等价值的糖棒要耐吃得多。虽然奶球糖不是糖棒，但是小消费者们很快就会发现，奶球糖其实是糖棒不错的替代品。

通过市场调查和分析竞争对手，奶球品牌确定了新的市场定位，但这个定位能否取得最后的成功呢？这还要依赖于接下来的广告宣传。策划人员自然而然地将耐吃作为宣传的重点，在此之前，还从来没有其他的糖果广告侧重于宣传耐吃的特点。奶球牌糖果的广告是这样的：从前有一个小孩，他有一张大嘴（一个小孩站在一张大嘴巴旁边），非常喜欢吃糖棒（小孩一根接一根地把糖棒塞入那张大嘴中），但是糖棒并不耐吃（糖棒很快吃完了，大嘴巴非常生气）。这时候小孩发现了一盒奶球糖（小孩兴奋地举起奶球糖，大嘴巴开始舔它的下颚）；大嘴巴爱上了奶球，因为它们耐吃（小孩把奶球糖一颗一颗地滚到大嘴巴的舌头上去）。最后，小孩和大嘴巴合唱了一曲欢快的歌谣："当糖棒变成一段遥远的回忆，你不会有什么留恋，因为你拥有了奶球，现在给你的嘴巴弄一些奶球吧！"这则广告发布以后，奶球牌糖果的销售业绩很快就有了起色，品牌知名度也大大提高了。

找到竞争对手的弱点，使自己的产品更能满足消费者的真实需求，这就是奶球品牌成功定位的秘诀。

## 方法实施要点

企业在进行品牌定位时，通常会有两种不同的选择。

1. 市场支配者的品牌定位策略

对于市场支配者来说，不能陶醉于现有的优势，要永远保持一种进取的精神，应将现有的优势看作是获得更大成功的基础。因此，市场支配者应选择这样的定位策略：永远站在前列，形成良性循环，在竞争中始终比对手更快、更好。

2. 市场跟进者的品牌定位策略

跟进者企业选择的品牌定位策略主要有两种：一种是一直跟在领导品牌的后面进行模仿，这个策略比较保险，不会引起支配者的不满和报复，但是同样也不会使被支配者有翻身的机会；另一种策略是避开领导品牌，寻找空当加以填补，也就是所谓的空当定位。这一策略可能会引起竞争对手的注意，但也不失为被支配者改善现状的一条途径。

# 产品与品牌的关系模型

多品牌战略充分尊重了市场差异性。

单品牌战略有利于企业整合、利用优势和资源。

采用组合品牌战略，企业借助自身的强势形象推广不同的产品。

## 一、选择合适的产品与品牌组合

企业可以对旗下的产品设定一个统一的品牌，或者对每个产品都设定一个独立的品牌，又或者采用折中的办法，以一个强势的品牌做基础，用不同的次级品牌去拓展不同的细分市场。这便是所谓的 3 种品牌战略，即单品牌战略、多品牌战略和组合品牌战略。现对这 3 种品牌战略进行详细的分析和介绍。

### 单品牌战略

单品牌战略的特点主要有以下 4 点：

（1）产品的目标市场明确，产品的市场形象比较强大，拥有较高的声誉，且深受顾客的信任。

（2）品牌的档次固定，有固定的消费者群以及一定数量忠诚度较高的消费者。

（3）产品线延伸适度，产品涉及领域非常相近。

（4）产品的生产技术具有可延伸性。

### 多品牌战略

多品牌战略的特点也有 4 点：

（1）企业的目标市场非常广阔，且顾客对产品的需求各异。

（2）目标消费者的需求变化较快，企业必须使产品适应这种变化，并制造各种变化，以吸引更多的消费者。

（3）产品升级换代的速度较快，产品线的调整也较为频繁。

（4）目标市场上的竞争对手较多，竞争产品多，替代品多，消费者选择的余地非常大。

### 组合品牌战略

组合品牌战略的特点主要有 4 点：

（1）企业将强势品牌定为主品牌，并用多个次级品牌去拓展不同的市场。

（2）主品牌向消费者传达固定品牌的形象，可对次级品牌进行托权。

（3）次级品牌能够吸引主品牌以外的顾客，占据主品牌照顾不到的市场，树立与主品牌相异的形象。

（4）主品牌和次级品牌可根据不同的市场环境制定不同的定价模式。

## 二、松下公司的品牌组合战略

松下公司以产品的高品质创立了一个令人信任的企业品牌，然后以这一成功的企业形象为背景，设计不同的系列品牌，从而成功地进入了不同的细分市场，并收获了良好的市场效果。松下公司所采用的品牌战略就是典型的品牌组合战略。

松下公司品牌组合战略的内容

从公司创立之始，松下电器以其高品质的产品为松下公司塑造了一个值得信赖的主品牌形象。松下公司在这个主品牌的背景之下，针对不同的细分市场，又创立了不同的产品品牌，如：在美国市场上，创立了 Panasonic 品牌，强调富有朝气、极具革命精神的创新形象；在冰箱等产品上延用 National 品牌，维持其可信赖的、安定的稳重形象；针对高端消费群体，推出了 Technics 品牌，着重宣传其高科技的形象。

针对进一步的细分市场，松下公司设计富有创新的新产品副品牌，以副品牌的活泼形象吸引更多的消费者，例如音响产品中的"飞鸟"副品牌、洗衣机产品中的"涡潮""爱妻号"副品牌、电冰箱产品中的"花束"副品牌和彩电产品中的"画王"副品牌。

虽然副品牌的名称各异、个性不同，但是它们在进行广告宣传时都强调自己属于"松下"这一名声显赫的家族，借助"松下"的形象来促进销售；另一方面，各个副品牌的成功也进一步加强了"松下"这一主品牌的形象。

**松下公司品牌组合战略成功实施的原因分析**

（1）先行树立了强大的企业主品牌形象。Panasonic 产品以优质、稳定的表现，为松下公司赢得了强有力的企业品牌形象。这一形象的树立为组合品牌战略的实施奠定了坚实的基础。

（2）各副品牌产品均有较高的质量水平。实施品牌组合战略企业的各种产品在质量上不能有太大的差异，否则就会影响企业主品牌的高品质形象。在这一点上，松下公司做得比较好，各子品牌都继承了主品牌优质的传统。

（3）为不同的细分市场设计不同的品牌形象。不同的细分市场都有着独特的消费需求。针对这些差异化的需求，松下公司设计了不同的副品牌。各副品牌采用不同的品牌档次和定价策略，从而实现了对不同细分市场的覆盖。

## 方法实施要点

不同的品牌战略适用于不同的企业。

（1）多品牌战略的适用企业。多品牌战略适用于以下几种类型的企业：采用多元化的发展战略、市场定位比较广阔、目标顾客类型多种多样的企业；产品线较广、产品种类较多且都针对不同的市场、产品的定价水平各不相同的企业；需要运用品牌数量挤占销售渠道的企业；对品牌的投入有充足的资源基础以及恰当的管理制度和政策的企业。

（2）单品牌战略的适用企业。单品牌战略适用于下属几类企业：市场定位比较明确，且有一定数量的、忠诚度高的消费者的企业；技术稳定、产品品质优良、在行业中地位稳固且处于领先位置的成熟企业；产品在行业中具有相当的市场占有率，其品牌在市场中的声誉较高，比较受消费者的欢迎，甚至能左右行情和价格的企业。

（3）品牌组合战略的适用企业。品牌组合战略适用的企业有如下几类：已塑造优良的形象，且在消费者心目中的地位已较为稳固的企业；产品准备进军不同档次的细分市场，或者是准备吸引偏好需求较大的消费群的企业；主品牌之外，仍有一些功能或特征需要副品牌进行诠释的企业；希望在利用基本功能之外，用"使用者形象"这种个性化的特征来吸引消费者的企业。

# 品牌延伸策略

成功的品牌延伸策略可给原有的品牌和产品线注入活力，给消费者提供更完整的选择。

品牌延伸可产生品牌伞效应，降低企业的营销成本。

## 一、使品牌利益最大化

所谓品牌延伸，就是指一个品牌从原有的业务或者产品延伸到新的业务或者产品上，从而使多项业务或者产品共享同一品牌。品牌延伸是企业品牌运作的一种重要的方式，是一种有效的营销方法，并逐步成为企业发展壮大的一条重要途径，受到企业广泛的青睐。

品牌延伸并非只有好处，事实上，这种策略是利益与风险并存的双刃剑，施行好了会给企业带来较大的经济效益，搞不好则会使企业面临一定的经营风险。具体来说，对品牌延伸策略成功与否具有决定性影响的因素有以下几种：

（1）品牌的资产价值。品牌资产是品牌知名度、品牌的品质形象、品牌忠诚、品牌联想以及附属在品牌上的其他资产等项内容的集中反映，是品牌价值的体现。由于品牌延伸策略成功实施依赖于消费者对原品牌的良好印象以及爱屋及乌的心理，从根本上来讲，品牌延伸就是发挥原有品牌资产价值的扩张功能的一种策略。因此，雄厚的品牌资产价值是品牌延伸策略实施的基础。一般来说，品牌资产价值越大，其品牌延伸策略实施成功的几率就越大。

（2）品牌的类型。一般来说，品牌有 4 种类型，分别是理念型、利益型、技术诀窍或配方型、产品型，这 4 种类型的品牌延伸能力依次降低。首先，理念型的品牌将经营理念作为其核心特征，延伸能力非常强大。这方面的典型例子就是麦当劳。麦当劳一贯奉行 Q（品质）、S（服务）、C（清洁）、V（价值）的品牌经营理念，使其业务遍布全世界，不仅是品牌延伸的典范，还可算是品牌管理体系的全面延伸。其次，利益型的品牌的特点在于强调对消费者的利益承诺。例如，海尔将其品牌定位为"为顾客创造价值"，使其经营领域得以从电冰箱扩展至整个家电领域，如今已发展到更广泛的领域，实现了从产品经营到资本经营，最后到品牌经营的蜕变。其三，技术诀窍或者配方型，这种品牌总是与某种特定的技术诀窍或者配方联系在一起，不易于向其他的领域拓展。可口可乐就是最典型的例子。众所周知，其神秘的配方一直是其品牌价值的重要内容。诚然，这也使其在一个多世纪内一直保持着权威性和真实性，同时也极大地限制了该品牌向其他领域的拓展，以至于可口可乐推出新产品不得不命名为"雪碧"等。其四，产品型的品牌已经成为了某种产品的代名词，也就是说该品牌在消费者心中已经成为了某种产品的替代物。这样该类品牌自然没有任何延伸的能力了。

（3）品牌的个性定位。品牌最初的个性定位也是决定品牌延伸策略能否成功实施的重要因素。倘若品牌最初的定位过窄，势必会影响其延伸能力。因此，在进行品牌定位时，企业应适当放宽其领域界定，从而为以后的品牌延伸留有余地。

## 二、Sanrio 成功实施品牌延伸

如今，最炙手可热的卡通形象无外乎史努比、灌篮高手、维尼熊、机器猫、樱桃小丸子、Hello Kitty 猫等几种，其中尤以 Hello Kitty 猫最为成功且最具代表性。如今，这个由 Sanrio 所开发的白色的卡通猫形象风靡整个亚洲，渗透到许多产品领域，如玩具、文具、手机、手镯、音响、手表、手提包、电视机等。

Hello Kitty 猫的形象其实非常简单，有一只硕大的脑袋、一双睁得大大的眼睛，憨态可掬，充满了童趣。然而，就是这个简单的造型不仅令亿万小朋友爱不释手，其涉及的领域也大大超过了我们对普通产品线延伸的认识。这种延伸并不是传统的以强化品牌资产为导向的，而是以目标消费者的生活形态为导向，即所有 Hello Kitty 目标消费者会使用的产品都有可能成为 Hello Kitty 的涉足对象，比如，Hello Kitty 把那张可爱的猫脸印到了汽车上、钻石手表上、咖啡机上、音响上等。事实上，你几乎可以开一家 Hello Kitty 主题的百货商店。

Hello Kitty 如今已是 30 多岁高龄，这对一只猫来说确实已经非常老了。在时尚潮流快速更替的日本市场上，作为一种卡通形象，它也算不上年轻了。然而，事实上，它并没有显现出任何老态，这都要归功于 Sanrio 总能与时尚潮流同步前进。每一个月，Hello Kitty 都有 500 种新产品上市，同时有 500 种旧产品被淘汰。Hello Kitty 的产品线总在不断地调整，从而使自己总能适应潮流的发展，适应不同地区的特点。

从更深层次来剖析 Hello Kitty 成功的原因，很容易得到这样的结论：成功地进入成人市场，是其经久不衰的根源所在。在这个竞争激烈的时代，成年人的工作和生活压力非常大，人际关系复杂、工作缺乏创造性、未来的不确定性和现实的焦虑使成年人非常渴望回到无忧无虑的童年时代，尤其是年轻的女性。Hello Kitty 的出现迎合了人们的这种心理，自然而然地受到了人们的宠爱。

此外，Hello Kitty 还代表了时下颇为流行的"可爱"文化，这种文化给客观、冷漠的现实生活蒙上了一层情绪化和理想化的外衣，表达出"生活是应该有情绪倾向"的主题，说出了成年人尤其是年轻人的心声。由此看来，Hello Kitty 的成功确实不难理解：它之所以能够如此多元化地跨品类延伸，都是它的消费者希望它这么做的。

综上所述可知，与大多数品牌在延伸时考虑新产品与自己的品牌核心价值不能相违背不同，Hello Kitty 通过品牌的延伸，给消费者提供了一个返璞归真的途径，使消费者愉快地从现实世界跳入到纯真可爱的 Hello Kitty 品牌世界里。

## 方法实施要点

要使品牌营销策略成功实施，企业应注意如下几个方面的问题：

（1）注意对品牌延伸的管理。要将品牌延伸放在经营战略的层面上来考虑，用长远和发展的眼光来审视品牌延伸，并作出周全而明确的规划。切忌不顾客观条件的限制，只为眼前利益而盲目地实施品牌延伸。毫无疑问，这会让企业面临相当大的风险。

（2）做好原有品牌的可延伸性分析。主要包括3个方面的分析：首先，要分析原有品牌的实力。强大的品牌资产价值是品牌延伸的基础，倘若原有品牌尚不成熟，根基并不稳定，企业应暂缓实行品牌延伸策略，否则只会分散企业的人、财、物力，削弱其市场竞争力。其次，要注意分析主要竞争对手可能做出的反应。若企业希望通过品牌延伸进入的市场中没有强大的竞争对手，或者确定竞争对手不会做出激烈的反应，便可放心施行品牌延伸策略；如果竞争对手实力非常强大且会作出强烈的反击，那么企业的品牌延伸策略就应三思而后行了。最后，还要分析新产品与原有品牌产品在成功优势上是否一致。换句话说，新产品与原有品牌产品在功能、生产技术、分销渠道、服务等环节的相关程度如何、二者的市场定位以及品牌形象是否具有一致性和兼容性。相关程度高，具有一致性和兼容性，那么原有品牌的优势便能够较为容易地转移到新产品上来；反之，则应谨慎行事。

（3）注意规避品牌延伸的风险。品牌延伸是一把双刃剑，成功实施可为企业带来上述诸多好处。然而一旦考虑不周全，或者市场风云突变，也会给企业造成严重的负面影响，如品牌个性稀释、品牌联想冲突、品牌形象侵蚀等。因此，企业必须具备强烈的风险意识，可采取相对保守的做法，采取副品牌的策略，在原有品牌与新产品之间建立一个"缓冲带"。这样既体现一类产品的共性，又体现单个产品的个性，能够有效降低风险发生的概率。

# 产品概念测试法

产品概念测试，从众多备选概念中选择最有希望成功的概念，可以减少新产品失败的可能性。

产品概念测试，可使营销人员对新产品的市场前景有一个大体的把握，为市场预测奠定基础。

## 一、将可能出现的失误扼杀在萌芽状态

众所周知，新产品在推向市场之前需要进行质量测试，但仅仅是质量测试就够了吗？生产者还必须知道谁会使用该产品、怎样使用该产品、谁会喜欢该产品、他们会喜欢产品的哪些特性等，这些问题都是质量测试所不能回答的。如果傲慢的生产者对这些问题不屑一顾，这也就意味着它根本就不重视消费者，那么几乎可以肯定地说这个产品注定是要失败的。没有人愿意看到自己产品的失败，大多数生产者也会努力去寻找上述问题的答案。在这一方面，产品概念测试能给予生产者有力的帮助。

**什么是产品概念测试**

产品概念即生产者有了某种产品的大体轮廓，但这并不意味着所有的产品概念最终都能形成产品。实际上，绝大多数的产品概念都会因为市场接受度、市场量等原因被放弃，只有大约3％的产品概念能最终保留下来。决定哪些产品概念要被放弃、哪些产品概念需要保留的过程就是所谓的产品概念测试。

产品概念测试是新产品开发过程中的重要环节，主要是了解消费者对新产品概念的反应，并据此从众多备选产品概念中挑选出最为合适的一个或者几个付诸生产和投入市场，从而达到降低市场风险的目的。

产品概念测试面对的是消费者，而非产品开发团队人员。这也决定了产品概念的测试内容，即：测试潜在消费者对产品概念的需求水平；测试潜在消费者对产品概念的认知价值；测试产品概念在市场上的可信度和传播性；测试现有产品与产品概念的差距水平，差距越大就说明现有产品与消费者的真正需求差距越大，也说明潜在消费者对产品概念的兴趣越高；测试谁是产品的目标消费者、目标消费者可能在什么场合购买该产品以及该产品的使用频率如何等。

**产品概念测试的主要环节**

产品概念测试主要包括概念筛选和概念传播两个环节：

（1）产品概念筛选。判断产品概念好坏的标准有许多个，其中理想的产品概念应能够满足目标消费群体重要且尚未被满足的需求，此外还应具有可传播性和能够引发消费者购买欲望的力量。在产品概念筛选阶段，企业可选用焦点小组座谈法、德尔菲法、入户定量访问、街头拦截定量访问等组织方法。

（2）概念传播测试。对筛选出的产品概念还需要进行完整的测试。只有

这样才能够为下一步的产品研发和营销提供可靠的依据。针对产品概念的测试内容包括：确认消费者的基本观念；明确产品概念定位的利益点与消费者基本观念的契合程度；确认能够令产品概念和利益点紧密契合的沟通方式；对产品概念的独特性进行检验。在概念传播测试阶段，可采用的组织方法是焦点小组座谈会。

## 二、"美美减肥片"的产品概念测试

在 2003 年的国内保健品市场上，"美美减肥片"是当之无愧的黑马——在短短数月间，就在全国范围内引领了一场运动减肥的风暴，势不可挡。300多家经销商纷纷加盟，100 万元的招商成本很快就回款千余万元。"美美减肥片"的成功得益于其"脑白金之父"的产品概念，而这一概念的提炼也经历了几番测试。

### 市场调研，提炼产品概念粗样

"美美减肥片"来自于美国，在美国市场上颇受追捧。但是中国市场毕竟不同于美国市场，在竞争激烈的保健品市场上，美美减肥片似乎并没有令人眼前一亮的独特之处。在产品形态上，美美减肥片属片型，并不新鲜；产品包装也不醒目，不具识别性。总而言之，美美减肥片在中国市场上没有任何优势可言。在这一背景下，为在众多同质化的产品中脱颖而出，迅速地提升品牌的知名度，美美减肥片迫切地需要设计一个具有穿透力的产品概念。为此，他们委托 21 世纪福来传播机构进行市场调研。

市场调研显示，中国减肥业在经历了近 3 年的火爆期后，从 2002 年开始遭遇了严重的信任危机，广大消费者和经销商都对减肥品的宣传和承诺已渐渐没有了信任，各大减肥品、保健品、减肥器械生产商为争夺有限的消费者互相抄袭营销策略，甚至互相攻击，中国的减肥市场已到了重新洗牌的时刻。

经过大量的数据分析，21 世纪福来传播机构得出这样的结论：首先，"快速减肥""廉价减肥"等口号已不能引起消费者的兴趣和信任；其次，白领女性消费者日益成为减肥品的主要消费者，她们对外国的品牌尤其青睐，且有运动健身的习惯。为此，该机构建议美美减肥片将"泛减肥时代"作为自己的核心主张。"泛减肥时代"具有三大特征：一是健康自然减肥取代快速减肥；二是运动减肥与药物减肥相结合；三是消费者不再盲目轻信广告，更为重视朋友的推荐。机构策划人将美美减肥片定位为"第一运动减肥品"，提出了"一天两片，美美减肥"的核心功能诉求。消费者测试结果反应良好。

### 创新定位与概念比附

产品概念粗样出来以后，接下来所要做的是招募经销商。那么从哪个角度出发去吸引经销商的注意呢？是的，产品来自于美国著名的运动营养食品生产商维德尔集团，是美国同类产品的销量冠军。这些都是事实，但是屡次上当受骗的消费者早已变得多疑，类似的宣传在报纸上铺天盖地，谁会真的相信呢？美美减肥片需要一个更加醒目的宣传口号，需要有一个更具冲击力的概念。

一次偶然的机会，策划人员无意中获得这样一条信息：世界上最早的褪黑素产品出自维德尔集团，而当时风靡全国的脑白金的核心成分就是褪黑素。于是一个大胆的创意诞生了：既然脑白金如此炙手可热，为什么不借助脑白金来打响自己的品牌呢？"美国脑白金之父"这一极具冲击力的诉求主体自然而然地诞生了。

后来的事实证明，"美国脑白金之父"这一绝妙的概念攀附成为一道划过2003年中国保健品市场上的闪电，光辉而夺目，由此开启了美美减肥片的疯狂黑马之路。

### 方法实施要点

常用的产品概念测试法主要有两种，分别是卡诺法和联合分析法。

1. 卡诺法

卡诺法认为顾客需要的满足程度与顾客的满意水平并不是一码事，也就是说满足与满意是不相同的，同时也不是线性相关的。卡诺法将影响消费者满意度的因素分为两种，一类是激励因素，一类是保健因素。其中激励因素能够提升顾客的满意度，但如果没有激励因素，顾客也不会感到不满意，顾客将激励因素看做附加的价值；而保健因素是产品必须具备的特性或功能，无论企业在保健因素上做得多么优秀，都不会让消费者感到高兴，因为消费者认为那是企业应该做的。反之，如果企业在保健因素方面做得有所欠缺，将引起消费者极大的不满。因此，企业应保证保健因素，并在激励因素方面多做工作。

卡诺法常用于顾客调查问卷。在调查问卷的设计中，调查者对顾客的需求提供一正一反两个问题，通过一个二维评价表将答案归入不同的类型中，然后根据调查结果对产品要求进行优先次序排序，为产品的开发提供依据。

2. 联合分析法

与卡诺法相比，联合分析法需要更多的数量分析，而在潜在顾客表达他们选择次序方面则和卡诺法一样简单。采用联合分析法，首先要将一组产品概念呈现在潜在顾客面前，让顾客进行选择；然后，根据顾客的选择结果，分析各个产品特性的相对价值；接着，根据顾客的不同选择，分析顾客的类型，确定利益细分群体，也就是划分不同的细分市场，采用不同的产品、服务、价格组合去满足不同的细分市场。

联合分析法是一种被广泛使用的数量工具，它可以提供顾客优先选择的次序的可靠信息，这些信息有助于企业预测不同产品概念的市场份额以及不同利益细分群体的顾客数量。

# 产品组合策略

企业多开发产品，实行产品组合策略，有利于分散生产经营的风险。

制定灵活多样的产品组合策略，可以满足市场多样化的需求，适应激烈的市场竞争。

## 一、形成产品群体优势

产品组合是指企业生产经营的所有产品线、产品项目的组合方式。其中，产品项目是指产品大类中各种不同规格、品种、质量的产品。换句话说，企业产品目录中所列出的每一个具体的品种都是一个产品项目。产品线是许多产品项目的集合，而这些产品项目之所以能够组成一条产品线，是因为它们具有功能相似、用户相同、分销渠道同一、消费上相连带等特点。

**产品组合的 4 个维度**

产品组合包括深度、宽度、长度和关联度等 4 个维度。

（1）产品组合的深度是指产品线中每一产品有多少品种。例如，宝洁公司的牙膏产品线下 3 种产品项目，佳洁士是其中一种，而佳洁士又有 3 种规格，每种规格又有两种配方，佳洁士牙膏的深度就是 6。

（2）产品组合的宽度是指企业所拥有产品线的数量。公司的每一条产品线一般都由一些主管人员进行管理。例如，美国通用电气公司的销售部里有冰箱、电炉、洗衣机等产品的经理，北京大学有法学院、管理学院、文学院、理学院等各个学院的院长。

（3）产品组合的长度是指企业所有产品线中产品项目的总和。

（4）产品组合的关联度是指各产品线在最终用途、生产条件、分销渠道等方面相互关联的程度。

**进行产品组合的必要性**

（1）有利于分散风险。在风险投资领域，风险分散要求投资者"把鸡蛋放在不同的篮子里"，以实现规避风险的目的。同理，企业也很难只依靠一种产品而在激烈的市场竞争中立足。多开发产品，进行产品的组合，有利于分散生产经营的风险。

（2）满足市场多样化的需求。当今，市场需求日益呈现多样化、复杂化的特点，这也给企业提出了多产品、多品种的要求。而产品的组成因素和构成就要求必须制定灵活多样的组合策略，以适应激烈的市场竞争。而今，多品种、多产品的营销已然成为现代企业发展的大势所趋。它不仅能使企业分散风险，更重要的是可以帮助企业扩大市场，占领更多的细分市场，从而增加企业的综合竞争力，保证利润的不断增长。

## 二、华龙集团的产品组合策略

华龙集团位于河北省邢台市隆尧县，本是一个地方性的品牌，然而 2003年，在中国大陆市场上，华龙集团以超过 60 亿包的销售量一举占据了方便面行业亚军位置，同时与"康师傅""统一"形成了三足鼎立的市场格局，"华龙"也真正成为了一个全国性的品牌。纵观华龙集团的发展历程，其成功与它的市场定位、通路策略、产品策略、品牌策略、广告策略都是分不开的，而产品策略中的产品组合策略更是居功至伟。

华龙集团共有方便面、调味品、饼业、面粉、彩页、纸品等六大产品线，即其产品长度为 6。其中，方便面是主要的产品线，在这里，我们也主要来分析其方便面的产品组合策略。华龙集团的方便面产品组合非常丰富，共有 17种产品系列、十多种产品口味、上百种产品规格。丰富的产品组合使华龙集团充分地利用了现有的资源，发掘了生产潜力，更好地满足了消费者的各种需求，也使其占据了更宽的市场面，促进了产品的销售。在此基础上，华龙集团的产品组合策略也同样是丰富多彩。

（1）阶段产品策略，即在企业发展的不同阶段适时推出适合市场的产品。①在企业的发展初期，华龙集团把河北及周边几个省的农村市场作为目标市场，针对农村市场的特点推出了"大众面"系列产品。该产品以超低的定价一举为华龙集团打开了农村市场的大门。随后，"大众面"红遍了大江南北，成功抢占了低端市场。②企业发展了几年之后，积累了一定的经验和资本。接着，华龙集团又向全国推出了面对其他市场的"大众面"中高档系列，比如中档的"小康家庭"、"大众三代"、高档的"红红红"等，华龙集团的知名度和市场份额由此得到了大幅提高。③从 2000 年开始，华龙集团开始逐渐丰富自己的产品系列，陆续推出了十几个产品品种、几十种产品规格。但这个时候，华龙集团主要抢占的还是中低档面市场。④从 2002 年起，华龙集团开始向高端市场发展，开发了第一个高档面品牌"今麦郎"，大力开展城市市场中的中高档面市场，此举在北京、上海等大城市获得成功。

（2）区域产品战略。针对不同地域的消费者不同的口味，华龙集团推出了不同品牌的系列产品。华龙集团产品策略就是要在不同区域推广不同产品，少做全国品牌，多做区域品牌。为此，华龙集团最大限度地区分市场，因地制宜，各个击破，同时还创作出了区域广告诉求，具体如下图所示：

| 地域 | 主推产品 | 广告诉求 | 系列 | 规格 | 定位 |
|---|---|---|---|---|---|
| 东北 | 东三福 | "咱东北人的福面" | 东三福 | 红烧牛肉等 6 种口味、5 种规格 | 低档面 |
| | | | 东三福 120 | | 中档面 |
| | | | 东三福 130 | | 高档面 |
| | 可劲造 | 大家都来可劲造，你说香不香 | 可劲造 | 红烧牛肉等 3 种口味、3 种规格 | 除东三福 130 之外的又一高档面 |
| 山东 | 金华龙 | 实在 | 金华龙 | 分为红烧牛肉、麻辣牛肉等 12 种规格 | 低档面 |
| | | | 金华龙 108 | | 中档面 |
| | | | 金华龙 120 | | 高档面 |
| 河南 | 六丁目 | 演绎不贵（不贵） | 六丁目 | 分为红烧牛肉、麻辣牛肉等 14 种规格 | 市场上价格最低、最实惠的产品 |
| | | | 六丁目 108 | | |
| | | | 六丁目 120 | | |
| 全国 | 今麦郎 | "有弹性的方便面" | 煮弹面 | 红烧牛肉等 4 种口味、16 种规格 | 高档系列，以城乡消费为主 |
| | | | 泡弹面 | | |
| | | | 碗面 | | |
| | | | 桶面 | | |

（3）市场细分的产品策略。华龙集团是市场细分的高手，并且取得了巨大的成功。①华龙集团根据行政区的不同推出不同的产品，如河南的"六丁目"、山东的"金华龙"等；②华龙集团根据经济发达程度推出不同档次的产品，如在农村和城市推出的产品有别，在经济发达的北京、上海等地推出最高档的"今麦郎"桶面和碗面等；③根据年龄因素的不同，推出适合少年儿童的 A－干脆面系列、适合中老年的"煮着吃"系列等。

（4）高中低档的产品组合策略。从上表中可以看出，华龙面的产品组合是高中低相结合的形式。①在全国市场上的高中低档产品组合：低档的有"大众"系列，中档的有"甲一麦"，高档的有"今麦郎"；②在不同区域推出不同档次的产品，如在河南推出"六丁目"系列产品，而在东北投放"东三福 130"等中高档产品；③在同一区域推出高中低档面组合，如在山东和东北都推出了高中低 3 个档次的面，以满足消费者不同的需求。

（5）创新产品策略。华龙集团十分重视开发新产品、发展新产品系列，以满足不断变化的市场需要。①在产品规格和口味上进行创新。华龙集团总共开发了几十种产品规格和十余种新型口味。②在产品形状和包装上进行创新。如华龙面推出了面饼为圆形的"以圆面"系列、封面新潮时尚的"A 小孩"系列等。③在产品概念上创新。如华龙面针对中老年市场，推出"煮着吃"系列方便面。煮着吃的就是非油炸方便面，非常适合老年人。

（6）产品延伸策略。华龙集团不仅在每一系列的产品后增加"后代"产品，如在东北市场推出"东三福"后，又陆续推出了"东三福 120""东三福130"；还在同一市场进行产品品牌的延伸，比如，在推出"东三福"系列之后，又推出了"可劲造"系列产品。

总而言之，华龙面的产品组合策略是非常成功的，值得大家进行学习和借鉴，并加以推广和运用。

## 方法实施要点

企业可结合市场环境和自身的特点采取适当的产品组合策略。总的来说，产品组合策略有以下几种：

（1）扩大产品组合策略。该策略就是指增加企业生产经营的产品线和产品项目，这既可以使产品组合的长度和宽度得以扩大，也可以扩展产品组合的深度和关联度。例如，一家经营空调产品的销售商，在冬天来临的时候增加了取暖器产品的销售。这便是产品线的增加，同时也兼顾了产品组合的关联度。倘若这家销售商的产品组合中仅仅增加了双制式空调，这就是产品项目的增加。

当然，产品组合也绝非越繁杂越好，因为这样会使企业面临管理难度增大、主业不突出等威胁。所以，在某些情况下，企业还有必要采取删减产品组合的策略。

（2）删减产品组合策略。该策略就是指企业减少生产滞销产品或者取消亏损产品项目。当企业的产品线中出现衰退产品进而影响到整条产品线的利润时，当企业的某些产品出现供不应求现象而企业却不扩大生产时，当某些产品的发展偏离了企业的主营业务或者对主营业务带来了负面影响时，企业就需要采取删减产品组合的策略。

（3）革新产品组合策略。该策略就是指保持现有产品组合的长度和宽度，而对产品组合的深度进行改革和发展。革新产品组合有两种方式：一种是在现有的基础上进行完善革新，这种方法可以利用现有的基础节省投资，且风险不大；第二种方式是完全意义上的产品革新，这种方式投资大、风险大，不是一般企业所能承担得起的。

在产品革新的过程中，企业应注意选择改进产品上市的时机，太早则会影响到企业现有产品的销售；太晚，市场便有可能被竞争对手所抢占。

（4）特色产品组合策略。特色产品组合策略就是指企业在产品线中选择一个或几个产品加以特色化，从而吸引消费者，满足消费者细分化的需求。

# ABC 分析法

对于一家拥有多种产品项目的企业来说，运用 ABC 分析法有利于优化产品组合，使企业获得更好的发展。

对企业而言，总有一些产品和顾客更为有利可图，理应受到特别的关注。ABC 分析法可帮助企业识别出这些产品和顾客。

## 一、为不同类别的产品制定相应的管理办法

ABC 分析法最先应用于库存管理，通过分析管理对象在经济以及技术上的不同价值，并依此进行排序和分类，区别出重点和一般，从而选择不同的库存管理方法。一般来说，A 类商品金额所占的比重较大，数量所占的比重

较小，对于这类商品应加强管理、按时订货、积极促销，尽量缩短其前置期间（即产品从订货到到货的时间），并尽可能地减少其库存量，适宜采用经济储量计算法和定期订货法；B 类商品的消费金额较少，而数量则较大，对于这类商品，应按照经营方针，适当地调整库存水平，可以酌情进行大量订货，减少订货次数，以节约订货费用；C 类商品所占的金额比重最小，而品种繁多，应采用简化库存管理手续，用定量订货的方式，一次性集中大量进货，用较高的库存来节约订货费用。

ABC 分析法简单易行，不仅适用于库存管理，而且在企业管理的很多方面都能起到作用，比如采购管理、客户管理、备件管理等。同时，它在产品组合优化方面也大有用途。

1. 根据市场份额来划分 ABC 类产品

对于一家拥有众多产品项目的公司来说，为了更好地发展，首先要清楚，众多的产品项目中，哪些产品在为公司争取市场份额、哪些产品在为公司贡献利润，哪些产品占据着关键成本；然后根据收集到的数据，把产品按照市场占有率的大小进行排列，确定这些产品属于 A、B、C 中的哪一组。对于A、B、C3 类产品的基本划分标准如下图所示。

| 产品类别 | 占全部品种的百分比 | 对公司市场份额、主要利润、<br>成本等影响的百分比 |
|---|---|---|
| A | 10%～20% | 75%～80% |
| B | 20%～25% | 10%～15% |
| C | 60%～65% | 5%～10% |

确定了产品的类型之后，就要针对不同类型的产品制定相应的管理办法：对于 A 类产品，应把其作为形成企业核心竞争力的产品，加大对这类产品的投入，并密切关注该类产品市场的发展方向，争取使这类产品成为其所在市场的领导者，从而始终保持其所带来的市场份额和利润。C 类产品通常是企业的基础产品，它虽不能给企业带来可观的利润，但它的存在有助于企业功能的完整。如若舍弃该类产品，将会对企业的形象、功能以及整个市场份额起到非常严重的负面影响。比如，一家轿车制造公司，主要产品是跑车和中档轿车，虽然企业的主要利润来源是跑车，中档轿车产销量大，利润却很薄弱，但是企业如果把中档轿车的生产撤掉，整个公司的功能就会濒于崩溃。因此对于 C 类产品，管理的重点是保持其稳定性。而对于 B 类产品的管理方

法，则应介于前两者之间。

2. 从顾客的角度对产品进行 ABC 分类

通过 ABC 分析法将各种产品和顾客按相对重要性进行分类，对于企业而言，总有一些产品和顾客要更为有利可图，因而应当受到特殊的关注。如以利润率为指标，将利润率最高产品和顾客组合，就应当配以最高的物流服务水平。

## 二、ABC 分析的实用案例

下表便是一个从顾客角度进行 ABC 分析的实用案例。它将不同顾客的重要性与不同产品的重要性联系起来综合考虑，最终确定能给企业带来最大收益的营销组合策略。应该注意的是，该表是以利润率作为顾客和产品重要性的指标，而实际上，这一指标并不一定适用于所有的产品和企业。

| 顾客 | 产品 | | | |
|---|---|---|---|---|
| | A | B | C | D |
| Ⅰ | 1 | 3 | 5 | 10 |
| Ⅱ | 2 | 4 | 7 | 13 |
| Ⅲ | 6 | 9 | 12 | 16 |
| Ⅳ | 8 | 14 | 15 | 19 |
| Ⅴ | 11 | 17 | 18 | 20 |

在该表中，A，B，C，D 代表 4 类产品，其中 A 类产品的利润率最高，以下分别是 B，C，D。A 类产品在整个产品线中通常只占很少的比重，而利润率最低的 D 类产品所占的比重却常常高达 80%。Ⅰ、Ⅱ、Ⅲ、Ⅳ、Ⅴ 分别代表着 5 类顾客，其中Ⅰ顾客最有利可图，以下分别是Ⅱ、Ⅲ、Ⅳ、Ⅴ。Ⅰ类顾客的需求相当稳定，对价格也不很敏感，交易中发生的费用也较少，是最为理想的顾客；但这类顾客的数量通常都很少，甚至是屈指可数；Ⅴ类顾客的利润率最少，但他们的数量却是最大的，占到企业顾客的 60% 以上。根据上述分析可以看出，对企业最有价值的顾客—产品组合应为Ⅰ—A，即Ⅰ类顾客购买 A 类产品，以下分别是Ⅱ—A 组合、Ⅱ—B 组合，依次类推。企业的管理人员可以使用一些方法对各种顾客—产品组合进行排序和打分，上表便是对 20 种顾客—产品组合进行了简单的排序。

### 方法实施要点

ABC 分类法的应用比较广泛，在市场营销方面，一般按照如下步骤来实施：

（1）收集数据。即收集各个品目商品的年销售量、商品单价等信息。

（2）统计汇总。分类整理收集上来的原始数据，并计算各相关指标，如销售额、品目数、累计品目数、累计品目百分数、累计销售额、累计销售额百分数等。

（3）作 ABC 分类表。如果商品总品目数并不太多，企业可采用大排队的方法将全部品目逐个列表，可以销售额的大小作为分类的标准，将销售量、销售额、销售额百分数等数据填入表格中，计算累计品目数、累计品目百分数、累计销售额、累计销售额百分数等。企业可将累计销售额百分数为 60%～80% 的商品品目定为 A 类，为 20%～30% 左右的若干品目定为 B 类，其余的品目都定为 C 类。如果商品的品目数过多，无法或者没有必要全部排列在表中，可采用分层的办法，即先按销售额对商品品目进行分层，然后再以销售额百分比为标准，分出每一层的 ABC 类商品；最后，将 A 类商品一一列出来，进行重点管理。

（4）作 ABC 分类图。以累计销售额百分数为纵坐标，累计品目百分数为横坐标，根据 ABC 分析表中的相关数据绘制 ABC 分类图。

（5）根据 ABC 分类的结果，为各类商品制定不同的管理策略。

# 第四章　价格定位与营销推广

## 成本加成定价法

成本加成定价法计算比较简单，且在市场各因素基本稳定的情况下采用这一方法，可保证各行各业能获得正常的利润率。

成本加成定价法没有充分考虑市场上需求一方的利益，是典型的生产者导向观念的产物。

## 一、成本加成定价法，生产者导向的产物

企业若想生存和发展，就必须要获得一定的利润。这也就是说，企业所制定的产品价格必须高于生产经营该产品的成本。成本加成就是在这一思想的指导下发展起来的一种定价方法。

**成本加成定价法的概念**

在成本加成定价法之下，企业要把所有为生产某种产品而发生的费用均计入成本的范畴，计算单位成本的变动情况，合理地分摊固定成本，然后在总成本的基础上，按一定的利润率决定价格。其计算公式为：单位产品价格＝单位产品总成本×（1＋目标利润率）。

确定合理的目标利润率是应用成本加成定价法的关键之所在，而目标利润率的确定取决于市场环境、行业特点等多种因素。不同产品的加成比率不一样，企业可参考同类产品的加成比率来确定价格。但不管如何确定目标利润率，有一点是毫无疑问的，即当某一产品在特定的市场中以相同的价格出售时，成本低的产品会获得较高的利润率，并且能在进行价格竞争时赢得更大的回旋空间。因此，采用成本加成定价法的企业若想提高利润率，便要努力降低产品的生产成本。

**成本加成定价法的优缺点**

成本加成定价法作为一种较为常用的定价方法，其优点主要有以下几点：

（1）成本加成定价法简化了定价工作，且资料容易获取，便于企业开展经济核算工作。

（2）根据企业单位产品的总成本进行定价，能够保证企业生产和经营该产品的所有耗费都能够得到补偿，且在一般情况下，能够获得一定的利润。

（3）若某一行业中的所有企业都采用成本加成定价法，只要加成比率相近，其最终售价也必然会趋同，这样会减少或者避免价格竞争。

（4）采用成本加成定价法对买卖双方都较为公平，卖方能够得到较为稳定的正常利润，而买方也不必担心产品的价格会突然上涨而受到额外的剥削。

成本加成定价法为典型的生产者导向定价法，在确定产品价格时，以自我为中心，不顾市场情况。而当今绝大部分的行业都属买方市场，产品品种繁多，竞争异常激烈，消费者已然成为市场的中心。企业只有全方面地以消费者为中心，不断满足消费者的需求，才有可能在市场上立足。故而，成本

加成定价法在市场经济中存在诸多明显不足之处：

（1）企业采用成本加成定价法，以固定的目标利润去销售产品，不利于产品生产经营成本的降低。

（2）成本加成定价法以单位产品的总成本作为定价的基础，缺乏灵活性，使管理者在有些情况下容易作出错误的决策。

（3）成本加成定价法最致命的缺点在于忽视了产品需求的弹性。实际上，同一产品在不同的时期、不同的产品在同一时期、同一产品在不同的市场都有着迥然相异的需求弹性。对这些弹性缺乏敏感性，甚至是视而不见，就不能适应迅速变化的市场需求，也不能具有强大的市场竞争能力。

## 二、某制鞋厂的成本加成定价法

某制鞋企业年产量为 10 万双，平均每双鞋的成本是 50 元钱，总固定成本为 50 万元，该厂期望的成本利润率为 20%。在这些条件下，该厂的产品价格制定过程如下：

已知单位变动成本为 50 元，单位固定成本分摊为 $50 \div 10 = 5$（元），期望成本利润率为 20%。所以，单位产品的价格 $P = (50 + 5) \times (1 + 20\%) = 66$（元）。

由此，该厂将产品的出厂单价定为 66 元。

### 方法实施要点

为了在实际应用中克服诸多不足之处，企业可按产品需求价格弹性的大小来决定成本加成的比例。这就要求企业必须密切关注市场的动态，通过大量的市场调查和详细的市场分析尽量准确地估算出需求价格的弹性，从而为产品确定一个正确的价格。

根据需求价格弹性的大小来确定成本加成定价法的加成比例，是对完全成本加成定价法的一种改进。

# 目标收益定价法

营销的目的不是仅仅将自己的产品销售出去，而是要以合适的价格卖给消费者，获得合理的利润。

目标收益定价法，试图制定这样一个价格，这个价格能够给企业带来一定的利润。

## 一、制定一个能够带来合理利润的价格

采用目标收益定价法的企业试图确定这样一个价格，这个价格能够给它们带来理想的利润率。

企业若采用目标收益定价法，就不能不用到保本图这一工具。保本图能够直观地显示出不同销售水平下的预期总成本和总收入，具体如下图：

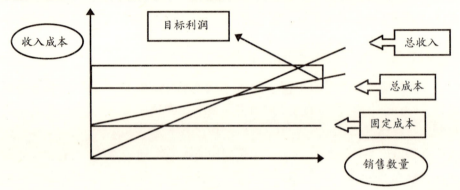

从图中我们可以看出，固定成本是恒定不变的，不受销售量等因素的影响。变动成本在固定成本之上随着销售量的增长而直线上升。总成本即变动成本加固定成本。总收入曲线从零点开始，随着销售量的攀升而直线上升。总收入曲线的斜率是价格的体现，斜率越大表示价格越高。

当企业确定了价格以后，也便是给总收入曲线确定了斜率。总收入曲线与总成本曲线的交点便是企业的盈亏保本点。即企业若想不亏本，至少要达到这一销售水平。而企业若想实现期望利润，则必须有一定的销售量。

目标收益定价法与成本导向定价法有所不同：首先，成本导向定价法不管销量如何，先确定成本，而目标收益定价法是根据预计的销售量推出成本；其次，目标收益定价法的收益率是企业按照需要和可能自行制定的，而成本导向定价法的收益率是按照行业的习惯制定的。但是从根本上说，这两种定价方法都是从保证自身的利益出发制定价格，很少考虑到市场竞争和需求的实际情况。此外，这一定价方法还有一个重要的缺陷，即完全颠倒了销售量与价格之间的因果关系，估算销售量作为制定价格的基础，把销售量看作是价格的决定因素。殊不知，价格正是销售量的重要影响因素。因此实际操作中，这种方法不一定能达到预期目标，尤其是对那些需求价格弹性较大的产

品用这种方式确定价格，就更加难以实现预期销售量了。

目标收益定价法也绝非没有存在的价值。对于一些需求非常稳定的大型制造业、供不应求且价格弹性较小的商品、市场占有率高甚至处于垄断地位的产品来说，在科学预测成本、销量、利润、价格等要素的基础之上，目标收益法仍不失为一个比较有效的定价方法。

## 二、某企业的定价过程

某厂商每年的机器折旧费、租金等固定成本为 800 万元，每生产一单位产品所需原材料费、工人工资等变动成本为 10 元。该企业的年生产能力为 100 万单位，希望获得 500 万元的利润。基于以上条件，该厂商为产品制定了价格，具体过程如下：

众所周知，利润＝销售收入－固定成本－可变成本。假设产品的单价为 P，可列这样的等式：$P \times 100 - 800 - 10 \times 100 = 500$，可得 P＝23（元）。也就是说，厂商将商品的单价定为 23 元，在产品脱销的情况下，可实现 500 万元的目标利润。

### 方法实施要点

采用目标收益定价法来确定产品价格时，其基本步骤为：

（1）计算目标收益率，目标收益率的计算公式为：目标收益率＝1/投资回收期×100％。

（2）计算单位产品的目标利润额，单位产品目标利润额的计算公式为：单位产品的目标利润额＝总投资额×目标收益率÷预期销量。

（3）确定产品价格，单位产品价格＝企业固定成本÷预期销售量＋单位变动成本＋单位产品的目标利润额。

# 边际成本定价法

采用边际成本定价法的目的是保证开工、维持生存或者保住既有的市场。

边际成本定价法在有效应对竞争、开拓新市场、调节需求的季节差异、形成最优的产品组合等方面能够产生一定的积极作用。

## 一、制定一个赔本的价格

所谓边际成本，就是指企业每增加或者减少单位产品对总成本变化量的影响。由于边际成本与变动成本较为接近，且在实际操作中变动成本更容易计算，因此在定价实务中多用变动成本来代替边际成本，边际成本定价法也可称为变动成本定价法。

采用边际成本定价法，就是以单位产品的变动成本作为定价的依据和可接受价格的最低界限。如果商品的售价高于变动成本，那么企业出售商品的收入除了可以完全补偿变动成本外，还可以补偿部分固定成本。如果销售量足够大或者价格更高一点的话，就可以给企业带来一定的利润。

边际成本定价法改变了售价低于总成本便无法进行交易的传统做法，定价策略较为灵活。这在激烈的市场竞争中也算是一种重要的优势。边际成本定价法在有效地应对竞争、开拓新市场、调节需求的季节差异、形成最优的产品组合等方面都能产生巨大的积极作用。

边际成本定价法的优点在于定价策略的灵活性，而弊端也正在于此。若企业的定价过低，可能会被认为是从事不正当竞争，并招致竞争对手的激烈报复，在国际市场上，还有可能招来反倾销的起诉，产品价格因反倾销税而畸形上升，这自然是企业最不希望看到的结果。

## 二、某制帽厂的边际成本定价法

有一家制帽厂，其在一定的期间内发生的固定成本为 10 万元，单位变动成本为 7 元，预期销售量为 1 万顶，市场中同类产品的价格为 15 元/顶。如果该制帽厂按照 15 元/顶的价格进行销售，试问它是否能够获得利润？是否应该继续生产？

我们可以进行以下计算：

固定成本＝10 万元；

变动成本＝7×1 万＝7 万元；

总成本＝10 万＋7 万＝17 万；

销售收入＝15×1 万＝15 万；

销售利润＝15 万－17 万＝－2 万。

通过以上计算，我们可以看出该制帽厂预期亏损 2 万元，但如果该制帽厂不进行生产，10 万元的固定成本仍然会发生。换句话说，企业的生产和经营可挽回 8 万元的固定成本损失。所以，从这方面讲，该制帽厂的生产是有意义的，可继续生产。而如果产品定价等于或者低于变动成本，甚至不能补偿变动成本，更无从补偿固定成本，生产越多亏损越多，那样的话，企业的生产活动就毫无意义了。

## 方法实施要点

作为一种以单位变动成本为可接受价格最低经济界限的定价方法，边际成本定价法的适用情况有如下几种：

（1）当企业的主要商品已经分摊固定成本后，对新增商品的定价。由于固定成本已被完全回收，新增商品的成本可去除固定成本的因素，商品售价只要高于原料成本、人工成本以及管理成本之和，便可被企业所接受。这种情况下，为增强商品的市场竞争力，边际成本定价法不失为一种有效的方法。

（2）企业收回所有成本后的商品定价。当企业的销售额已足以弥补所有成本后，对于剩下的商品采用边际成本定价法可以促进商品的销售，并对竞争对手形成强大的压力。

（3）开拓新地区市场的商品定价。为拓展市场、加强市场覆盖，在销售收入已保本的情况下运用边际成本定价法给商品制定一个具有竞争力的价位，有利于吸引更多的消费者购买，达到占领市场的目的。

（4）企业经营淡季时的定价。在淡季时，运用边际成本定价法确定商品的售价，毫无疑问会促进商品的销售，可有效降低商品的库存成本和维护成本。

# 随行就市定价法

随行就市定价法能产生一种公平的报酬，且不会扰乱整个行业的秩序，是行业集体智慧的体现。

随行就市定价法并不一定采取与市场通行价格完全一致的定价，而只是将其作为一个重要的参考，再结合自身的实力和市场策略来制定最合适的价格。

## 一、以市场通行价格作为重要参考

消费者往往会用竞争对手类似产品的价格作为判断某产品价值的依据，故而，为提高产品的市场竞争力，企业在定价时除了要考虑自身的成本、消费者的需求等因素以外，尤其要重视市场通行的价格，即把市场通行的价格作为定价的重要参考。随行就市定价法便是这样的一种定价方法。

随行就市定价法即企业结合自身的战略目标和行业的竞争水平来制定价格的一种定价方法，其价格的制定主要基于竞争对手的价格，而非自身的成本和需求。所制定的价格可能高于竞争对手，可能与竞争对手持平，也可能低于竞争对手，具体要由企业的战略目标、竞争对手的市场地位等因素所决定。

与其他定价方法相比，随行就市定价法的特点比较明显，主要表现在两个方面：首先，这种定价方法能够产生一种比较公平合理的报酬，不会扰乱行业的协调，且能够体现整个行业的集体智慧；其次，当企业测算产品成本比较困难或者竞争对手不确定的时候，非常适宜采用这一定价方法。

## 二、汤姆森公司随机应变

采用随行就市定价法的企业并不意味着一定要和市场上的通行价格保持一致，而更多的是以市场上竞争对手的价格为参考，制定更有竞争力的价格，从而在竞争中占据有利地位。英国汤姆森公司便是运用该定价方法的行家里手。

旅游是汤姆森公司的主营业务，业内人士都知道成功经营旅游业的关键在于不断推出新的度假活动，这正是汤姆森公司的强项所在。例如他们曾在冷战最"冷"的时候成功推出莫斯科周末度假业务，吸引了众多消费者前往神秘的莫斯科，取得了非常好的市场效果。1983年，汤姆森公司推出的夏季旅游项目丰富多彩，包括"湖光山色""夏日阳光""亲密友好""马车""别墅和公寓"等。为了便于消费者更深入地理解这些项目，他们决定提前发放500万份关于这5种度假活动的便览。

与一般的业务不同，对旅游业务来说，尽早展开营销活动是非常重要的。因为工厂的休假日早已排定，大多数的消费者会及早做好度假的打算，所以比你的竞争对手更早地推出旅游活动便览，尽早地抢占消费者的眼球，这对最终营销结果具有重要的影响。但是，率先推出旅游便览也有不可避免的弊端，即别的公司可以针对汤姆森的定价制定出更具竞争性的价格，从而吸引更多的顾客。对于这一问题，汤姆森公司这次暗藏了一条锦囊妙计。

原来，虽然汤姆森公司从9月1日开始推出明年夏季的旅游便览，并在BBC广播电台、全国性的报纸等媒体上大力宣传，吸引了众多消费者的目光，但对于价格却总是含糊其辞。就在其他旅游公司等得不耐烦而在9月下旬纷纷推出自己的旅游便览时，汤姆森的旅游价格终于出台了，它的定价比其竞争对手低得出人意料，顿时在消费者中间引起了强烈的反响，且令竞争对手措手不及。

在 9 月份的宣传中，汤姆森公司占得了先机。然而 10 月份的时候，竞争对手却抢先发难，宣布所推出的旅游项目一律不收附加费。在 20 世纪 80 年代的时候，旅游业收取附加费是约定俗成的规矩，虽然消费者感到不快但也无可奈何。如今这家旅游公司宣布不收附加费即引起了巨大的反响，甚至连媒体都争相报道。为使自己不至于过于被动，汤姆森公司在最短的时间内作出反应，也承诺不收任何附加费，这样总算在 10 月份的宣传中没有处于明显的劣势。

进入 11 月后，竞争更趋激烈，但 1983 年的旅游市场却一反常态，露出罕见的疲态。英国各大旅行公司的预售票仅为往年的 70%，为此公司都把目光集中于圣诞前后的订票高峰期。为保证最后的成功，汤姆森公司决定采取主动行动，它开始重印和发售旅游便览，制定了更加低廉的价格，使其假日旅游价格更具竞争力。这一次它又一次打了竞争对手一个措手不及。

最终，凭借几次三番地调整价格，制造轰动效应，汤姆森公司终于在当年的营销大战中笑到了最后。

### 方法实施要点

随行就市定价法较为适用于竞争比较激烈或者产品同质化比较高的行业。在少数寡头垄断的市场上也常能看到随行就市定价法的实际应用。例如，在钢铁、化肥、纸张等行业上，各大企业给产品制定的价格通常是相同的，而小型企业则采取"跟随"的策略，即其产品价格的变动与其说是基于需求或成本的变化，不如说是依据市场领先者的价格的变动。小型企业为维持自己的生存和发展，通常会进行一些微小的奖赠或者折扣，在价格上也要与市场领先者保持适当的差异。比如，一些小型的汽油零售商的零售价格要比主要汽油公司的价格低一些。

另外，企业在实际应用时还需注意，随行就市定价法并不需要完全采用和市场通行价格相同的定价，而只是将其作为一个重要的参照物，然后再根据自身的实力和竞争战略制定一个兼顾多方面的合理的价格。

# 认知价值定价法

认知价值定价法根据产品在消费者心目中的价值来定价，使产品价格更为贴近市场，有利于产品销售目标的实现。

## 一、制定一个消费者认同的价格

现代营销学认为，顾客最终购买的是产品的使用价值而非产品本身，因此，只有产品的使用价值和销售价格相接近，产品的定价才是成功的。而产品的使用价值往往表现在顾客能够认知的价值之上，于是便有了所谓的认知价值定价法。

认知价值定价法，就是指企业将消费者对某一商品价值的认知度作为定价的依据，运用各种营销策略和手段影响消费者对商品价值的认识，从而形成对企业有利的价值观念，然后再根据商品在消费者心目中的价值来制定价格。

## 二、阿尔法计算机公司提高顾客认知价值

阿尔法计算机公司的主要产品是网络服务器用微型计算机。阿尔法公司具有高超的技术能力，产品的技术性能卓越，其产品定价尤其为人所称道。

阿尔法计算机公司曾经推出过一款新型计算机。在为这一新型计算机定价时，阿尔法公司认为，顾客挑选微型计算机的标准主要是两个技术特征，即处理器的速度和二级读取速度。为此，阿尔法计算机公司针对主要竞争对手艾斯公司和基康普公司的产品定价以及上述两大技术特征制定了颇具竞争力的价格。然而，令人意想不到的是，新产品投放市场后，销售状况一直不理想，这让阿尔法公司的高层管理者们非常不理解：自己的产品明明比竞争对手的产品性能好，而且价格更低，为什么得不到消费者的认同呢？

为此，阿尔法公司的营销部门专门请了市场调查公司去调查微型计算机的消费者们最在意的是产品的哪些特征，处理器的速度和二级读取速度是不是消费者首先考虑的标准。调查结果完全出乎阿尔法公司高层们的预料。在消费者的心目中，计算机软硬件的兼容性、稳定性、销售商的技术服务质量等方面都排在了单纯的高速度之前，甚至连用户手册的质量都排在二级读取速度之前。

调查结果还显示，基康普公司的产品在软硬件的兼容性、稳定性、销售商技术服务、用户资料等方面都受到了消费者的好评，相对而言，阿尔法公司的产品在这些方面的表现则不能让人满意。很多消费者对阿尔法的计算机操作系统软硬件接入配置常常发生兼容问题非常不满，有的顾客对阿尔法上一代产品稳定性的低下耿耿于怀，这在一定程度上对阿尔法新一代产品的市场形象造成了一定程度上的负面影响。此外，还有顾客指出，很难得到阿尔法公司的技术支持，而且阿尔法计算机的用户材料更是处在全行业的最低

水平。

　　针对上述问题，阿尔法公司开展了大规模的整改运动，改进那些备受消费者青睐而自己却表现欠佳的项目。公司改写了操作系统，对软硬件的接入配置进行了重新设计，重新编写了详细的用户材料，增加了服务代表和免费电话线路，提高了技术服务水平。此外，阿尔法公司还开展了声势浩大的营销活动，旨在向消费者宣传阿尔法新产品的可靠性。通过这次活动，阿尔法公司成功提升了自身产品在消费者心目中的认知价值，同时把产品的价格也相应地提高了8%。

　　结果，阿尔法公司的产品受到了消费者的追捧。虽然产品价格有所提高，但仍获得了不菲的市场份额，公司的营运利润因此提高了一倍多。

## 方法实施要点

　　成功运用认知价值定价法的关键和难点在于如何获得消费者对某一商品价值认识的准确资料。企业若高估了顾客对商品价值的认知度，就有可能使商品的定价过高，使商品销量难以达到预定目标；反之，如果企业低估了顾客对某一商品的认知度，商品定价就会低于应有的水平，使企业的收入减少。因此，企业在定价之前务必要进行一番详细而广泛的市场调查，从产品的性能、用途、质量、品牌、服务等方面面去判定消费者的认知度，然后把各要素综合起来制定产品的初始价格；接着，在该初始定价的条件下预测产品的销售量，比较目标成本与销售收入、价格与销量，确定该定价方案是否具有可行性。若具有可行性，则可以直接予以实施；若不具可行性，应明确原因，加以调整，并确定最终的价格。

　　然而，在实际的操作过程中，市场调查是一件非常困难的事情。这是因为，绝大多数产品并不能直接提高顾客的经济效益，而且往往扮演的是一种可有可无的锦上添花的角色，产品被顾客认可的使用价值到底有多大，很难进行明确的测算。针对这一情况，在实际操作过程中，企业可以采用替代法来分析产品的使用价值。所谓的"替代法"，便是通过某种与该产品相关的事物的价值来衡量该产品的使用价值。举例来说，有一种节电产品，其作用是为顾客节省电，从而节约成本，为顾客创造经济效益。要衡量这一产品的使用价值，企业可以通过测算使用该产品能给顾客节约多少电费以及需要多长时间才能收回成本来最终确定其价格。

# 逆向定价法

逆向定价法能够准确和客观地反映市场需求的真实状况。

采用逆向定价法，更能引起消费者的购买欲望。

## 一、让消费者来"制定"价格

所谓逆向定价，指企业在制定产品的零售价格和渠道价格政策时先不去考虑自己的成本因素，而是重点去考虑需求状况，即针对消费者对该产品的价格敏感度和渠道商对这个产品在自己区域市场上的可承受度，分别采取不同的区域价格策略，以满足消费者和渠道客户实际需求的一种定价方法。

逆向定价法是根据消费者能够接受的最终销售价格，逆向推算出中间商的批发价和生产企业的出厂价格。这种定价方法的特点是能够更为准确和客观地反映市场需求的实际情况，有利于生产厂家加强与中间商的良好合作关系，保证中间商的正常利润。另外，正因为逆向定价法更为真实地反映了最终消费者的价格期望，所以更能引起消费者的购买欲望，有利于产品的迅速渗透，有利于企业营销目标的实现；而且，逆向定价方法可根据市场的供求状况随时调整产品的价格，与其他定价方式相比，显得更为灵活。

## 二、宜家的定价策略

作为一家具有世界声誉的家具用品零售商，瑞典宜家的业务已遍布世界30多个国家，销售额以每年20％的速度增长。取得这样的成绩，与宜家独特的定价策略是密不可分的。宜家的定价口号是"有意义的低价格"，目标是使顾客觉得产品不那么贵，而不是让顾客觉得廉价。具体来说，宜家的定价策略包括以下4个步骤。

### 给产品确定价格

通常，企业会在产品设计好以后再为其制定一个合适的价格。而宜家不是这样，它往往在新产品设计出来以前便给其设定一个价格。换句话说，宜家是以某一价格水平为标准去设计产品。

宜家有一套完善的价格矩阵，它可以帮助产品经理们给新产品制定一个合理的价格。这套价格矩阵包括3个价格等级（高、中、低）和4种基本款式（北欧、现代、乡村和年轻瑞典）。产品经理可把现在的产品线和价格填入价格矩阵相应的格子里，然后寻找空格，空格即为市场机会；然后针对这一市场机会调查竞争对手的情况，以确定新产品的成本，目标是要比竞争对手的价格低 30%～50%，于是宜家产品的价格点便这样产生了。

## 挑选低成本的制造商

产品价格确定以后，宜家便需选择生产材料及做组装工作的制造商，目前宜家与 55 个国家的大约 1800 个供应商有联系。为最大限度地降低生产成本，宜家在过去数年中把从发展中国家的采购额由 32% 提高到了 48%。为加强与各地供应商的关系，宜家在 33 个国家建立了 43 个贸易办事处。这些办事处还兼有监控产品质量和促进供应商之间良性竞争的责任，从而帮助宜家公司保持较低的产品成本。

## 挑选产品设计者

有了目标价格和合适的厂商之后，接下来便要开始产品设计工作。宜家采取内部招聘的方式来选择设计师和设计方案。

宜家的设计师们不仅要关注产品的造型和功能，还必须尽可能地关心产品所使用的材料。他们会仔细研究产品部件表面的功能，从而决定在使用资金最低的情况下使用何种原料、表面漆和组装技术，力求在每一个细节都做到成本最低化。

## 运输

在运输方面，宜家公司有这样的理念："我们不希望为所运输的空气支付费用。"为最大限度地利用集装箱的空间，宜家采用了平板式的包装方式，采用这一包装方式能够将每一集装箱的运输数量提高数倍。而今，宜家在运输中的平均填充率为 75% 左右，但他们仍不满足，希望能在未来进一步提高这一比率。为此，他们在不断优化产品设计，有时甚至会把产品中的空气排挤出去，比如宜家生产的压缩包装枕头等。

## 方法实施要点

如今，递向定价方法已广泛地使用开来。尤其是互联网技术的不断发展，更是为消费者从"价格支持者"转变成"价格的确定者"提供了重要的技术支持。例如，priceline.com 网站便是进行递向定价的先行者。在该网站中，顾客可以先行提出打算为某特定物品或者服务支付的价格，比如顾客若想购买一辆汽车，可先将价格、车型、选购设备、取车日期以及愿意驱车前往完成交易的距离等信息输入。网站会通过各种渠道把这些信息传递给汽车生产厂家，厂家可根据这些信息设计令消费者满意的产品。

# 动态定价法

动态定价法颠覆了传统的定价方法，它将销售量视为企业可以控制的变量，而把价格交由市场去决定。

动态定价法适用于服务业、零售业以及其他市场生命周期短的产品的定价。

## 一、价格也是可以随时变动的

动态定价法最初由美国的美洲航空公司所采用，后由于其显著的效果而逐渐被航空、旅店、铁路等行业所广泛采用。而今已有越来越多的各行各业的企业充分认识到动态定价法的神奇力量，并有步骤地实施这一定价方法。

**动态定价法的概念**

动态定价法与传统的定价方式不同，它将销量视作自己可以控制的变量，而将价格交由市场去决定。换句话说，企业可通过不断调整产品或者服务的价格来达到预期的销售量。举例来说，一家企业的销售计划是 10 天内销售出 100 件商品，平均每天销售 10 件。第一天，企业制定一个销售价格进行销售，当天工作结束后清查库存，如若销售量超过了 10 件，可对价格进行适当的上调，反之则要下调价格。这样每天都重复这一步骤，调整价格，然后在最后一天制定一个价格，以保证所有存货都能够销售一空。

如果企业拥有成熟的技术，完全可以每小时调整一次价格，从而使产品的价格无限接近最优状态。用最优的价格销售产品能够在保证销售量不变的前提下使销售利润达到最高水平。那么怎样才能得出最优价格呢？这就要求助于商品需求曲线，而所谓的商品需求曲线是根据商品的不同价格对应不同的销量所估算出来的。一旦企业凭借长期的积累制定出了符合实际情况的需求曲线，那么最优价格的问题也就迎刃而解了。

**动态定价法的技术前提**

企业若想利用动态定价法，希望能用最优的价格销售产品，那么首先需要解决三大技术难题：

第一，快速收集数据的技术。企业采用最优的动态定价法需要大量实时的数据，不仅要有企业所有商品的价格和销售量的实时数据，还必须要有诸多外部因素的数据，比如竞争对手的价格、天气状况等，因为这些因素都会影响到企业的销售量。

第二，计算最优价格的技术。企业每种商品的最优价格既要能满足在产品生命周期之内获得最大收益的条件，又要能照顾到库存、需求等方面。毫无疑问，这将是一项非常繁杂的工程。因此，功能强大的计算软件以及管理此系统的专家组是必不可少的。

第三，快速传递信息的技术。计算出最优的价格以后，只有将其快速传递到市场上去，让消费者能够了解，动态定价法才能实现预想的效果。

## 二、美洲航空公司开创最优动态定价法

美洲航空公司是现在世界上最大的航空公司，早在 20 世纪 80 年代初期，它便首先使用了最优动态定价法。从某种程度上来说，这也为其确立如今的市场地位起到了一定的作用。而今动态定价法早已在航空业以及服务业中被广泛应用。

20 世纪 80 年代初，美国航空业的竞争异常激烈，飞机经常不能满员。为了充分利用空余的座位，美洲航空公司考虑低价出售这部分座位的机票，于是便有了"浮动票价"的想法。为此，美洲航空公司成立了一支由 400 余名管理学家组成的队伍，负责开发和控制一套管理公司运营的信息系统。这套系统的最大特色就在于建立了一套动态定价系统，这个动态定价系统的作用从表面上看是频繁地变动机票的价格，而实际上却真实地反映了需求和供给的状况。在需求旺盛的时段而供给不足的时候，机票的价格会自然上涨；反之，在供过于求的情况下，会及时推出低价票，以吸引消费者，理想的状况是每一个座位都能够实现最大的边际效应。这种定价系统的投入应用取得了良好的经济效果，美洲航空公司的竞争对手们不得不纷纷效仿，这样一来，原来几家服务高级但空运率低的航空公司最终只能无奈地关门大吉。

这种定价方法的推广和运用，使企业最大限度地获得了利润；对于消费者来说，这种定价方法比死板的价格固定的定价方法更加公平。这似乎对当事双方都有利，但总有人感到不满。比如一位艺术家就曾列举了动态定价法的三大"罪状"：其一，飞机上再也没有空余的座位了，这使他每次出门乘飞机时都被困在一个小小的位子上；其二，机票的价格不固定，乘客通常只有到了售票员递出机票的时候才知道自己究竟应该付出多少钱；其三，这种定价方法"谋杀"了几家高质服务的航空公司。瞧，你不可能让所有人满意，但是这有什么关系呢？如今这一定价方法正被越来越普遍地运用，这已经证明了它的成功。

**方法实施要点**

对付采用最优动态定价法的对手，企业可采用防御的策略，具体方法主要有两个，即政府定价和产品差异化。政府定价即政府强行规定商品的价格，这样一来，对手的动态定价法就无从实施。然而政府定价只能施加于某些领域，对于这些领域之外的行业，企业只能考虑采用产品差异化的策略了，即通过差异化的手段，努力提高产品的附加价值，使消费者难以从价格的角度对商品进行评判。如果政府定价和产品差异化都不能够有效地抑制竞争对手，那么企业所能采取的策略就只能是退出市场或者效仿了。

# 价格调整策略

企业应随着市场环境的变化，对产品的价格进行适当的调整。

企业进行产品价格调整，必须首先考虑消费者的反应。只有顺应消费者需求的价格调整，才能取得良好的市场效果。

## 一、价格调整，营销竞争的重要手段

企业对产品的价格进行调整，出于各种各样的目的，可能是产品生命周期中企业目标发生变化的结果，可能是对竞争对手价格变动的反应，也可能是为了创造不同的顾客价格区隔，或者只是企业为了在短期内进行价格促销。

在营销组合的所有决策行为中，价格调整策略最有可能遭到竞争对手的激烈回应。一般来说，企业都十分关注竞争对手的价格，尤其是在总需求价格无弹性的成熟市场上。此外，企业常常还会因为顾客的差异和市场形势的变化来调整他们的基础价格。

企业对产品的定价从来都不能是一劳永逸的。随着市场营销环境的风起云涌，企业必须对现行的价格予以适当的调整。调整产品价格的动力可能来源于企业内部，也可能来源于企业外部。倘若企业依据自身的产品或者成本优势，率先对价格进行调整，把价格调整当做一种市场竞争的利器，这就称为主动调整价格；倘若企业对产品价格的调整只是为了回应竞争对手的价格调整策略，则属被动调整价格行为。然而，无论是主动调整价格还是被动调整价格，其外在的形式都无外乎提价策略与降价策略两种。

### 1. 提价策略

毫无疑问，提高产品的售价会增加单位产品的利润率，但同时它也会造成许多负面的影响，如消费者的不满、同行的指责、经销商的抱怨，甚至是政府的干预，势必会降低产品的市场竞争力。即便如此，现实的市场中还是存在许多提价现象。那么企业采取提价策略的原因到底是什么呢？归纳起来，主要有以下几点：

（1）应付产品成本增加，降低成本压力。这是企业采取提价策略的主要原因。产品成本的增加可能是由原材料价格的上涨、生产及管理费用的提高等原因所引起的。企业为了维持原先的利润率，只能提高产品的售价。

（2）为了转移通货膨胀的压力，减少企业损失。在通货膨胀的条件下，企业若维持产品的原价，其利润率实际上是在不断减少的。为减少损失，企业只能采取提价策略，将通货膨胀的压力转嫁到中间商和消费者身上。

（3）利用消费者心理，创造优质效应。消费者通常都有"价高质优"的心理定势。企业可以利用消费者的这一心理特征，通过涨价营造名牌形象。对于那些贵重商品、革新产品以及规模受限制产量有限的产品，优质效应表现得尤为明显。

（4）产品供不应求，遏制过度消费。当某种产品处于供不应求的情况下，企业可以通过提价策略来获得高额利润，在遏制过度消费、缓解市场压力的同时，为扩大生产积累资金。

企业在采用提价策略时，应尽可能多地采用间接提价，从而把提价的负面影响降到最低程度，最好使提价不影响销售量，并能被潜在的消费者所接受和认可。同时，企业应通过各种渠道向顾客解释提价的原因，并配合各种营销活动，帮助顾客寻找节约的途径，以减少消费者的不满，维护企业形象。

2. 降价策略

企业采取降价策略的原因，主要有以下几点：

（1）通过降价来开拓新市场。一些潜在的消费者由于其自身消费水平的限制，无法成为某种产品的现实购买者。为了发掘这部分消费者，在不影响原顾客的前提下，企业可采用降价的策略。为了保证降价的成功，企业还应以产品改进策略相配合。

（2）生产能力过剩，产品供过于求。如果企业无法通过产品改进、加强促销等手段来扭转这一情况，就必须考虑采取降价的策略来扩大销售量。

（3）成本降低，使降价成为可能。先进技术的引进以及企业管理水平的提高，使单位产品成本下降。这种情况下，企业就具备了降低售价的条件。

（4）与中间商建立良好关系。中间商以较低的价格购进产品，不仅可以减少自身的资金占用，还为产品的大量销售提供了一定的条件。因此，企业降价有利于同中间商建立良好的关系。

（5）政治、法律环境以及经济形势的变化，要求企业必须降价。政府为了平抑物价、保护需求、鼓励消费、遏制垄断利润，通过政策和法令来迫使企业对产品进行降价；在通货紧缩的经济形势下，或者在市场疲软、经济萧条的时期，产品的价格也应随之下降。

企业采取降价策略最直截了当的方式就是将产品的目录价格和标价绝对下调，但这种降价方式并不多见。企业更多的是采取各种折扣的形式来降低价格，比如赠送样品和优惠券、有奖销售、给中间商提取推销奖金、分期付款、送货上门、提高产品质量、改进产品性能、增加产品用途等。

## 二、西南航空公司的低价策略

20 世纪 90 年代，美国经济陷入到衰退期，这也极大地影响到了航空业的发展。1991、1992 两年之内，美国航空业的累计亏损总额就达到了惊人的 180 亿美元。其中，曾经不可一世的 TWA、大陆、西北 3 家航空公司更是因为经营不善而不得不宣告破产。然而，就是在这一浓重的萧瑟气氛中，名不见经传的西南航空公司却在 1992 年取得了营业收入增长 25％的佳绩。西南航空公司的成功令人侧目，而这一切都源于其采用的低价策略。

"二战"之后，美国步入了经济发展的快车道。1962 年，美国国民的人均收入达到了 2579 美元。生活水平的提高，使人们对交通工具有了更高的要求。而飞机以其快速、舒适的特点受到了人们的广泛青睐，航空业也因此获得了高速发展。

20 世纪 60 年代中期，美国国内开辟了 7 条定期航线，但当时的大型航空公司却不屑于开展国内短途业务，把目光都集中于利润更高的跨洋长途业务。而美国广阔的疆域以及国内短途商务旅行的日益频繁却使得短途运输也成为了有利可图的市场机会。西南航空公司的创始人敏锐地发现了这一市场机会，开始在大公司的夹缝中求生存。

20 世纪 70 年代，西南航空公司把资源、精力集中于德克萨斯州的短途航班上，采取低价策略以争取更多的乘客，很快便在德克萨斯州的航空市场上占据了主导地位。西南航空公司的成绩引起大型航空公司们的注意，它们对西南航空公司进行了激烈的反击，期望把这一个巨人丛中的矮子一举从市场上消灭。然而，它们的如意算盘打错了。在西南航空公司的低价策略面前，它们的业务没有丝毫的竞争力。如西南航空公司在休斯敦至达拉斯航线上的单程票价是 57 美元，而其他航空公司的票价平均为 79 美元。要知道，在使用价值相差无几的情况下，商品的价格是吸引消费者的决定因素，而这正是西南航空公司在 80 年代获得大发展的原因所在。

当然，西南航空公司的低价策略绝不是在无视运营成本的基础上作出的。如果是那样的话，它不可能维持那么长时间，而且还有可能受到法院的调查。事实上，西南航空公司能够采取低价策略，正是建立在降低运营成本的前提下的。比如，在20世纪80年代，西南航空公司每英里运营成本不足10美分，而美国航空业的平均水平为15美元。西南航空公司是如何做到这一点的呢？

事实上，西南航空公司自从选择了这一细分市场之后，就意识到了低价格策略是打赢这场战争的关键所在。为此，西南航空公司采取了多种措施以降低运营成本：首先，在机型的选择上，公司选用了更加节省燃油的波音737型。这不仅节约了油钱，而且使公司在人员培训、维修、保养、零部件采购等方面只执行一个标准，能够节省培训费和维修费。其次，由于员工的努力，西南航空公司创造了世界航空界最短的航班轮转时间。一般航空公司需要1个小时才能完成航班轮转，而西南航空公司只需15分钟。此外，西南航空公司针对短途运输的特点，在顾客服务上，只为顾客提供花生和饮料，而不提供用餐服务等。

## 方法实施要点

主动调价的企业应充分考虑主要竞争对手会做出的反应。虽然全面而透彻地了解竞争对手对价格调整将会做出的反应几乎是不可能的，但倘若企业不在此作出努力，将无法保证价格调整策略的成功实施，至少将不会取得预期的效果。

如果企业的所有竞争者都有着大体相同的行为特征，企业可针对一个典型的竞争对手进行分析就可以了；倘若企业的竞争对手们在企业规模、市场份额、经营风格等方面有着明显的差异，企业则必须对每种类型的竞争对手都作详细的分析。企业在对竞争对手进行分析时，关键是要弄清楚竞争对手的营销目的是什么。如果竞争对手的营销目的是实现企业长期的最大利润，那么它往往不会对本企业的调价策略做出针锋相对的反应，而会在其他方面作出努力，如加强宣传、提高产品质量和服务水平等；倘若竞争对手的营销目标是提高市场占有率，那么它就会对本企业的价格调整战略做出针锋相对的回应。

总而言之，企业在具体实践中应多搜集竞争对手的情报，模仿竞争对手的立场、观点、方法思考问题。然后，在对竞争对手细致分析的基础上确定价格调整的幅度和时机。

# 促销组合策略制定法

营销的成功不仅要有一流的产品、合理的价格、畅通的销售渠道，一流的促销同样必不可少。促销策划已然成为现代营销的关键。

促销可以帮助一个企业区别其产品、说服其购买者，并把更多的信息引入购买决策过程中。

## 一、促销组合策略，营销成功与否的关键之一

现代企业仅拥有一流的产品、具有竞争力的价格和畅通的销售渠道还是不足以创造辉煌成绩的，促销策划已成为现代营销的关键。

### 促销活动的 4 种形式

促销活动包括广告、公共关系、人员促销和销售促进 4 种类型。在研究 4 种类型的优化组合之前，我们有必要先来简单地了解这 4 种促销形式的定义。

（1）广告。指法人、公民或者其他经济组织为推销商品、服务或者观念，通过各种媒介形式向公众发布的有关信息。大众传播媒介刊播的经济信息和各种服务信息，凡收取费用或者报酬的，均被视为广告。

（2）公共关系。著名公共关系专家格鲁尼各教授给公共关系下的定义为：公共关系是一个组织与相关公众之间的传播管理。

（3）人员促销。即营销人员以促成销售为目的，通过与客户的口头沟通来说服和帮助顾客购买产品或服务的过程。

（4）销售促进。美国市场营销学会对销售促进的定位为：除人员促销、广告和公共关系之外的用以增进消费者购买和交易效益的那些促销活动，如陈列、展览会、规则的非周期性发生的销售努力。

这 4 种类型各有优缺点，如广告促销具有公开性、普遍性和表现力，但其成本较高，且只能单向沟通；公共关系促销具有可信性、戏剧性和覆盖面广的优点，但见效慢；人员促销具有针对性、人情味、说服力也较强，但其接触的范围有限，且成本高昂；销售促进避免了见效慢的缺点，且具有刺激性，但遗憾的是其作用通常较为短暂。

### 促销组合策略的类型

通过上文叙述，我们知道，无论哪种形式的促销活动都不是尽善尽美的，如果仅开展一种形式的促销活动，势必不能达到预期的促销效果。也正因为

如此，现实中很少有单独开展某一类型的营销活动的情形，而通常是运用促销组合，把广告、公共关系、人员促销和销售促进有机结合起来，以期实现更好的整体效果。这种促销组合通常有两种类型：一种是单一促销，一种是整体促销。

单一促销，是指对 4 种类型的促销策略分别进行策划，使每一类型促销策略的实施都具有相对的完整性和独立性，能够充分发挥各促销策略的特点和优势。当然，这里的单一促销并不是绝对的单一促销，否则也不能被称为促销组合了。各促销策略在实施时，也应在一定程度上考虑与其他促销策略的配合。单一促销策略是整体促销策划的基础。我们可以将整体策划看作是一台机器，而每一种促销策略都是这台机器的重要组成部分，每一种促销策略的实施质量都会影响整个促销策划的质量。

整体促销，是指对广告促销、公共关系促销、销售促进和人员促销进行优化配合，以实现最优的促销效果。这些配合包括：主次配合、主题配合、创意配合、进程配合、媒介配合、内容配合、目标配合等。总之，要将促销策略在战略、策略等各个方面进行有机结合，切忌各自为战、相互割裂。

## 二、法国白兰地开发美国市场

长期以来，进入美国市场，一直是法国白兰地生产厂家的一个心愿。白兰地名声在外，按理说这个心愿不应难以实现，然而事实却并非如此。美国在 20 世纪 20 年代颁布禁酒法令，把白兰地拒之国门之外。禁酒法令取消以后，第二次世界大战的烽火却已开始在欧洲蔓延，白兰地进军美国市场的雄心壮志被烧成灰烬。第二次世界大战以后，白兰地见时机已经成熟，重新鼓足勇气，决定开拓美国市场。为此，市场策划人员立即着手分析市场形势：虽说美国是世界上最大的市场，但其竞争同样最为激烈。白兰地想在这片新大陆上一炮而红，常规方法似乎指望不上，唯有出奇，方能引起轰动。在这一思路的指导下，策划人员制定了令人拍案的促销方案。

当时，美国总统艾森豪威尔的 67 岁寿诞在即，策划人员自然而然地将这一事件作为了整个促销方案的突破口。在艾森豪威尔总统寿诞的前一个月，白兰地生产商便通过《美国之音》、《时代周刊》等权威媒体向美国人民散布消息：为了表达法国人民对美国人民的情谊，为了向艾森豪威尔总统表达敬意，法国将选赠两桶极为珍贵的、窖藏达 67 年之久的白兰地酒做寿诞贺礼。这两桶酒将用专机送往美国，为此，白兰地公司还付出了巨额的保险费，而且装有白兰地酒的酒桶也是法国艺术家的精心之作。

这个消息在美国民众中引起了轰动。人们对此议论纷纷，对那两桶珍贵的白兰地更是翘首以盼。以至于在艾森豪威尔总统寿辰当天，为了观看赠酒仪式的盛况转播，华盛顿居然出现了万人空巷的场面。与此同时，关于白兰地酒的各种新闻报道、专题特写、新闻照片等也都挤满了各大报纸的版面。

就在美国民众津津乐道于赠酒事件的时候，白兰地针对美国市场的独特包装的产品也悄然摆上了各大零售网点的柜台，促销员开始繁忙地应对热情的美国顾客的各种各样的问题。为鼓励美国顾客购买，每一位购买者还将收到来自法国的特殊的礼品。一时间，白兰地成为了美国最炙手可热的酒类。

就这样，法国名酒白兰地昂首踏上了美国人的餐桌，延续了半个世纪的美国梦终于成真。

## 方法实施要点

企业在进行促销形式以及促销组合策略的选择时，通常会受到以下几种因素的影响：

（1）产品因素。首先，从产品类型来看，产品具有技术性强、价格高、批量大、风险大等特点，顾客在购买时通常需要经过研究、审批等手续。针对这类产品的促销组合策略应以人员促销为主，配合公共关系和销售促进，广告相对少用。其次，从产品价格来看，高价格的产品由于使用风险大，应以公共关系和人员促销为主，而低价格的产品应以广告和销售促进为主。此外，在产品生命周期的不同阶段，也应采取不同的促销组合策略。

（2）市场因素。市场因素有许多种，其中对促销组合策略影响最大的有这样几种：其一，市场规模与集中性。对于市场规模小且相对集中的市场，应以人员促销为主；对于规模大且比较分散的市场而言，应多采用广告、公共关系和销售促进。其二，购买者的类型。对组织购买者，应以人员促销为主，以公共关系和广告为辅；对个人或家庭消费者，应以广告和公共关系为主，辅之以销售促进；对中间商，应以人员促销为主，配合使用销售促进。其三，消费者的购买决策阶段。消费者的购买决策有知晓、了解、喜爱、信任、购买5个阶段。在知晓阶段，应以广告和公共关系为主；在了解阶段，主要选择广告、公共关系和人员促销；在信任阶段，重点使用人员促销；在购买阶段，主要采用人员促销和销售促进。此外，企业还应注意竞争对手的促销攻势，分析彼此的实力，选择采用针锋相对抑或是避其锋芒的促销组合。

（3）时机因素。任何商品都有销售时机，即在特殊的季节或者特殊的日期更易引起人们的重视。在销售时机内，企业应努力掀起促销热潮，促销组合策略应以广告和销售促进为主；而在其他的时间，即非销售时机里，则应以公共关系和人员促销为主。

（4）渠道因素。企业若以中间商为主进行产品的分销，则应以广告和公共关系为主，为中间商营造良好的销售环境，并辅之以中间商促进，提高中间商的积极性；若以直销等非流通渠道的销售方式为主，则应以公共关系、人员促销、销售促进为重点。

# 广告促销策略

广告是传播商品信息的主要工具，也是消费者作出购买决策的重要依据。广告是企业竞争的主要手段之一。

## 一、让消费者无处可逃

毫不夸张地说，我们生活在一个广告的海洋里，广告无处不在，报纸上、电视里、收音机里、墙上、路上……简直无孔不入。但是什么是广告呢？"现代广告之父"阿伯特·莱斯克曾将其定义为"印在纸上的推销术"，这个定义显然只适用于现代化媒体出现之前的时代。我们可以这样来理解广告：它是一种沟通的手段，是一种以人们的注意和信任为预期回报的投资。

### 广告的作用

对于广告的作用，我们可以从市场、企业和消费者3个层面来进行分析。

（1）从市场层面来看，广告是传播商品信息的主要工具。市场是买卖双方相互联系、相互作用的总表现。而买卖双方的沟通需要依靠商品流通来实现，商品流通由商品交易流通、商品货物流通和商品信息流通三部分构成。其中商品信息流通便主要靠广告信息渠道来传播。

（2）从企业层面来看，广告是企业竞争的主要手段之一。这一点我们可以从企业庞大的广告费用支出上看出端倪。如今"没有广告就没有市场，没有广告就没有名牌"的观念早已深入人心。广告还能够对产品进行恰当的定位，从而为自己争取一定的市场份额。例如七喜汽水在面世之初，面临可口可乐和百事可乐两大超级竞争对手，为在夹缝中求得生存，打出了"七喜——非可乐"的广告，起到了标新立异的作用，为自己"创造"了一个新的市场。结果当年七喜汽水的销售量就提高了10%。此外，广告还能起到宣传企业文化的作用。比如在当今市场上，许多中国产品在广告中炫耀自己的洋出身或者洋伙伴，而四川长虹却打出了"以产业报国、民族昌盛为己任"的广告语，给人以深刻的印象。

（3）从消费者的角度来看，通过广告，消费者能够了解自己所需要产品的信息，为自己作出购买决策提供依据。

**广告的定位**

所谓广告的定位，即寻找并宣传商品中有别于竞争对手的特点，在消费者的心中树立该商品的独特形象。广告定位包括：

（1）广告目标定位。广告目标就是指在特定的时期内对特定的观众所完成的特定的传播任务。广告目标的定位要与产品的定位保持一致。比如福特公司对其一款产品的定位是"静悄悄的福特"，于是整个广告活动便围绕"静悄悄"做文章，宣传福特汽车安静舒适、没有噪音干扰的特点。

（2）广告对象定位。广告的发布和传播要考虑到广告的受众，必须使目标受众能够全面地接触到广告。

（3）广告区域的定位。广告区域包括地方性、区域性、全国性以及国际性等类别。不同的类别适用不同的广告覆盖方法，如全面覆盖、渐进覆盖和轮番覆盖等。

（4）广告概念定位。所谓广告概念，特指广告所强调的商品特性、信息传递方法、技巧和具体步骤等。

（5）广告媒体定位。广告媒体的选择要适合商品的特性，要与目标受众的接受偏好相一致。

## 二、万宝路香烟广告

在香烟的王国里，品牌多如牛毛，但万宝路无疑是其中最响亮的名字。即便是在控烟浪潮汹涌澎湃的今天，万宝路依然能够在世界最著名品牌的排行榜中名列前茅。试问：万宝路何以塑造如此响当当的品牌？答案就是广告的威力无限。

万宝路香烟出自于世界最大的烟草企业菲利普·莫里斯公司。20世纪20年代，由于一战的冲击，许多青年深感受伤，唯有借助于爵士乐与香烟来驱散这种创伤。时髦女郎们更是及时行乐主义的推波助澜者，她们享受醉生梦死的感觉。在这一背景下，女性烟民的数量激增。为此，莫里斯公司将万宝路香烟定位为女性香烟，并将广告语定为"温和如五月"。然而事实证明，这一定位并不高明，从20世纪20年代一直到20世纪50年代，万宝路始终默默无闻。随着女性烟民的锐减，令男性烟民望而却步的万宝路香烟面临越来越严峻的危机，亟待转型。

这时，一代广告大师李奥·贝纳受托为万宝路做广告策划，他认为万宝路品牌应洗尽铅华，塑造一个男子汉的形象，因此重塑品牌的首要任务就是选择一个具有男子汉气概的形象代言人。起初，李奥·贝纳曾考虑过登山者、马车夫、潜水员、伐木人等形象，最终还是锁定了目光深邃、皮肤粗糙、粗犷豪放的西部牛仔。1954 年，万宝路的西部牛仔广告形象面世：牛仔袖管高高卷起，袒露多毛的手臂，指间夹着一支烟雾缭绕的万宝路香烟，胯下骑着高头大马，驰骋在辽阔的美国西部大草原上。广告大获成功，次年便使万宝路跻身全美十大香烟品牌。从此以后，万宝路香烟的销量一路猛蹿，1975 年摘下美国卷烟销量的桂冠，20 世纪 80 年代中期更是成为了全球烟草行业的领导品牌。

1987 年，美国的《福布斯》杂志曾对 1546 个万宝路香烟的忠实用户进行了调查，结果显示：万宝路香烟之所以令如此多的烟民着迷，并不是因为它与其他品牌香烟之间微乎其微的产品上的差异，而在于其广告中所蕴含的男子汉气概令人难以抗拒。叼起万宝路香烟，把自己想象成坚毅的西部牛仔，这让烟民们拥有美妙的满足感和优越感。

## 方法实施要点

广告流程中的广告策划可分为以下 6 个步骤：

1. 商品市场选择

在正式策划广告之前，广告主首先要了解企业的整个市场运营计划以及消费者市场的调查情况，据此来确定广告的定位。这一阶段包括 3 个主要因素：一是市场分析，了解消费者的需求，以此来制定广告目标，防止销售政策错误，避免时间和金钱的浪费；二是消费者调查分析，目的在于了解消费市场的增长空间，分析是否能够创造新的消费需求、是否有新的销售机会；三是确定市场目标，在分析企业的生产能力、销售能力和资金能力的基础上，确定广告是以全部消费者为对象，还是以特定阶层、特定地区的消费者为对象。

2. 产品分析

处于不同生命周期阶段的产品，通常对应着不同类型的消费者。比如产品导入期的消费者通常属于高阶层，或者是对新产品、流行产品具有购买欲望的人；而产品衰退期的购买者常具有保守、消极的特点。因此，在产品的不同生命周期阶段，应采取不同的广告策略。

3. 成本与预算的估计

常用的广告费用确定方法有这样 4 种：①百分率法。即将一定期间内的销售额或者盈余额的一定比率作为广告费用。②销售单位法。即确定每一单位产品的广告费再乘以销售数量，得出总的广告费用。比如，一件上衣的广告费用定为 5 元，一年共销售出这种上衣 10 万件，那么该上衣的年广告费就为 5×10 万＝50 万元。③邮购法。即根据因广告而增加的询问和订货的人数确定广告的效果，然后找出广告费与广告效果之间的合理关系，以归纳的方式算出广告费用。④目的完成法。先确定一个营销目标，然后考虑完成这一目标所必需的广告活动和范围，算出广告费用。

4. 广告媒体的选择

广告媒体的选择通常取决于以下 3 个因素：

（1）市场因素。消费者总是依靠个人的品位来选择适合的媒体。一般来说，教育程度较高的人会较多地接触印刷媒体，而教育程度低的人则偏重于电波媒体。因此，企业应根据目标顾客的特点选择合适的媒体。不同特性的商品也适用不同的媒体，比如个人用品和工业用品广告的媒体策略完全不同，因此企业还应按照商品特性来考虑媒体。此外，商品的销售范围也是一个重要的因素。如果商品仅在特定区域销售，企业便应选择针对该区域的媒体，以免造成无效的传播。

（2）媒体方面的因素。企业应考虑媒体量的价值，如报纸的发行量、电视的收视率、广播的收听率等，以确定广告传播的效果；同时，还应考虑媒体的接触层次，分析其类型，看其是否与产品的消费者类型相符。除此之外，媒体的成本费用也是企业所应重点考虑的。

（3）广告主方面的因素。广告主方面的因素包括广告主销售方法的特征、广告主的促销战略、广告主的经济能力和广告预算的分配等。

5. 消费者分析

消费者是广告的诉求对象，是广告效果的决定因素。对消费者的分析应从消费者动机、消费者购买行为模式、消费者态度以及消费者行为受社会环境影响因素等 4 个方面来着手。

6. 广告的企划

对上述 5 个方面进行细致的分析以后，便可着手进行广告的企划与制作。


# 销售促进策略


销售促进通过各种短期诱因刺激消费者直接购买本品牌的产品，是决胜售点的"临门一脚"。

销售促进可带来短期的销售刺激和市场效果。

## 一、商家决胜售点的"临门一脚"

销售促进是指企业利用各种各样的短期诱因，鼓励消费者购买企业的产品或者服务的促销活动。它常以广告、心理诱惑、鼓动消费者信心来达到短期内提升销售量的目的。

销售促进的类型

促销的诉求对象有 3 种，即消费者、分销渠道和内部员工。这 3 种对象便对应了 3 种销售促进的类型：

（1）面对消费者的销售促进。对消费者进行消费促进主要是为了达到下面一种或者几种目标：①吸引普通消费者加入购买顾客群；②从竞争对手那里争取顾客；③提高现有顾客的购买数量与购买频次；④培养消费者的消费习惯；⑤配合广告活动，提高品牌形象。

（2）面对分销渠道的销售促进。它包括对中间商的销售促进和对零售商的销售促进，目的在于：①促进新产品的销售；②拓宽、深化销售渠道，提高商品的市场占有率；③加强与中间商的联系或者调整双方的关系。

（3）面对企业内部的销售促进。针对企业促销员的销售促进，这样做的好处是：①培养相互竞争的氛围，增强员工的工作积极性；②提升产品的销售业绩，获得更多的促销收益；③提高内部员工的素质，树立企业的良好形象。

销售促进的工具

使用合适的工具，可以使销售促进工作事半功倍。按照销售促进对象的不同可将工具分为以下两类：

1. 针对中间商的销售促进工具

中间商是产品销售通路中的一个重要环节，是企业将产品推向消费者的重要平台。针对他们的销售促进工具有：

（1）合作广告。即由企业出钱，通过合作或者协助的方式与中间商合做广告，一般是通过企业向经销商提供设备来进行各种宣传活动。比如，宝洁公司就经常为经销商提供大电视、音响、投影仪等设备用于产品的销售促进活动。

（2）中间商销售竞赛。企业采用一定的激励手段，鼓励中间商在规定的期限内完成更多的销售额。这样做不仅可以刺激经销商加大进货和分销的力度，还能够加强与中间商的联系。

（3）中间商的培训与教育。企业推出新产品或者改进产品型号、功能时，就有必要对经销商进行培训，进行产品教育，以利于产品的销售和维护。

（4）商业折扣。为促进中间商对产品的购买，企业可在特定的期限给予中间商一定的特价折扣。

（5）企业刊物的发行。企业可定期对中间商发行内部刊物，借此传递企业信息，使经销商了解企业的经营理念、产品动态和经营状况，并保持和加强与经销商的联系。

（6）业务会议。即企业定期举办订货会、产品上市发布会、技术交流会、产品展销会等，并邀请中间商参加，借此传递产品信息，加强双向沟通。

2. 针对消费者的销售促进工具

消费者是产品的最终使用对象，是企业的"衣食父母"。企业一切销售促进活动的根本目的就是促进消费者的购买。针对消费者的销售促进工具有以下几种：

（1）免费样品派送。当企业有新产品或者改良产品推向市场时，为鼓励消费者试用，提高产品的知名度和美誉度，企业可采用这种方法，从而迅速提高产品的市场覆盖率。

（2）优惠促销。企业通过采取各种形式的活动给予消费者优惠，从而引起消费者的购买欲望。优惠促销主要包括：有奖促销、优惠券促销、退费优惠、集点优惠和会员制促销等5种形式。

（3）赠品促销。以免费的诱因来拉近品牌与消费者之间的距离。赠品促销有付费赠品促销和免费赠品促销两种类型。

（4）消费者价格优惠。在商品原价的基础上打折销售，这是一种非常普遍的销售促进工具，是企业开拓市场、获得合理利润的有效手段。

## 二、可口可乐的销售促进策略

可口可乐对销售促进活动非常重视，认为广告为消费者提供了购买的理由，而销售促进活动为消费者提供了购买的刺激。它将销售促进活动看作是提高产品的市场占有率和行业渗透的重要手段。

1. 针对消费者的销售促进

面对消费者的销售促进活动，目的在于诱导和促使消费者直接购买本品牌产品，是决胜售点的"临门一脚"。可口可乐的面对消费者的销售促进方法主要有以下几种：

（1）免费品尝。在新产品上市或者产品进入一个新的市场时，免费品尝可以给消费者提供试用产品的时间，有利于提高产品的知名度和美誉度，缩短新产品进入市场的机会。例如，可口可乐的"醒目"系列产品初登陆某市时，在各大商场、超市等人流量大的地方开展免费品尝活动，迅速在消费者心中建立起了鲜明的品牌形象，产生了良好的市场效果。

（2）特价销售。特价销售常在产品销售旺季或者某一特定日期里运用。如2002年春节，可口可乐通过超市渠道在某市开展了"限时限量特价销售"活动，即从超市人流量最大的购买高峰时间开始，每天限定2个小时的活动时间，针对PET1.5升和2.25升的系列产品展开特价销售活动，取得了良好的促销效果。

（3）加量不加价。即产品的售价不变，而容量却有所增加，这实际上也是一种优惠销售活动。如可口可乐将1.25升和2升PET包装容量的产品分别增加到1.5升和2.5升，而产品的售价却没有改变。

（4）联合销售促进。即与其他生产厂商或产品的经销商合作，共同进行广告及推广产品的行为。如可口可乐曾与方正电脑合作，共同推出"可口可乐—方正电脑动感互联你我他"的大型联合销售促进活动。在这次活动中，消费者只要购买可口可乐的产品就有机会赢取方正电脑。两大品牌的合作不仅降低了各自的销售促进成本，还产生了$1+1>2$的倍增效应。此外，可口可乐还曾与多家大型超市联合举办销售促进活动，同样取得了良好的效果。

2. 针对经销商的销售促进

即可口可乐针对其分销组织的销售促进活动，主要包括针对批发商和零售商的销售促进活动，其目的在于鼓励经销商更多地进货或者开展某种特别的销售活动。可口可乐针对经销商的销售促进活动，主要采取价格优惠与折扣的方式，在特定的情况下还会给予经销商短期赊销的支持。此外，可口可乐经常举办销售及生动化竞赛、免费旅游、季度抽奖等活动，以提高经销商的积极性。

## 方法实施要点

一般来说，销售促进策略的步骤包括明确目标、选择工具、制订方案、预试方案、实施和控制方案以及效果评估等。

（1）明确销售促进的目标。从根本上说，销售促进目标是由企业的基本市场营销目标衍生出来的。从这个角度讲，销售促进目标也应因目标市场的不同而有所差异。

（2）选择销售促进工具。促销工具有很多种，不同的销售促进工具可以用来实现不同的目标，企业甚至还可按照实际的需要开发新的促销工具。总而言之，企业在选择销售促进工具时应综合考虑市场类型、销售促进目标、竞争情况以及每一种销售促进工具的成本效益等因素。

（3）制定销售促进方案。选择促销工具之后，并不意味着企业马上便可付诸实施，实际上企业还需作出一些附加的决策以制定和阐明一个完整的销售促进方案。这些附加的决策包括诱因的大小、参与者的条件、促销媒体的分配、促销时间的长短、促销时机的选择、促销总预算等。

（4）销售促进方案的预试。即便是销售促进方案的制定具有良好的经验基础，但为保险起见，仍应利用测试来确认所选用的工具是否恰当、实施途径的效率是否令人满意。面对消费者的销售促进方案最易于进行测试，邀请若干消费者对不同的优惠方法进行评价和评分，或者在有限的区域内进行试用性测试，都可以收到比较好的测试效果。

（5）实施和控制销售促进方案。在分析测试结果的基础上改进销售促进方案，并制订方案实施的计划。计划的内容包括：开始的计划工作、材料的邮寄和分送、广告的准备工作、销售现场的陈列、推销人员的选拔、预期存货的生产、分销商配额、销售促进活动的时间安排等。同时，还要制定一个销售促进控制方案，以应对可能发生的意外情况，确保整个销售促进活动的圆满实施。

（6）销售促进结果的评价。销售促进结果的评价方法有很多种，评价的程序也因市场的不同而有所差异。通常企业可以通过产品市场占有率的变动情况、销售绩效的变动情况来评价销售促进的效果。

# 下篇

## 世界上最伟大的营销书

# 一 《销售圣经》

## ◎简介

杰弗里·吉特莫，当之无愧的销售天才，积极乐观且幽默的性格魅力与其 30 年来在销售领域的亲身经历，使得他成为一个智慧而富有人气的销售艺术大师。

尽管杰弗里·吉特莫强调销售是一门严谨的科学而不是艺术，但他所极力宣扬的诚恳笃实的销售态度、机智灵活的应变方式、巧夺天工的语言技巧，无一不堪称销售世界的经典艺术。

1992 年，身为普利策奖得主和报纸出版人的马克·埃思里奇决定：支持他的好友杰弗里·吉特莫在《夏洛特商报》上开设栏目《销售方略》，让他将自己新颖而有效的销售理论通过栏目进行推广。自此，杰弗里·吉特莫在销售领域声名鹊起。《销售方略》专栏很快就被推广到达拉斯、亚特兰大、普林斯顿等著名商业城市，在规模宏大的销售队伍中掀起了争相学习的狂潮。

随着进一步的实践和总结，杰弗里·吉特莫在销售领域的造诣越加完备和深厚。他非凡的销售能力，使得可口可乐、西门子、希尔顿、先达等蜚声世界的国际公司也经常邀请他主持销售会议和演讲，对公司的员工进行有创意的项目培训。他所主持的专栏《销售方略》也在美国和欧洲的 85 家商业报纸同步登载，每周的读者达到 350 多万人。

依据自己 30 多年来在销售和销售咨询两方面积累的实践经验，杰弗里·吉特莫从 1993 年 8 月开始昼夜奋战，策划出书。在几位朋友的帮助下，他在北卡罗莱纳的海滨山区和南卡罗莱纳的希尔顿海德岛各苦战一个星期，花了 700 多个小时完成这本营销学巨著——《销售圣经》。

这是一套全新的销售理论，它将指给你一条通向理想目标的正确路径，教会你如何拥有独特的创意、奇妙的思想和高超的技巧，使你免于碰壁，让你的销售能力迅速提高，赢得顾客的忠诚。

《销售圣经》诞生已经进入第二个 10 年，但它始终是每个销售人员必备的宝典，也是销售人员最应该拥有的书籍之一。精彩的案例分析、幽默的工作方式、细微的情景处理不断地影响和改变着管理、销售人员的职业观念，为千百万销售人员提高业绩立下了汗马功劳。

## ◎核心内容

### 1. 规则、秘密、乐趣
规则记

有一句古话叫做"一失足成千古恨"，这充分说明失败从开始就埋下了一粒恶劣的种子。同理可知，成功也是一样的。没有一个远离失败的开端，就必然不能有一个理想的结果。

如果你想成为销售行业中成功的典范，如果你想让自己的人生价值在销售领域中得到实现，就必须明白什么才是值得你真正遵循的法则。

（1）持之以恒，相信自己（积极、自信、坚持）。

（2）学而不倦，付诸实践（掌握全面的知识且学以致用）。

（3）察言观色，观其所需（倾听、观察，了解顾客所需）。

（4）万事俱备，才借东风（做了充分的准备，才去接触潜在顾客）。

（5）心之所诚，动之以情（以诚恳的心态去帮助顾客，而不是只为佣金和提成）。

（6）巧言妙语，趣味横生（好的谈话技巧，会有意想不到的收获）。

（7）力射全局，柳暗花明（关注有力度的问题，获得新的顾客信息）。

（8）一击千里，天道酬勤（顽强地跟进，是走向成交的关键）。

（9）一言既出，驷马难追（言出必行，提供完美的客户服务）。

（10）大将风范，众望所归（不能中伤竞争对手，要赢得顾客满意，因为他可以带来新的客源）。

**秘密记**

美好的生活从美好的梦想开始，不敢想象和做梦的人是没有未来的。然而，只会梦想的人也注定会失败。在理想与现实之间，只有通过不懈地奋斗去探索、去发现、去挣扎，才能找到那座神奇的桥梁，获得财富和荣誉。如果作为销售人员的你也这么认为，那么请谨记其中的奥妙。

（1）想你所想，必能成真（坚定的信心是成功的一半，写一份个人宣言并坚决执行）。

（2）你并不需要凡·高（法国杰出的印象派画家）般的天才（销售是一项完全可以通过学习掌握的本领）。

（3）把自己顾虑的不利因素都当做是懦弱的借口（去掉头脑中的精神枷锁，将注意力集中在问题的关键点上——停止你的抱怨，对顾客多做了解，直到获得答案）。

（4）明白顾客所需（诚恳的态度、良好的职业道德、优秀的产品、助人为乐的热情、尊重人格、兑现承诺）。

（5）寻找成交的热键（令顾客最为触动的关键点——需要你的观察和推理才能获得）。

（6）最好的销售不是产品和金钱的交易，而是信任和友谊。

（7）让顾客喜欢你（你的产品和人格），一个老顾客就代表着会有很多新顾客。

（8）"擒贼先擒王"，抓住核心人物（最好的销售方法从 CEO 开始，直接给他感兴趣的信息）。

**乐趣记**

幽默是一种非常棒的生活习惯，是人与人之间的润滑剂，它可以使你在很多未知情况下避免被拒绝，少一些尴尬。

如果在销售过程中，你能让心存戒备的顾客笑逐颜开，那你就有能力让他们购买你的产品。

（1）开场的幽默能给大家营造一种愉快的气氛。

（2）注意对象和时机（不是每个人都喜欢笑声，巧妙地插入）。

（3）避开顾客的忌讳（有人忌讳宗教或者政治话题）。

（4）幽默能把更多的问题变成成交的机会。如果你的幽默巧妙而得当，那么成交的机会会增加很多。

2. 准备好让潜在客户惊呼

**惊呼记**

在浩浩荡荡的销售人员队伍中，你能否成功立足、能否赢得广大的顾客和荣誉，完全取决于你是否具备脱颖而出的能力。

（1）态度（积极、充分准备、守诺、诚恳）。

（2）性格（耐心、细心、勤快、开朗、大方、大胆、尽可能地幽默）。

（3）销售精神（顽强、创新、吸引力、技巧、学识、慧眼）。

只有逐项制订细致的计划，坚决贯彻于行动，才能促使自己的整体实力在同行中鹤立鸡群。

## 问题记

提问，是你和顾客交流的关键。如果你处在较为被动的位置，一个有效的问题就象征着一次有利的转机。

（1）根据预想，事先设计问题、预备答案。

（2）问题应该是开放性的，类似两难推理（不能用"是"或"不是"回答，而是需要陈述）。

（3）循序渐进。

（4）问题需要有力度，简单明了（不能让顾客感到啰唆和厌烦）。

（5）刺激顾客的思维转变（让他考虑接受新的事物）。

（6）激起顾客的回忆（没有人会厌恶自己的听众，而且可以获得顾客更多的信息）。

（7）避免陈旧、俗套的问题（耳目一新的感觉更具吸引力）。

（8）向顾客的工作状况转移，逐渐切入正题。

得力的问题可以迅速地拉近与顾客之间的关系，从而察觉顾客的实际需求，为自己进一步的销售奠定良好的基础。还等什么？用你的心去销售吧。

## 力量记

让顾客行动，你才能卖出你的东西。如果他觉察不到你的产品和服务具有出众、可信、明了、经济等优势，又怎么会有成交的兴趣呢？所以，你必须激励他、说服他。

（1）强调产品能给他们带来什么，而不是句句不离产品本身（如果你卖汽车，就强调它的尊贵、安全、舒适）。

（2）站在顾客使用的角度（这样才能给他们信心和踏实感）。

（3）一个有力的陈述（强调他们所需要的你都能给）。

影响和引导顾客的思维倾向，设计有力的提问，你就会有一种无形的力量，进而留住顾客。

### 3. 请允许自我介绍

## 拜访记

自我介绍的实质就是推销自己。聪明地向别人推销自己，发布自己的信息，可以给自己带来一个广阔的演绎天地（女性销售人员最为需要）。

（1）他人介绍，首次见面，简明扼要地告诉他（或她）你是谁、在哪里工作、做什么（但这个过程需要有创意）。

你给他的问题，不能只用"是"或"不是"就可以回答，用探究性的问题刺激他的思考，从而获得一些他的信息。

弄清他的需要之前，不必暴露自己的真实意图。

展示你的干练、果断等优点（第一印象尤为重要）。

（2）自我引荐。完成一张出色的自我推荐表（要求简短扼要、富有创意、了解对方信息、引发对方思考、展示优势），需要 25 次以上的实际运用。

恰当的递送方法。

稳步推进与顾客的关系（巧妙地联系和跟进、设计单独的会见等）。

如果有一个介绍人，你与潜在顾客的沟通会更加有效。

（3）陌生拜访。只有学会绕过障碍（某些场合标示的"谢绝推销"、进入大楼时保安的阻止等情况）才能离目标更近一些。

找到决策者（只有这样，才能使你的销售工作切入正题）。

开场白非常重要（让大家在轻松中开始，但你的问题必须有力度）。

对自己强调拜访只是为了享受乐趣（让自己不附带任何压力，有置之死地而后生的感觉）。

委婉地让对方意识到你可以帮助他做些什么（任务真正开始）。

4. 作一次精彩的产品介绍

**介绍记**

销售人员们简单而机械地复述，是一种很差劲的介绍方式。试想，如果有两个人，一个是你信赖的朋友，而另一个是陌生人，他们分别给你阐述同一件事情，你的理解和好心情会更倾向于哪一个呢？当然是前者。相同的道理，在潜在顾客之间加上友谊的色彩，会给你的介绍增添更多的方便和趣味。

（1）幽默的开始（这不是每一个人都能天生拥有的资质，所以应该慎用或者因人而异）。

（2）人们都有喜欢谈论自己的偏好，所以你必须注意倾听（察言观色，这样才有可能拉近你与顾客的关系）。

（3）让顾客感觉到你对他很了解（这完全取决于你先前的准备）。

（4）态度要友好、真诚，找寻大家共同喜好的话题，避免销售台词（给顾客制造一个乐于谈话的心情）。

除此之外，让消费者拥有信心（对自己、对销售人员、对产品等）才是迈向成交至关重要的一步棋。请你注意以下几点：

（1）要让顾客对你很有信心，首先是给自己十足的信心（对自己、对产品）。

（2）清楚回答潜在顾客的每一个问题（产品的、公司的），显示你过硬的专业素养。

（3）举出一个对自己满意的老顾客的名字（潜在顾客所熟悉的）或者其他的第三方（满意顾客的名单）为证。

（4）不中伤或者贬低竞争对手（这点可以显示你的职业道德水准）。

（5）沉着、稳重（谁都不喜欢毛毛躁躁的人）。

（6）完备的书面材料（这样显得比较专业和正式）。

（7）关注顾客的顾虑，让他感觉你是在帮他，并不是看中了他兜里的钞票。

（8）留一点重头戏在后面（这在顾客最矛盾的时刻显得尤为管用）。

如果你的销售对象是一个团体，则应附加几点。

（1）扩大交流面（尽量多认识在场的人）。

（2）事先掌握这个团体的基本情况（包括它的历史、成员和最大的优势、劣势等）。

（3）突击核心人物（只有与权力人物沟通，才有实际性的效果）。

（4）创造互动（给他们主人翁的感觉）。

（5）动用智能化的辅助工具（不能否认，电脑的演示比起你的说辞更为有效）。

（6）整体的会场气氛尤为重要（激发顾客团队里的活跃因素）。事实证明，一个好的开始就是成功的一半。

5. 拒绝、成交和跟进……获得"是"

## 拒绝记

人跟人之间以及物与物之间的差别，决定了世界上没有100%的默契。并不是你想要的就是我能给的，也不是我想买的价格恰是你想卖的价格，所以拒绝和讨价还价是不可避免的。作为推销自己产品的销售人员，被拒绝的情况丝毫不能幸免。但做出积极的预防未必不是一件好事。

（1）预测每一个客户可能的拒绝，设计对应的答案。

（2）准备有一定吸引力的辅助工具支持你。

（3）与伙伴交流经验，事先演练。

（4）争取一个老顾客的有力推荐。

（5）在最大可能范围内，给顾客一个试验的机会。

然而，当你精心地准备和满腔激动的说辞依然在顾客那里碰壁时，你又该如何度过此关、化险为夷呢？

（1）事实上，真正的拒绝很少，每一个拒绝的背后都有顾客们自己的原因。

（2）保持镇定，他可能只是拒绝你的说辞，并不是真正拒绝你和你的产品。

（3）通过初步的交流捕捉顾客拒绝的真正原因，如同医生给病人看病要找出病源一样。

（4）反思自己是否在哪个环节出了错（没有自信、缺少专业化知识、缺乏可靠的辅助工具等）。

（5）找出顾客顾虑的实际问题，并努力帮助他解决。

（6）如果他真的需要你的产品，那就向他证明选择这个产品是没错的（说服他忘掉价格、作同类对比）。

（7）向他提出假设成交的有关问题，并进一步解决。

（8）交易成功后，给顾客一个足以让他信赖的承诺（书面材料，留下公司电话和你的个人电话，征询送货时间、地点和要求）。

虽然此类技巧会在适当的时候助你一臂之力，但销售的最高境界其实就是没有技巧。敞开心胸，就当顾客只是生活中认识、结交的新朋友，通过建立良好的信任关系来人性化地达成生意。

## 成交记

大多数事情发生之前都会有一种征兆，销售也不例外。走向成交的第一步，就是销售人员要学会识别顾客的购买信息。

（1）如果顾客问及货物的问题（有无新货、交货方式等），你就要注意顾客是需要这个东西的。

（2）如果涉及到产品的价格问题，就证明顾客正在考虑自己的经济承受能力。

（3）如果提及公司和你的个人问题，就表明他还没有对你完全信任。

（4）如果问及产品的专业特性或者质量问题，请注意，你述说的态度一定要客观（几乎没有一件产品可以说是完美的）。

（5）如果是询问以前的销售情况和老顾客的反应，你就得机智地向他证明（比如，老顾客的来信）你的产品不错。

（6）如果与你聊起关于售后服务的话题，你就应该知道他需要一个可靠的承诺。

注意：自然地将你的销售目的贯穿于谈话之中，不能显山露水，否则顾客会认为你不实在。

**跟进记**

如同一场战争的末期，如果没有尾随追击，你就不能大获全胜。销售人员如果没有一套有组织的跟进系统，就无法做成一笔生意。

（1）确定顾客的信息（设置联系方式、备忘录）。

（2）设计自己的跟进方式（信件、下次拜访、熟人推荐等）和跟进工具等。

（3）创造机会，邀请潜在顾客参观你的公司或者一起参加音乐会等。

（4）适可而止，以免贴得太紧，使他心生厌烦。

（5）利用一些与顾客有关的东西，提高你在他的视线里出现的频率（送给他一些有用的资料，请他参加一个很有意义的商务活动等）。

（6）如果是电话或者信件联系，需懂得给对方设置一点小悬念（给他说一个他感兴趣的问题，但是保留重点）。

记住：在这个过程中离不开的，是你的大胆、耐心和坚持。

6. 叹息和敌人

**悲叹记**

市场瞬息万变，指的就是市场的不确定性。销售作为一种经济手段，同样也必须面对顾客的不确定性。如何应付这种不确定性呢？这就要求销售人员必须拥有足够的冷静和客观。否则，就像很多自以为是的销售人员在销售过程中实际上一窍不通一样。

（1）没有事先的精心计划，随意进行销售活动。

（2）懒惰、没有强烈的意愿和对销售成功的渴望，也没有掌握全面的产品知识。

（3）一旦受到顾客的冷落或者拒绝就不知所措，不能随机应变。

（4）缺乏积极的态度和忍耐力，以为销售只是一个瞬间的交易动作。

（5）呆板和冷漠，使得顾客与之无法轻松相处。

（6）关键时刻不愿接受他人帮助，让自己孤立无援。

（7）错置顾客的位置，以为自己是绝对的被动者，把销售当做是对顾客的祈求。

（8）急于求成，只想赶紧做成一笔生意，使得顾客心生疑虑。

（9）隐瞒或者欺骗顾客，提供不能满足对方需求的产品。

（10）轻浮的态度使顾客觉得得不到应有的尊重。

（11）缺乏为顾客服务的真诚，脑袋中只琢磨着提成和佣金。

（12）以为偶尔的送货迟到或服务粗心是可以原谅的。

如果是因为你没有尽力或者粗心大意而造成自己销售的失败，那么你必须为此付出代价和承担责任。

**竞争记**

市场是有限的，所以竞争是必须且激烈的。要在市场上保住自己的地盘，唯一的方式就是在激烈的竞争中胜过自己的竞争对手。即使共存，竞争也不能避免。这就是市场的残酷性。

（1）比较自己与竞争对手在市场中的实力和地位，客观分析各自的优劣势。

（2）弄清自己与竞争对手的生意对象有无现存冲突，是他销售的触角伸到你的客户跟前，还是你销售的触角伸到了他的客户跟前。

（3）如果你是销售领导，提防对手挖走自己的员工。

（4）掌握对手的销售状况和基本的信息（对员工的要求、产品价格、销售目标等）。

（5）时刻关注对手，学习他们的优势，突击他们的劣势。

（6）尊重对手，保持良好的职业道德和专业素养。培养自己的软实力。

良性的竞争，是学习、是全力以赴，是在某一件事情上比别人做得更好，是促使大家共同进步的一种强大动力，而不是斗争、诋毁和消灭。

7. 上帝万岁：顾客

**客服记**

尽管你已经成功地做成了一笔生意，但是请不要得意忘形——从某种程度上说，一件产品的售后服务比一件产品本身的商业价值更大。现代人更多讲究的是享受你优良的服务，而不只是产品的卓越性能。

有调查显示，顾客的愤愤不平更多的是因为他们的权益得不到销售人员的真诚维护。比如说：在销售产品的过程中，销售人员对顾客有欺骗或者隐瞒的行为；对顾客的质疑和不满有置之不理的行为；销售人员有时不能信守承诺。

要知道，一个满意的顾客所做的正面宣传只不过是一个愤怒的顾客所做的负面宣传的 1/20 左右。所以，为了你的销售业绩保持良好的势头，你必须掌握完美的客服秘诀。

（1）如果你是销售公司的领导，那你必须为客户服务设立专项费用。

（2）如果你是销售公司的领导，就必须对你的员工进行良好的培训和激励。

（3）如果你们是销售团队，必须各负其责，不能推卸责任。

（4）如果想完美地解决问题，事先必须设想可能发生的各种情况，及早预想答案。

（5）记住，客户服务的起点就定在 100% 满意度。

（6）认真倾听，必须理解顾客面临的真正问题。

（7）关注你的竞争对手，看看他们是怎么做的。

（8）微笑着接受顾客的投诉，不能抱怨。

（9）寻找一种轻松的谈话方式，让顾客的心情保持放松。

（10）提高你的反应速度，如果顾客有所投诉，他希望的是现在就得到答案，而不是明天或后天。

（11）问题解决以后，要对你的顾客继续跟进，确保类似问题不会再次发生。

（12）凡是事先说过的，你一律要做到，不能食言。

尽管每一个行业中公司的产品和服务领域不同，但敬业、守诺、诚恳的销售精神对所有的销售人员来说都是必须具备的。如果你没有能力使一位不满的顾客变得满意，那就是说顾客正在迅速地流到你的竞争对手那里去。接下来，粗心大意的你面对的将是市场的丧失和失业。

8. 福音书

**沟通记**

（1）销售人员会议。公司的销售目标是和销售人员的实际工作息息相关的，连接它们的最好方式就是举行销售人员会议。公司可以利用销售人员会议更好地激励和充实员工，从而更好地实现销售目标。销售人员可以在销售人员会议上受益多多：

员工可以互相沟通、分享信息、积累经验。

①解决关于产品专业知识方面的一些问题，以此更好地服务于顾客。

②接受公司的进一步专业培训，掌握更多的销售策略。

③获得公司提供的更多机会。

④给你一个愉快的心情，增强下一步销售产品时的自信。

值得注意的是，销售会议的现场气氛应该是轻松的、自由的、时间得当的（会议放在早晨，时间不能太长）。

（2）倾听和观察。倾听，是许多专业的销售人员最欠缺的基本功。他们只顾着思考如何将自己的产品送到顾客的怀中，而忘记了汲取顾客反馈的信息。

倾听能够避免因为自己的主观判断而说错话。

倾听可以获得你并未掌握的资料（顾客的），所以不要轻易打断对方说话。

细心地观察，可以捕捉到顾客的基本类型：快速浏览顾客的办公室环境；注意顾客细微的表情，但不能让对方发现；记住他的言语特点（比如，喜欢询问，或是喜欢述说）。

倾听和观察的主要目的是尽力地去理解顾客，了解顾客的心理状态。

## 展览记

各式各样的大型销售会——全行业的盛会，不是天天都可以看到的。到会的人们如果没有某种需求，谁也不会浪费自己宝贵的工作时间。与会者中间既包含着和你有过生意来往的老顾客，也隐藏着许多你的潜在顾客，所以你的举动必须行之有效，没有时间可以让你坐在茶桌前猜测和浪费。

首先要明白这是你的销售生涯中难得的中奖机会，你必须提早有一个精心的准备。在会场上，每一步必须做什么，一定要有条理地记在心里。

恰当安排自己的生活，拉近与主流社会层的距离。这样，了解他们的机会就会更多。比如，和他们住在同一个档次和类型的酒店、在同一个餐区进餐等。

摸清活动的基本内容，这样才不会打断自己事先的计划。

如果你的公司是以参展团队的形式出现，那么你和你的同事必须各司其职。紧密的合作是凝聚你们销售能力的唯一有效方式。

留意任何一个机会，将你的推销巧妙地渗透在你的言语之中（不是说销售员的用语），随时准备谈成一笔生意。

表现出你的干练和坚决。谁也不会喜欢和一个木讷、迟钝的人握手成交。

把握尺度。任何事情都不能过于张扬，那样别人会觉得你是有意吸引人们的注意，以为你不够沉着和可靠。

尽量扩大你的接触面，用你的职业眼光对到会者进行客观的过滤（弄清潜在顾客的真正需求）。毕竟你的销售是针对一些重点对象的，而不能撒一张大网来妄想捕住所有的鱼，你得选择更有可能成为自己顾客的。当然，与其他人可以成为朋友，因为这对你没有丝毫坏处。

会后，设计跟进方案（围绕着跟进方式、一举多得的提问、辅助的销售工具、如何见面等方面展开）。

所有的步骤都要求你有足够的细心和勤快。

9. 网络建立……通过协会获得成功

## 搭网记

归根到底，没有销售，就没有购买；没有购买，就不会有商品和市场的存在。

良好的销售应该是极其主动的，搭建一个宽广、长久、稳定的顾客群，对于一个销售人员来说无疑是非常重要的。通过下面的途径，可以给你搭建一个足以促进你销售事业的网络。

（1）只有你想增加销售、想扩展商业联系、想从他人处学到更多的商业知识、想成为一个活跃而富裕的人，你才能拥有更多的销售机会。

（2）调整出充分的精力，经常参加一些适合自己的活动（商会、公益活动等），并且在人群中明智地表现自己。

（3）事前做好足够的准备，不能迟到。

（4）向众人展示一个积极、乐观、热情、礼貌的你。没有人爱听一些抱怨和懊恼的话，欢欢喜喜的人可以带给别人轻松舒畅的心情。

（5）在会场上时刻保持头脑的清醒，不能因为一些无关紧要的消遣而忘记了自己的使命，尤其是不能在这个关键时候喝酒。

（6）如果直觉告诉你，他是一个潜在的顾客，你一定要在销售之外找到他感兴趣的方面，而且要铭记，然后试图与他建立一些可行的联系。

（7）用你心灵的眼睛去搜索任何对你可能有用的信息，并且及时跟进处理。

（8）不要开口就是与你的产品销售有关的说辞，那样会引起众人的厌烦。

（9）不要奢望每一个熟悉的人都会和你做成生意，但是他可能会给你带来生意。

（10）不是说你认识了很多人，就等于你已经拥有一个庞大的潜在顾客群，你要让很多人都认识你，并且对你有着较深的良好印象。

（11）给自己制造一些意外的收获，比如，经常在晚饭后去公园里走动，或者乘电梯的时候和某些有潜力的人（也许就是潜在顾客）搭话等。

扩大自己的潜在顾客范围，就是给自己创造更多销售的机会，给自己走向成功的可能。

10. 先知和利润

**领导记**

一个不想当将军的士兵不是好士兵。同样，一个销售员如果不想做"世界上最棒的销售员"，那他就不是一个优秀的销售员。当然，要成为一个销售行业的领导者，不仅仅要靠苦思冥想，它还需要有独立而富有魅力的性格和付出切实、高效的行动。

普通职员和领导者最基本的区别：前者只需严格律己和充分激发自己的各种能力；而后者除激励自己之外，还要以行动给自己的员工提供导向（态度、专业知识、激情等）。

增强勇气和胆量。乔治·巴顿曾经说："我从来不会让恐惧影响我的判断。"可见，畏畏缩缩和保守，是一个人成为领袖最大的障碍。销售人员就好比是在战斗的士兵，他们不可能只待在自己熟悉的战场上作战，勇气和胆量可以促使他们尽快地适应各种战斗。尤其对一个决策者来说，这更加重要。

以身作则，同甘共苦。你只有与自己的员工共同营造有趣的工作环境，共同分享经验和技巧，共同处理顾客的棘手问题，才可能使你的销售队伍成为一个优秀的团队，你的领导能力才能不断加强。

**趋势记**

传统销售人员无非是通过一系列的销售技巧而促成一种商品交易。这在人们越发聪明和警惕的现在，已经显得有些过时。那么，怎样的方式才是有效的呢？

具备丰富而且深入的产品知识，积累充足的解决顾客问题的实际经验。用事实说话，胜过1000句巧妙的推荐。

不要存在隐瞒或欺骗顾客的侥幸心理，拿出你的真诚，乐于帮助他，使顾客不再觉得你只是想一味地从他身上索取。

将与顾客的关系处理得很融洽。如果你的产品和服务使他满意，那就可能使他的朋友们也很满意。这源于一个顾客最主要的力量，也就是口碑的力量。

话有三说，巧者为妙。在与顾客的交往中，学会不要使自己的语言充斥着浓烈的商业意味，而是委婉一些。比如说"难道您不乐意拥有一个能帮助您的礼物吗"这样的说法肯定胜于"您难道不想买吗"。任何人都想听让人感觉舒服的话。你能对顾客的这种心理视若无睹吗？

如果可能的话，请尽量显示出你的幽默，因为有趣的谈话是最富有感染力的。

你想取得销售业绩的胜利吗？那就请进行充分的准备，在那些自以为是的家伙（同行）面前打几场漂亮的胜仗，做一个新一代出色的销售人员。

11. 提高你的收入

**数字记**

人类的生理构成决定了人们的身体和精神既具有很好的弹性，同时也存在着先天的弱点（比如，懒惰和侥幸心理）。如果你想有一份理想的销售成绩摆在自己的面前，你就必须克服这些坏事的弱点，努力做到以下几点：

（1）比较自己每月的销售业绩和自己理想的目标，差距可以给自己足够的压力。

（2）态度是一个成功人士的关键，经常反思自己：是否真正尽力、是否对自己的顾客有100％的诚恳、顾客是否感受得到。

（3）出色的销售应该建立在与顾客良好的感情和互相信任的基础之上。你要明白，你是在用一种专业的眼光帮助顾客购买东西，而不是在向顾客卖东西。

（4）如果你没有一个广阔的顾客群，那么对于一些潜在顾客经常聚会的场合或活动（行业协会、商会、俱乐部之类），你还是应该多多光临。

（5）在任何一个存在潜在顾客的环境，你都必须让自己给别人留下一个深刻的印象，你的言行举止最好都能给他们以思考。

（6）你所掌握的专业知识必须足够精辟和全面，对于顾客的任何一个问题，你必须都能够给出让顾客满意的解释。

（7）在与顾客的谈话切入正题之前，你必须已经对他的各方面的信息掌握透彻，因为这关系到你们的谈话会朝哪个方向发展（良好或者糟糕）。

（8）对于还没有成交的顾客来说，你顽强地跟进和聪明地纠缠才是最终成交的关键。

（9）你必须时刻清楚自己的销售正处在哪一个环节，这样才能确定你下一步怎样做才是最正确的。

（10）时刻保持一种专业的洞察力，说不定刚刚与你擦肩而过的人就是你的后备客源。

如果你在进行销售工作的过程中能够非常好地做到上面这些，那么，请记住，一个很棒的良性循环才刚刚开始。

12. 我能否听到一声"阿门"

**出埃及记**

停止你的抱怨，给自己一颗很平和的心，想那些可以使你微笑的人或事情，放弃偏见，先去试着和潜在顾客们成为朋友，这才是成交的前提条件。

学会给自己的大脑放假。最好的办法就是在前一天晚上休息的时候将自己的目标和需要完成的事情清楚地罗列出来，以此释放大脑中的一切压力。轻松的睡眠之后，一个思维清晰而又有条理的大脑会帮助你出色地完成任务。

感谢。每个人都应该心存感激——对帮助你的人、启迪你的人、和你做生意的人。

# 二　《销售巨人》

## ◎简介

"收场白之父"J·道格拉斯·爱德华曾经说道：成功的销售人员在他尝试 5 次的基础上才会说出收场白，并且收场白技巧应用得越多，他就越会成功。

但是他没有想到有人会提出并且证实收场白技巧在大订单销售中无用武之地的观点。这个与前者迥然不同的观点由全球权威的销售咨询、培训和研究机构——Huthwaite 公司的创始人兼首任总裁尼尔·雷克汉姆提出，并被推广。

尼尔·雷克汉姆成功开发的新型销售理论——SPIN 销售模式不仅颠覆了这个观点，而且对于大订单销售会谈的整个环节，他带领同事都作了全新的阐述。

SPIN 销售模式是尼尔·雷克汉姆与他的同事花了 10 年的工夫，对 35000 个销售过程进行分析，研究了 27 家知名公司及 116 个可以对销售行为产生影响的因素才得来的，可谓工程浩大。不过，正因为他们这种辛勤开垦销售新天地的姿态，SPIN 销售模式才受到越来越多的大公司的青睐，由此奠定了尼尔·雷克汉姆在全球销售研究领域的泰斗地位。

SPIN 销售模式对于一个销售人员来说，实用性是其最大优点之一。它并非是单纯的理论研究，它所包含的每一步都渗透了大量事实作为读者领会的依据。

《销售巨人》一书由麦格劳—希尔教育出版集团（Ac Graw—Hill）出版。该书的核心内容是 SPIN Selling 的四大类型问题，其他部分则紧紧围绕着这种提问模式一层层展开。从如何接触客户、怎样向客户提问及如何开发客户需求一直到销售会谈收场，它都作了全方位的解释和说明。总体上说，SPIN 就是一种促成大订单销售的有力工具。

对于从事大订单销售的经理及广大销售人员来说，这已经是一项足以决定销售生涯成败的专业技能，因此必须掌握。

到目前为止，世界上许多知名高校都已设有该理论的课程，在全球 500 强企业中也至少有一半将该书作为它们销售人员必读的指导书籍。

## ◎核心内容

### 1. 销售行为和成功销售

传统销售模式在指导大多数企业获取利润的同时，也将其隐藏的缺陷慢慢暴露出来。作者在开篇交代的某著名公司的销售困境就证明了这一点。尽管这个公司的销售副总裁极力否认作者通过调查和研究得来的初步结果，但这至少证明传统销售模式对企业进一步发展已产生束缚。

**传统销售模式**

本书主要讨论销售人员面临大订单销售时，怎样做才能走出开篇提到的那个公司的困境。要了解传统销售方式为什么在这个问题上遭受失败，首先得弄清传统销售的步骤。

（1）与客户初步接触。其目的是寻找可以和客户发生利益关系的途径，以利益诱惑促成交易。可惜，这个方法只适合小订单销售。

（2）向客户提问。这是传统销售最讲究的技巧重点，它实际操作的前提是仔细观察。

（3）利益宣讲。其本质是以特点为客户创造价值，但在大订单销售的实际应用中，这一点完全失效。

（4）异议处理。在小订单销售中，因为涉及利益不大，还勉强可以运用一些技巧进行修正和遮掩。但在大订单销售中，亡羊补牢的办法根本无济于事。

（5）收场白技巧。在大订单销售中，客户面对着大额支出所要承担的风险。如果你不改弦更张，这些技巧只能使你错失良机。

总之，要做小生意，这些传统销售技巧还能发挥作用；倘若面对大订单销售，那只能另寻高明模式。

### 大订单销售和小订单销售的比较

传统销售模式为何只能适用于小订单销售而不能促成大订单交易的成功呢？了解这个问题，必须先得从两者的差异下手。

（1）大订单销售和小订单销售的特点差异。大订单销售往往要耗费大量时间，且客户心理在这段时间内波动幅度很大；再者，大订单的决策者和参与者并非同一些人。而小订单销售不会这样。

（2）两者销售技巧有差异。大订单销售需要让客户能够完全感觉到其购买价值。而在小订单销售中，客户并非把利益看得最重，因此，各式各样的技巧都可能起到作用。

（3）两者关系准则差异。小订单销售往往是一锤子的买卖，销售人员与客户的关系不特别重要。但在大订单销售中，销售人员与客户的关系非常重要。

（4）两者决策失误风险差异。在小订单销售中，就算购买失误，客户也不会太在意。然而在大订单销售中，客户会步步留心、处处在意。

因为两种规模交易所负载的价值不同，所以销售人员必须随着客户态度的转变而改变销售技巧。

### 销售 4 步

尽管大订单销售和小订单销售各个方面都存在差异，但二者在客观上都遵循以下 4 个步骤：

（1）初步接触。这是销售的开始阶段，销售人员正在寻找发生利益关系的途径。

（2）需求调查。这是真正的准备阶段，主要为了确定和验证客户。

（3）能力证实。这是走向实质交易的第一步，目的是通过展现销售人员的能力，获取客户信任和对产品或服务的满意。

（4）晋级承诺。这是交易最关键的一步。如果你能获取客户当场承诺或一系列的认可，那么就说明你销售成功。

这是任何销售普遍经历的 4 个会谈阶段，各个阶段在整个会谈过程中有着不可替代的作用。当然，在实际销售中，具体每一步都要根据生意性质而做出相应的延伸或改变。

在这 4 步里，应用最广泛的技巧在于销售人员如何向客户提问。对于大订单销售来说，交易成功与否与销售人员所提问题的开放或封闭几乎无关。经过大量事实证明和学者们的研究，最终有一种全新的提问方式被开发出来——SPIN 提问技巧。

它的核心是"SPIN"提问顺序。如果你想销售成功，那么你向客户提出的所有问题都必须遵循这一顺序：背景问题（任务是揭示客户难题）——难点问题（任务是理解和开发客户难题或隐含需求）——暗示问题（任务是强化客户难题的紧迫程度）——需求——效益问题（任务是以价值为吸引力，激发客户潜在购买欲望）。

本章主要目的是向广大读者引出 SIPN 销售模式。

2. 晋级承诺和收场白技巧

传统销售对收场白技巧的重视程度，在很多专业书籍的长篇大论中，你都可以获得答案。各式各样的标准技巧听起来好像益处都非常大，但真正在大订单销售中创造价值的能有多少，就不得而知了。

**收场白及现有研究成果**

这一小节主要向读者介绍了收场白的定义。它是作者在传统观念的基础上完善而来的：收场白是销售人员使用的一种行为方式，旨在暗示和恳求一个购买承诺，以便于买方在下一个陈述中接受或拒绝这个承诺。

作为一个销售人员，只有掌握多种收场白技巧并在订单销售过程中经常使用，才可能向交易成功一步一步地靠近。

**收场白的研究**

尽管我们强调收场白技巧在整个订单销售中都曾起到良好的作用，但我们不得不承认一个事实——在大订单销售的过程中，收场白技巧将会让你丧失越来越多的生意。至于为何，请看以下原因：

大量事例考察证明这一点。作者针对 190 笔生意的销售过程进行研究，发现频繁使用收场白的销售的成功概率比收场白使用率低的销售的成功概率低了许多。

传统销售可能夸大了收场白的作用，因为促使销售业绩提高的也可能是其他方面的原因。

很多研究公司只是将研究对象定为小订单销售和低值产品销售时才得出"收场白可以大大提高销售额"的结论。事实上，收场白还能导致大订单销售和高值产品销售的成交概率的降低。

## 收场白与客户的精明程度

除了价格因素，还有没有其他因素会对"收场白随着决策规模的增加而逐渐失效"这一结论产生影响呢？

经过大量的跟踪调查，研究人员发现：销售人员面对的客户越是精明，收场白技巧往往越是苍白无力。尤其是许多专业采购人员、代理商及资深决策人等类型的客户，你越是向他们施展收场白技巧，生意越失败。

这一点，值得销售人员谨记。

## 收场白与售后服务的满意程度

大订单销售不仅指一次性大的规模，而且还包含长远、持续的生意（这次买了，下次还在这里买）。

下面这个调查旨在说明收场白与客户对售后服务的满意程度之间的关系，实质就是收场白技巧对"回头生意"有何影响。调查者——某零售连锁店的培训主管及其同事。调查对象——145名顾客。调查方法—确定顾客对已经购买货物的满意程度，评估他们再来此地购买的可能性，调查结果以10为单位。调查结果如下图所示。

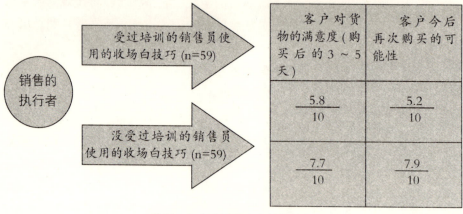

收场白与客户满意度之间的关系

上图显示，在这两个问题上，接受过收场白培训的销售人员获得的客户满意度都比较低。作者认为：导致这种结果出现的最大可能就是销售人员曾通过施展收场白技巧来给顾客造成一定压力，从而推动他们购买。尽管目前还不能完全确定事实就是这样，但这仍然值得销售人员借鉴。

**收场白技巧的研究结论**

针对收场白技巧，作者经过长时间跨行业的研究，最终得出以下 3 点结论：对于大订单的销售，收场白技巧有害无益；传统工业用品行业，收场白技巧应用泛滥；而小商品和服务行业，收场白技巧还很缺乏。

**销售拜访目标的分解**

怎样的收场白才算应用成功呢？我们必须分情况讨论：小订单销售中，显然拿到订单就是成功，没有拿到就是不成功。然而在大订单销售中，判断标准则并非如此简单、明确。在大多数大订单销售中，双方的交易结果往往是介于签单和拒绝之间，很难以订单有没有签订作为收场白成功与否的标准。

这个时候，我们只能利用目标分解的方法来衡量收场白应用是否成功。根据生意进展程度，我们把可能出现的结果分为 4 种。

(1) 订单成交。在大订单销售中，以这种方式结束的销售并不多见。

(2) 进展晋级。即客户开始产生一定的兴趣，比如他同意参加你的产品展示会、试用你的产品或接受了你一些他开始并不认同的意见等，这些都会使生意顺利朝成功靠近。

(3) 暂时中断。可能客户一时没有具体购买方案支持会谈继续下去，因此被迫中断。这时，你必须坚信生意会走向成功，并且最好帮助客户理清头绪。

(4) 无法成交。如果客户主动拒绝你销售的主要目标，那就表示销售失败。

正确认识进展晋级和暂时中断之间的区别和各自实质，对于提高销售人员在大订单销售中应用收场白的能力大有帮助。

销售人员设定拜访目标，一定要大胆、务实，仅仅满足于以达到暂时中断或建立泛泛关系为目标的想法都是极其错误的。

**获得晋级承诺的 4 个方法**

争取客户的晋级承诺，是销售走向成功的关键。凡成功的销售人员，往往都与他们在以下 4 个方面的努力有关。

(1) 需求调查和能力证实。需求调查主要是为了"对症下药"，如果没有这一步作为销售工作最坚实的基础，生意十有八九会失败，所以这一步尤为关键。

（2）检查关键点。关键一般都涉及交易的核心内容。销售人员在收场白中应该巧妙地与客户建立互动，回忆一下在前面的谈话中是否遗漏了什么关键内容。

（3）总结利益。大订单销售会谈经常需要持续很长时间，谈话内容广泛而复杂。销售人员如果在决策之前不将所谈关键点（特别是利益点）做个快速总结，肯定会给后面的决策环节留下一个巨大障碍。

（4）提议一个承诺。判断客户当前能给予的最大响应，提出一个可以促进会谈晋级的承诺。其目的是为赢得客户明确的进一步的认同。

不管你的拜访目标定得有多好，如果这4点你无法有效做到，那你的销售定然无法完成。

3. 大订单中的客户需求调查

客户需求调查是开展销售的第一步，是基础。随着交易额和交易规模的扩大，客户需求也呈现出许多不同的特点。大订单与小订单的客户需求相比，除了决策时间长之外还有其他几个不同之处：需要多人的参考意见；决策中掺杂的感情因素少，需求表现非常理性；承担的风险大，因此极为谨慎等。

在研究大订单客户购买行为时，需求被这样定义：买方表达的一种需要和关注，以能让卖方满意的方式陈述出来。

**怎样挖掘客户需求**

借助下面图例说明开发客户需求的基本步骤，相信你定能一目了然。

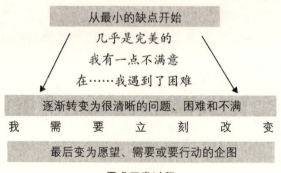

从最小的缺点开始

几乎是完美的

我有一点不满意

在……我遇到了困难

逐渐转变为很清晰的问题、困难和不满

我　需　要　立　刻　改　变

最后变为愿望、需要或要行动的企图

需求开发过程

**隐含需求和明确需求**

为了更好地挖掘客户需求，通常我们根据不同阶段把需求划分成隐含需求和明确需求两种类型。

（1）隐含需求。其主要表现在客户对难点、困难或不满的陈述。在大订单交易中，隐含需求无法预示成功。相反，隐含需求比较适合在小订单销售中多多开发。

（2）明确需求。其主要表现在客户对愿望和需求的详细陈述。明确需求不但同隐含需求一样与小订单销售是否成功有着密切关系，而且还能在大订单销售中预示成功与否。

## 价值等式

我们通常用价值等式来说明和解决需求迫切程度和问题排除成本之间的关系。

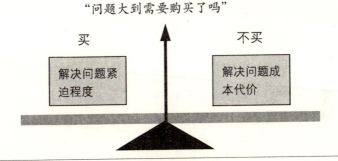

"问题大到需要购买了吗"

　　价格等式：如果解决问题的紧迫程度超过了解决问题的成本代价，那么这就是一个成功的销售。

## 大订单销售的成功信号

对于销售人员来说，购买信号这个概念再熟悉不过了。在销售会谈接近尾声时，如果客户有意，那么辨别并领会购买信号是销售人员完成这笔生意最关键的一步。

在大订单销售中，隐含需求已经不能如同在小订单销售中那样成为准确的购买信号。除了依靠提问，销售人员更重要的是要会观察客户的言行举止，力图发现隐含需求并将它们开发、转化为明确需求。

4. SPIN 的提问模式

第 4 章主要讲述 SPIN 提问模式的 4 种问题类型。它们是针对上一章"如何发现隐含需求并把它们转化为明确需求"这个问题展开的。

## 背景问题

背景问题的实质是：它的目的并非从中获利，而是巧妙地打消客户的戒备心理，从而拉近销售人员和客户之间的距离。

收集和了解关于客户现状的各种信息和背景数据，提出相关问题，看上去只是生意会谈最基本的开始，好像与交易的最后拍定没有多大关联，但事实证明，在许多会谈中，背景问题出现的频率相当高。尤其是一些缺乏经验的销售人员，常常因为不能恰当地提出背景问题而屡遭挫折。

但也要记得：慎用！尤其是别让客户感到厌烦。

## 难点问题

所有难点问题都有一个共同点，那就是通过不断地针对难点、困难和不满进行提问，刺激客户的隐含需求膨胀并使之流露出来。

对客户来说，相比较背景问题，他可能对难点问题更感兴趣，因为这涉及到了他自身的困难和利益。如果你的难点问题可以命中客户的困难或麻烦，那很可能整个销售都会出现一个大的转机。

在大订单销售中，难点问题就没有在小订单销售中表现得那么突出或重要。随着交易规模的扩大，影响会谈进程的因素也呈现出多样化与复杂化。比如风险问题、成本问题等威力更强的问题会让难点问题淡出有效提问之列。不过，它们所提供的许多基本资料对于销售人员开发客户需求、生意的展开仍然具有积极意义。

## 暗示问题

暗示问题的实质：强化客户难题的紧迫程度，从而加剧买方意识向购买靠近或转化。暗示问题在小订单销售中通常不用，但在某些行业（高科技产品）的大订单销售中比较常见。

在实际应用中，暗示问题的难度要远远大于前两种问题类型。它通常需要销售人员把握一个合适的度，否则，它所发挥的可能是强烈的负面作用。

## 需求—效益问题

这类问题的共同点是尽量向客户传递为他解决问题的积极因素，通过价值吸引来争取客户。正因为需求—效益问题"积极、有建设性及意义"的特点，客户才很少拒绝销售人员。试想一下，又有谁不愿意听到可以帮助自己解决问题的建议呢？

这种提问方式在大订单销售中表现极为出色。它不但让客户的心里感到舒服，而且还大大增加了客户接受解决方案的可能性。

## SPIN 提问的综合运用

至此，我们对 SPIN 提问方法已经基本掌握。接下来我们需要学习的就是它们的综合应用。首先必须明白 SPIN 提问顺序（如图所示）。

获得背景资料

导致

使买方感觉问题
更清晰实际

导致

SPIN 提问顺序

为了更有效地提问 SPIN 问题，在具体应用时，还必须注意以下几点。

（1）根据客户问题的难点制订周密的谈判策略。

（2）设想客户遭遇的困境，以客户最大的难题策划暗示问题。

（3）不能忘记需求—效益问题的使用，因为它确实简单有效。但是不能过早使用，不能在自己毫无答案的方面使用。

（4）最后，再次强调隐含需求的辨识和转化——它离不开仔细的策划。

总之，对任何一个肯努力、有耐心的销售人员来说，有效使用 SPIN 提问方式是做好需求调查最有力的方法。

5. 大订单销售中的能力证实

销售人员对客户需求有了深入的了解之后，必须做的就是能力证实。换句话说就是，销售人员必须展示出与其他商家的最大不同，且这些不同之处对客户要有足够的吸引力。特征（产品或服务的事实、数据和信息）和利益（本书定义包括两种类型：A 类型是产品或服务如何帮助客户，它在下文将被称为"优点"；B 类型是产品或服务如何满足客户的明确需求，下文将保留"利益"这个名称）是最早也是最基本的能力证实的方法。

区别特征、优点和利益在能力证实环节非常重要，因为它们各有妙用，如下表所示。

| 行为 | 定义 | 影响 | |
| --- | --- | --- | --- |
| | | 小订单销售 | 大订单销售 |
| 特征 | 描述事实、数据和产品特点 | 轻微的正面影响 | 中立或轻微负面影响 |
| 优点（A类型利益） | 表明产品、服务或其他的特征如何使用或如何帮助客户 | 正面 | 轻微正面 |
| 利益（B类型利益） | 表明产品或服务如何满足客户表达出来的明确需求 | 极其正面 | 极其正面 |

销售人员只有明确特征、优点和利益三者之间的区别以及它们在大订单销售中的作用大小，才能在能力证实中始终保持清晰的思路。

本章最后提出的3点建议（不要过早地在销售会谈中进行能力证实、优点陈述的慎用及对待新产品销售需要慎重）可以帮助销售人员有效地推进大订单销售中的能力证实。

6. 能力证实中的异议防范

传统销售认为，异议的产生大都来自客户，并且他们将处理客户异议当做创造良好客户关系、推进销售会谈晋级的一个重点。但本章告诉你的将是与之完全不同的说法。作者尼尔·雷克汉姆认为：

（1）异议主要产生于销售人员，而并非客户。也就是说，销售人员对待异议的态度应该处在主动位置且采取预防，而非将自己置于被动位置，只想如何处理或克服。

（2）销售技巧熟练的人员受到的异议要比新手少一些，因为他们学会了异议防范。

（3）如果某个小组销售水平一般，那么往往有一个成员在每个单位时间内收到的异议是其他成员的10倍左右。

（4）事实上，异议处理并不是传统销售重点强调的技巧。真正的异议处理就是防范，而防范主要取决于准备工作是否做得足够充分。

如果我们要对以上观点作进一步的说明或解释，就必须回到特征、优点及利益的陈述上进行讨论。

### 特征陈述和价格异议

特征陈述的本质是通过大量罗列产品功能来强化客户的敏感度，从而增强客户的购买欲望。但研究人员在很多销售案例中发现：这种方法对廉价货物的销售有用，真正销售高价产品时，它并不管用。直到大量研究之后，他们才得出这个现象的真相：销售人员利用太多的特征陈述回应价格异议，结果适得其反。

### 优点陈述和价值异议

优点陈述往往会导致价值异议的出现。为什么呢？我们试想一下，如果卖方没有对买方需求进行有效开发就提供了解决方案，那买方在解决麻烦的价值与成本这个问题上会做何考虑呢？当然会产生"不值"的感觉。因此，销售人员每讲一个优点，客户就产生一个价值异议。

对价值异议处理的最好办法依然是防范，就是销售人员不给客户留下产生异议的余地。最好的治本之策应该是：围绕客户难点扩大难点价值（暗示这个难点的危害性有多大），并让客户感觉到解决这个难点的最大价值。这样你进行优点陈述时，客户异议便会大大减少。异议越少，销售就越容易成功。

### 利益陈述和客户承诺

无论异议产生于销售人员和客户中的哪一方，销售人员应该做的都是静心寻找起因。但这样仍然显得过于麻烦，因为你应付异议还是基于处理而非防范。

利益是能够直接激发客户兴趣的，毕竟这是任何经济活动的根本。展现给客户的利益越多，客户的积极承诺就越多。在利益陈述这个小环节上，如何防范客户异议呢？如果你想做到最好，那么就请你发挥你的聪明和机智，利用巧妙的提问，将客户需求最大限度地开发出来，然后告诉他你将给他带来意想不到的好处（也就是利益）。就这么简单，应对客户异议并不复杂。

要想利益陈述做得好，前提是特征陈述和优点陈述无懈可击。

7. 初步接触

尽管有证据表明，多数人对初步阶段接触的注意远远少于后面其他几个阶段。但作为销售会谈的开始，它仍然有以下 3 点值得销售人员了解：

（1）第一印象，比如衣着。毕竟这不会给你带来坏处。

（2）传统开场白。传统开场白只能在小订单销售中发挥作用，大订单销售并非它的用武之地。

（3）销售会谈的开启技巧。成功人士通用的一点是明确会谈目的，并且一定让客户在初步阶段满意。这点也是判断初步接触是否成功的标准。

销售人员应该注意，初步接触阶段并非会谈的核心部分，因此无须在如何开场的问题上耗费过多的精力和时间。

8. 理论转化为实践

任何优秀的观念或理论，如果我们只是侃侃而谈而不能将它们付之于实践，那它们便没有任何存在意义。因此，我们必须将书本中的建议和以往经验融会贯通，真正地去实践这些技巧，并且利用它们创造价值。

## 提升技能的 4 个黄金法则

很多人在接受、学习知识时，表现出了非凡的行动能力。但是他们面对如何把理论知识转化为实践能力这个问题时，却显得手足无措、力不从心，最终影响了自身技能方面的提升。克服这一点，通常需要遵循如下 4 个基本法则：

（1）法则 1：一次实践一种行为。从一种行为开始实践，力图做到专而精；否则，就是博而不精。

（2）法则 2：一种新的行为至少试 3 次。你只有将一种新行为方法尝试至少 3 次，你才能客观认识它的有效性。

（3）法则 3：先数量后质量。勤奋练习，自然会有质的变化。

（4）法则 4：在安全的情况下实践，强调的是后果。只有在不会产生严重后果的前提下，你才可以利用这次机会实践它。

如果你想要提升你的技能，耐心和毅力就成为关键。没有人因为浮躁、急于求成而取得长远进步。

## 销售会谈总结

销售人员将理论知识付诸实践之前，最好能如下文这样对以前所学重点作一个回顾总结。

销售会谈的 4 个阶段包括初步接触（为会谈做预热准备）、需求调查（根据相关信息，开发客户需求）、能力证实（证明你所提供的决策的价值）及晋级承诺（获得进一步的许可，推进销售）。

（1）初步接触。在这一步，没有最好的、固定的策略，只有灵活的应对方式。

（2）需求调查研究。重点是提出 SPIN 提问模式。

（3）能力证实。传统的证实方式在大订单销售中已基本失效，因此最好的方式是表明你有足够的能力满足客户需求。

（4）晋级承诺。提出获得客户承诺最有效的方法——以客户为中心、突出利益及恰当的承诺方式。

以上都是关于销售的核心内容，销售人员必须铭记。

除此之外，销售人员在实践中还应该注意 SPIN 技巧应用的 4 个要点，也可以说是 SPIN 的特点：重视需求调查阶段；开发需求必须遵循 SPIN 提问顺序；突出产品解决问题的能力；以诚相待，精心策划。

其实，SPIN 的力量就来自它这 4 个与众不同的特点。

9. SPIN 有效性的评估

任何先进的理论或模型，都必须进行评估。就像你说一棵树年代久远，你就必须推断它的具体年龄一样。SPIN 理论也不例外。

在很长一段时间内，对于 SPIN 有效性的评估都处在茫然阶段，直到摩托罗拉公司在它的加拿大通讯部门测试获得成功。

事实证明，SPIN 在提高销售人员技能、增加订单数量及销售额方面有着不同寻常的作用。尽管它也像其他事物一样必然存在缺陷，但这并不能妨碍它给我们带来益处。

为了完善 SPIN 理论，新的评估工具如同时间的前进一样，直到现在也不曾停止。

10. 实践手册的使用说明

学习并未停止，因为我们不能停止实践。世界上任何理论的实践步骤基本都是相同的，SPIN 的实践也不例外。要想做好一件事情，首先的任务是计划，接着才是展开实际行动。没有计划的工作，就如同没有首领的羊群一样一片散漫；但是同样，没有行动，计划也就失去了意义。那么，销售人员该如何制订一项成功的计划呢？又该如何展开呢？下面给出几点友好提醒。

（1）必须明白 SPIN 告诉你什么以及你怎样领会它的观点、概念和其他知识点。

（2）将脑子里面的知识和自己的现实情况相结合，力图实现理论向现实的转化。

（3）要心态平稳地推进工作进度。心浮气躁只能使你丢三落四、得不偿失。

（4）重视基本专业知识和基本销售技巧。中国有句名言"不积跬步，无以至千里"，说的就是这个道理。

（5）对于还没有彻底掌握的薄弱知识和销售环节，你应该反复学习和练习。熟能生巧的道理，谁都明白。

如果以上提醒你都能很好地注意一下，那 SPIN 对你的帮助定然不可小视。

### 11. 重温 SPIN 的模式

SPIN 模式虽然在前面已经进行过详细讨论，但这里仍然需要补充一些新发现和促进我们进步的方法，以便我们更好地掌握 SPIN 技能。

这些补充内容主要是将 SPIN 提问中的四大类型做了细小分解，开展细节讨论。

### 12. 自我测试

就算你已经掌握了 SPIN 模式和技巧，但那些程式化的条条框框能否被你完全领会呢？相信你无从得知。因此，你必须不断地进行自我测试，让所有的知识点都在脑海中放电影式地一遍遍重现。

在测试中，如果遇到错误，你应及时纠正、引以为戒；如果测试过关，那就更是加强了你对 SPIN 培训的消化和吸收。总之，不管难易程度如何，这些测试都可以使你的销售知识和技巧得到有力的磨炼，并使你加深对它们的认识。除此之外，它还有助于你对 SPIN 整体操作能力的提高。

### 13. SPIN 发挥效力的基石

SPIN 的两面性：好的一点是大量的事实证明它在大订单销售中可以起到举足轻重的作用，麻烦的是它的实际操作太过困难。但无论怎样，我们都不能因为困难而轻易放弃一个能够大大增加销售量的方法。坚持，世上没有什么事可以一蹴而就。

## 策划——SPIN 最重要的一课

策划建立在计划之上，它比计划更加详细和周密。要成功制定一项策划，必须解决以下 3 个问题：

（1）基础定位。你以什么作为整个销售的基础？以产品或服务本身，还是以它的优点、特征或利益？在现代经济环境中，明智的销售人员只会选择产品能解决的问题作为销售基础。

（2）想法定位。其包括你的内容（什么将是你与客户会谈的重点）与沟通方式（冒着讲述的危险还是采取主动提问的方式）。

（3）初步试验。实践不可能一开始就将所有销售环节都赋以 SPIN 观念，让其主导整个销售会谈，这样有着极大的盲目性和风险性。因此，先进行单个产品或服务的试验，以其试验效果判定 SPIN 策划是否已经完善且可以执行，这才是稳重的革新之道。

以上 3 点做得越好，策划就越显完美，SPIN 的效力也才越大。

14. 注重买方的需求

需求是一切交易存在的基础，没有需求，销售也根本不会存在。能否发现并开发客户需求，直接决定着客户对你所提供的产品的态度。人的复杂性决定了需求的复杂性。要想做好需求开发阶段的工作，必然离不开价值等式（上文已讲过它的基本内容）的作用。

## 价值等式和大订单销售

注重买方需求，最主要的是需要销售人员能站在买方的角度体会、揣摩他们的消费心理。只有这样，才能真正地制定出行之有效的策略。

在大订单销售中，只有客户感觉到问题的严重程度（解决问题的紧迫程度）大于解决问题的成本代价时，他才会选择购买。反之，他则认为无须购买。销售人员清楚了这点，接下来就必须意识到是什么影响了客户感受到的问题时严重程度。

对于同样以获取利润为最大目的的买方来说，让他焦虑不安的无非是客户的流失、竞争力的下降、品质无法保证、工作效率低下、各种职能反应迟缓等影响利益的因素。要促成价值等式朝着购买的方向倾斜，就必须利用难点问题和暗示问题强化这些负面因素的影响。这种方法可以应付客户流露出来的明确需求，最重要的一点是，它是开发隐含需求最有效的方法。

在大订单销售中，仅仅满足于客户的基本需求必定是一个不算成功的销售人员所为。而成功的销售人员则知道利用上面的方法再结合这种开发需求的功能策略（通过提问技巧建立许多小需求，最后集中在一起，构成强度很大的需求），开发出超越买方基本需求的大需求。这个时候即使客户面对很大的成本支付，也乐意接受销售人员提供的产品或服务。

15. SPIN 类型问题的规划

四大类型问题的基本内容在 SPIN 的提问模式一节中已作阐述，这里主要就它们如何规划展开讨论。

16. 背景问题

背景问题的酝酿并非我们想象的那样简单，选择有效的背景问题仍然需要我们遵守一些基本的准则来进行周密的规划。以下是有关规划的注意事项。

（1）提问之前，尽可能多地掌握客户的实际信息。

（2）问题求精不求多。仅有几个好的背景问题，同样能够从客户那里获得所需信息。

（3）明确自己要帮助客户解决的问题是什么，这样才能加强问题的针对性。

（4）尽量使自己的提问能够和客户最关心的问题相联系，但需学会扩大问题的范围。

（5）提问时机值得注意。在不同时间和谈话环境里，同一个问题会产生截然不同的效果。

（6）给客户创造更多的发言机会，这样自己便可以有空隙思考，理清思路。

成功的销售人员是不会坚持 SPIN 提问模式一成不变的，他们会根据实际情况对这些注意事项作出相应的延伸或转变。

17. 难点问题

难点问题提问在整个开发需求过程中的主要任务是寻找关于客户现状的难题、困难或不满，并对它们进行阐明，从而让双方对隐含需求的理解逐渐明朗化。销售人员要想在这一点上取得理想的效果，最好能做到下面几点：

（1）要认识到难点问题其实比背景问题更容易被客户接受。

（2）提问难点问题需要充分准备，尤其是先向客户问几个有效的背景问题——它们是难点问题的厚实的铺垫。

（3）学会把握恰当的时机，谨慎地提问具有高风险的难点问题，因为一旦做不好，就很有可能惹怒客户。

出色的提问能力并非一日而成，它需要你在实践中多次磨炼、总结。

## 暗示问题

暗示问题是通过指出可能的隐含需求来强化客户麻烦的紧迫程度。在成功的大订单销售中，它们的功劳可能最大，但其挑战性也最大。怎样规划一个促使买方下决心解决难点的暗示问题呢？答案请看下文：

只有在会谈之前进行精密的思考，才能准备出有效的暗示问题。

如果你能掌握足够的专业知识，不但你能理解客户所述难题，而且你还能引导客户发现新的难题。

事先想到每一个暗示问题涉及尽可能多的难题。

一定要让客户的注意力集中在你能完美解决的问题上，否则他将怀疑你的能力。

关于提问时机，仍然强调选择低风险区域，避免高风险区域。

如果能将许多小难点进行有机串联，那将是一个严重的难点。这当然也是你的商机。

使用暗示问题仍然强调灵活性，在某些情况下可以考虑适当地穿插背景问题和难点问题。

### 需求—效益问题

需求—效益问题与前 3 种类型问题相比较，明显具有一大优势：销售人员将它们提出不会有任何为难，因为它们只是为了给客户展现利益。尽管在大订单销售中，由于规模庞大、内容复杂的关系使销售人员很难想出完美的对策，但我们可以尽力使其"完美"。为此，以下几个方面的努力必不可少：

（1）站在客户的角度，发掘你的产品或服务能够带来的最大收益。换句话说，就是考虑能解决客户的哪些问题及能解决到什么程度。

（2）确认是否所有的难题都已开发。难题开发越到位，客户越能够接受你的解决方案。

（3）开发你的解决方案的附带利益。这样可以强化客户购买的意图。

（4）你所要表现的收益，一定要与客户难点紧密相连。这种做法既有暗示客户难点给他造成损失的作用，又能增强他解决问题的决心。

如果你的努力已经无懈可击，很可能就有客户内部人员站在你这边，帮助你向他的伙伴们推荐你的产品或服务。

18. 超越基本点的能力证实和新产品或服务上市的能力证实

关于能力证实的基本方法和异议防范在前面已经作过介绍，这里主要讨论一些特殊的、能够促使能力证实走向完善的方法和其他内容。

客户很可能提出关于你能力的异议。如果没有能力，要么你承认自己无法完全满足他的要求，要么利用需求—效益问题增强你的能力、价值；如果你拥有解决难题的能力，那你就证实它，在关键的时候甚至可以出示证据。

绝大部分的销售人员在新产品或服务上市的能力证实中都表现平平甚至很差，关键原因是销售人员的注意力集中在产品介绍上，忽略了利用提问环节与客户进行沟通。这点值得后来者借鉴。

19. SPIN 技能锐化

学习 SPIN 技能就像你在销售环节的提问一样，也存在一定风险，因为没有人能保证它绝对具有奇妙的力量。也许它对你的帮助很小甚至一无是处。当然，你完全可以通过你的努力（做到以下 3 点）避免这种风险，获得它的益处。

（1）以客户为中心，并尽量理解他。你不妨试着站在他的角度，设身处地地体会他的难处，朋友似地帮助他解决问题。这样的做法很可能带给你更多的喜悦。

（2）准备充分，精心策划。面对销售会谈，只有"知己知彼"，你才可能"百战不殆"。会谈的步骤与进度、如何与客户沟通（是提问还是陈述）以及运用什么样的辅助工具等问题，都是这个阶段应该考虑的。

（3）始终保持一颗反省的心。定期作自我检查和反省是计划执行中销售人员必须具备的一种品质。防止遗漏、弥补失误对你有益无害。

这 3 点，通常被销售培训人员称为"SPIN 技能提升的三大基石"。

20. 己欲施人

SPIN 技能的要诀如果确实被你掌握，那你自然就能享受到它不同寻常的力量。但聪明的人应该明白，世上没有什么唯一——它并非你提高销售的唯一帮手。只看着一棵果树的人，是会经常吃不到果子的。

值得信赖的上司或者师长、一群讨人喜欢的工作伙伴，还有那些为无数个知名企业培训员工的专业公司等，他们都能带给你用之不竭的销售技巧和非凡的智慧。

总之，只要你勤学好问，在哪里获得启示和帮助并不重要，重要的是，你的销售成绩真的提高，你的客户非常忠诚，你距离成功越来越近。

# 三 《就这样成为销售冠军》

## ◎简介

像任何其他技能一样，销售能力也可以被训练出来并不断精益求精。这是享誉全球的销售大师汤姆·霍普金斯对销售能力的精辟论断。这一论断结束了数以万计彷徨在销售领域的人们被动、无奈的局面，给在失败线上挣扎的销售人员以巨大的鼓励，使他们具有了走向成功、成为冠军销售员的信心。

　　本书集合了汤姆·霍普金斯与其伙伴劳拉·拉曼（顶级的销售健将，为帮助更多有上进心的销售员及公司获得成功，她于 1989 年创办了经理人培训咨询公司）多年来在销售行业的实践经验和潜心体会，深刻地阐述了关于销售的各种问题。它为有志于销售行业的广大人士描绘出业绩不再是问题、收入越来越丰厚的辉煌前景。

　　在内容、形式上，它打破了以往规矩的、没有趣味的教条化叙述方式，以故事的形式，通过主人公一步一步的销售训练，向更多的人展示着冠军销售员成功的秘密。这种新颖的表达方式为读者的接受与领会带来了极大的方便和愉快。

　　本书的细节处理也别具一格，它不但通过许多情景告诉人们每一步精细的销售技巧，还借助史蒂夫的工作日记将核心内容突出，使得读者的脑海里有更深的印象。

　　同样生活在这个竞争激烈的时代，为什么别人可以在一天之内创造你一生的财富？差距为何如此之大？如果你是一个整天为没有业绩而愁眉苦脸的销售员，那么你想知道其中的奥妙之处吗？请让你的阅读来告诉你最终的答案。

## ◎核心内容

### 1. 冠军销售员的身心

　　一个人能否取得职业上的成功，关键取决于他的精神面貌。这包括：性格、心态、精神食粮和身体的健康状况。对于冠军销售员更为如此。在现代高节奏的生活中，从来没有听说有人因为精神委靡不振、体弱多病而在激烈的竞争中大获全胜。

　　有心理学家曾经指出：人体心理中的积极性因素是一切活动能力的来源。但另有研究表明，在正常人每天产生的 1 万个没有丝毫根由的念头中，至少半数倾向消极方面。可见，这两者是极其矛盾的，销售人员只有通过极其有效的自我调剂、积极的心理暗示，才能拥有满腔的自信和热情，对顾客的购买行为产生良性引导和鼓励。

　　冠军销售人员通常是这样做的：每天起床的第一件事就是进行 3 次有意识的积极的心理暗示，告诉自己"今天是一个伟大的开始"。我们的心灵需要补充这样的精神食粮，每次也不过 5 分钟而已。

作家罗兰曾说过："运动的好处除了强身之外，更是使一个人精神保持清新的最佳途径。"时刻面临着遭受拒绝、销售定额多、经济变化和工作强度大等压力的销售人员，应该养成积极锻炼的习惯来释放这些压力，从而拥有持久的精神和清醒的头脑，迎接新挑战。生物学更加印证了这一点：早晨的运动可以给我们一个好心情去开始一天的工作，更重要的是它具有降低血压、稳定血糖、减少骨折和预防心脏病的作用。对于这点，冠军销售员通常都会做得很好。

如果你想提高自己的销售业绩，获得"冠军销售员"的光荣称号，只以上几点并不够，你还必须铭记其他方面：

（1）维生素、矿物质和水是你必不可少的营养元素。

（2）再好的机器也需要休息，你必须保证 8 小时有质量的睡眠，以获得充沛的精力。

（3）必须通过你的兴趣爱好（比如下象棋、欣赏古典音乐等）扩展心智，增强你的学习能力。

（4）最后，万事万物，贵在持之以恒。

2. 冠军销售员的训练

有一句古话叫"玉不琢，不成器，人不学，不知理"。汤姆·霍普金斯坚信，像其他任何技能一样，销售能力也可以训练出来并不断精益求精。销售人员不需要天生的神经质或精神异常，而是需要经过系统的销售训练来掌握各种各样的销售技巧，从而由一名普通的销售员变成一名杰出的销售冠军。

要想具备一个冠军销售员的优秀品质，在千差万别的客户面前将销售艺术演绎得淋漓尽致，关键在于把美好愿望付诸切实有效的行动。

（1）试想销售环节中最让你恐惧的一幕，然后克服它。如果碰到一件较棘手的工作，那么就"先除之而后快"，清除这一销售障碍。但是，请注意你的精力和时间。

（2）约见顾客之前，进行充分的准备。准备内容包括：本产品的性能和优势、顾客的需要、顾客的个人信息、设想拜访的情景、万一遭到顾客拒绝时应该采取怎样的挽救措施等方面。准备越充分，销售成功的概率就越大。这正应了一个反映战争前夕军队准备工作的兵法策略："知己知彼，百战不殆。"

（3）市场在变化，顾客也在变化，为了应对这种销售局势，你必须不断给自己"充电"。接受更先进的专项培训、广泛阅读专业书籍、与伙伴分享实践过程中的销售经验等，这些都可以让你朝"冠军销售员"的称号逐渐靠近。

### 3. 冠军销售员为什么会讨人喜欢

不能否认，没有人喜欢和迟钝、木讷、毫无趣味的人进行各方面的信息交流，除非学生被迫听从老师的教训。虽然我们的销售人员不是严肃的老师，客户也不是学生，但客户仍然比较偏心于处世积极、性格开朗、待人和蔼的销售人员——冠军销售员。到底这些冠军销售员是通过什么样的方式来讨取客户欢喜的呢？看完下面这个著名的试验结果，你将会得到完美的答案。

1968年，美国心理学家艾伯特·梅拉宾经过大量的实验得出了一个公式：信息交流总效果的55％来自于身体各部位的姿态和动作，38％来自于音调，而只有7％来自于语言交流。这个结论在销售人员与客户的接触、交流中同样适用。

销售人员给客户留下的主要印象，是他在介绍产品、提供参考分析包括售后服务等过程中不经意间暴露出来的，尤其是表情和动作。一个普通的销售人员需要怎样，才能如冠军销售员那样赢得客户欢心呢？

（1）热情和激情是最容易感染别人的。它可以通过你真诚的微笑、柔和而又坚定的目光、赞同式的微微点头、笔直的坐姿、手指优美的弧线比划等举止，把你充满活力的心跳传达给需要你帮助的客户，使顾客信任你、赞赏你。

（2）假如你双臂在胸前交叉怀抱或是双手插在口袋与客户进行交流，那他一定对这种不礼貌的销售行为表示反感，更不用说购买你的产品了。所以，你必须克服不文明或消极的习惯，让肢体语言传达给客户一些好的信息。

（3）再一次强调：诚恳！诚恳！你是真正地愿意帮助他，还是只瞅着他兜里的金币，生物直觉会让他一眼识破。

### 4. 冠军销售员的声音

艾伯特·梅拉宾的试验告诉我们，除表情和动作之外，声音是人与人之间传递信息的第二大途径。客户可以通过你的声音判断出你对自己的职业是否充满激情、你对自己的销售是否拥有信心、你对这笔生意是否在乎。这些信息都直接影响客户对你的销售行为的态度。

音频、音调发音和变化，共同组成声音。冠军销售员在说话时的声音处理上，像完成其他的销售环节一样运用着艺术性的技巧。

（1）上扬、热情的语调比起单调的声音来，更能流露出他的自信和希望。

（2）清晰的发音和肯定的语气，更能突出他的专业和诚实。

（3）结束语的降调，确认他对自己的阐述非常满意，他坚信他们会成交。

事实上，初次踏入销售行业的很多新人在接触客户的过程中，心理一直处于紧张和恐惧的状态。他们手忙脚乱地应付着客户的各种询问和质疑，根本顾及不到声音这个层次。要消除这种情况，除了寻找有效的方式放松之外，就是不断地练习（比如，利用录音机录音进行情景试验）。

5. 冠军销售员的形象

"人靠衣装马靠鞍"这一俗语强调的是：对一个人进行直观判断时，外部形象在整体印象中占据很大的分量。冠军销售员不仅要具备足够的内在素质，还要对自己向客户呈现的外部形象进行合理修饰。

（1）正规、得体的职业装，并没有因为时装潮流的冲击而显得不合时宜。通常，大人会这样教育小孩不要对人产生等级之念："你不应该以貌取人！"但不能否认的是，现实生活中，陌生的人们往往是以这种方式互相进行判别的。

（2）树立成功形象的建议：时新的职业装或颜色鲜艳的夹克能给人以权威的感觉；鞋子的庄重可以显示你的细心；整洁、成熟的发型可增强你的可信度；淡淡的香水可以营造一点气氛；稳健的步伐体现你的工作效率等。记住，适可而止。

（3）握手是传达信息的好机会。以微笑的表情、稍弯的肘部有力地与客户握手，可显示你的自信和充沛精力，拉近与客户的距离。

在树立个人形象的过程中，应多征求朋友或同事的意见，集思广益。

6. 善意诱导的必要性及其艺术

市场上的产品极其繁杂。一般情况下，客户只明白自己生活的某一方面遇到了麻烦，需要以购买的方式向市场求救。至于具体需要什么性能、什么价位、什么型号的产品或服务，他们大多无从知道。销售人员的出现就可以解决客户茫然无措的问题——通过善意诱导，为客户作出正确决策提供新知识，帮助客户完成选择。

话有三说，巧者为妙。销售人员的诱导方式是整个销售环节的关键。能否让客户在交流之后作出积极的选择，就看销售人员驾驭语言、善意诱导的技巧如何。这与医生对病人运用心理诱导、科学诊断，然后设计治疗程序是同样的道理。

（1）假设性的措辞能帮助你处于主动的地位，对你顺利地进入潜在顾客的心中有积极的作用。一定要相信自己销售会顺利，你可以问出类似下面这样的问题："如果您乐意的话，就将我们下次见面的时间定在……好吗?"或者"假如明天之前决定购买的话，可以享受8折优惠，您考虑一下?"

（2）其他建设性的语言也可以刺激潜在顾客的积极思考。比如："一旦您成为我们的客户，我们将为您提供……"

当然，语言的巧妙运用，首先需要销售人员对交流的环境和谈话的语言环境做到正确地领会；其次，销售人员必须重视自己谈话的底气和语气。

### 7. 理解不同个性

销售训练中的技巧和方法，都只是销售员促进销售的普遍手段。事实上，面对具体的客户对象，销售员必须擅长判断对方的性格类型，根据对方的个性特点来调整自己的销售策略。只有做到因人而异、对症下药，才能取得事半功倍的效果。

基于几百年来人们不断探悉人类性格构成的成果，根据个性差异，人们通常把人分成以下4种类型。销售人员必须针对不同个性类型进行不同的销售。

（1）当你遇到果断型性格（冷静、控制欲望强、好胜心强、时间观念强烈、没有耐心、固执）的人，你的陈述或解说必须言简意赅，清楚地告诉他，如果购买会给他带来很多的好处或优势。

（2）当你遇到直觉型性格（外向、忠诚、优柔寡断、时间感不强、与人交好）的人，你需要展示你热情、温和可信的人格魅力，舒适的情感比其他任何策略都有说服力。

（3）当你遇到幻想型性格（矜持、寡言、独立工作能力强、爱好阅读、不爱冒险、逻辑推理能力强）的人，你必须为你的销售进行冗长细致的陈述，给他提供大量的统计信息，以便他通过推理作出选择。

（4）当你遇到热情型性格（直率、具有创造力、喜欢被众人簇拥、果断、做事容易出格、情绪化）的人，你需要为你们的交流创造很多互动机会，热情的他会更加喜欢释放和参与。

此类分法，对于性格迥异的人类来说，并不非常准确，它往往是通过夸大某些特点来进行归类的。所以，具体情况，你还必须客观对待。

### 8. 用直觉解读他人

尽管人的直觉带有许多幻想成分，但它的产生依然是由于依赖于对客观事物的印象，才在某一时刻突然出现在脑际。客户虽然没有观察和分析到销售人员的言谈举止，但却能对销售人员形成心理上的判断，这就是客户的直觉作用。同样，销售人员可以凭借自己的直觉，通过解读顾客的非言语表现，对顾客的内心想法进行揣摩或了解。如果你愿意作出这种细致的精力投资，那你将获得丰厚的回报。

这里介绍几种常见的肢体语言及其含义。

（1）避开目光——表示心思没放在这里。

（2）微笑——表示感觉良好。

（3）上身前倾——表示有兴趣。

（4）低头——表示没有自信、紧张。

（5）手掌摊开——表示开放、诚实。

（6）搓手——表示算计某事对自己有利。

（7）摩挲脖子——表示灰心丧气、疲劳。

如果你养成了解读客户肢体语言的好习惯，你将拥有非凡的洞察力。

9. 剖析销售

唯物主义认知论告诉我们，万事万物均有规律可循，销售行为亦不例外。冠军销售员往往能有意识地找寻销售规律，掌握销售程序。与顾客交流时，他们清楚每一步应该怎么走，并能为每一个销售环节预备可行的推进方法，以此取得更佳的交流效果，提高工作效率。这种人性的、互动的销售程序是依据人的心理特性而建立的。它能更好地帮助顾客理解、接受新事物和新理念，所以，顾客通常都会欢迎销售人员以这种方式向他们介绍产品。

（1）以礼貌的态度和诚恳的心去认识他们。

（2）能很好地领会他们的需求。

（3）给他们以热情而专业的产品介绍。

（4）提供良好的售后服务。

如果你能够切实体会顾客的需要，那你就会明白怎样的销售程序才是适合此次销售行为。

10. 组建人际关系网

经济越是发达，商品交易就越是频繁。这个规律促使销售人员的队伍不断壮大，销售行业的竞争日渐激烈。很多销售人员就喜欢以这种现象解释他们失败的原因——最困难的事，就是每天无法找到足够的顾客来推销自己的商品。

每一个人都应该相信，在市场上，顾客总是比销售人员多出很多倍。正如同你必须相信，医生不可能比病号多。没有客源或者缺乏客源，只能说明你没有一个出色的人际关系网，你的社交能力极为差劲。

事实证明，优秀的销售员总是时刻在为组建人际关系网而努力，并且亲身实践着从前辈身上学到的经验。

（1）随时随地准备与周围的人建立关系，并积极地向他们传播产品知识。

（2）借助朋友和亲戚的推荐，扩大交际圈。

（3）经常参加社区活动、俱乐部活动及其他商业活动，从这些公众场合找到更多有用的客户信息。

（4）经常运用"三步法则"，潜意识里把周围 3 步之内的人都当做客户对象，且主动与他们打招呼、交好。

事实上，很多新手有意地执行这些扩展人际的条例，在开始阶段定然伴随着不适、害羞和恐惧等不良感觉。而重要的是，你需要克服不良感觉，坚持这种做法。习惯之后你会发现，这种挑战带给你的将是更多的欣喜。

11. 获得尽可能多的约见机会

为了提高自己的销售业绩，销售员必须掌握高超的"侦查"技术，不断发现新的顾客，与顾客进行约见、交流，做成一笔笔的生意。虽然现代的通讯技术可以使销售员通过邮件、电话的方式接触到顾客，然而有研究表明，人与人之间最佳的交流方式却是面对面的信息沟通，由此得以引出销售过程中极其重要的另外一个环节——销售员与顾客的约见。我们可以想象一下，约见顾客就如同一个具有过滤作用的程序，约见之前混合着各种可能（拒绝、失败等），而约见之后胜算的把握就大了许多，消极因素也去掉很多。与顾客的约见机会越多，就意味着这笔生意的成交率越大。为此，销售员必须通过各种努力获得尽可能多的约见机会，以取得实质性的销售进展。

（1）通过冒昧的电话，直接告诉对方可能会感兴趣的信息。但效果不是非常好。

（2）寻找与自己有着某种联系的清晰目标，从他们的理解中获得支持。

（3）直接接近决策者。虽然过程中会有一些障碍，但应该学会巧妙地绕过障碍物（比如决策者的助手）；见到对方首脑要开门见山，因为大多数决策者都没有耐心听取一个销售人员啰唆的陈述。

（4）接线员至关重要。打电话时，能否得到那头接线员的青睐，直接影响着你能否获得有价值的信息。

（5）如果知道决策者的名字，那就鼓起勇气，很自信地告诉接线员你要找这个人。这样，他会认为你是决策者一个很重要的老熟人。

一旦约见成功，销售员必须在精心准备（从着装到产品内容）后，大方、得体地准时赴约。

12. 克服恐惧被拒绝的心理

大家知道，心理力量对人的行为具有绝对的主导作用。著名的意大利诗人但丁有句名言：走自己的路，让别人去说吧。他伟大的心灵受着自己信仰的主使，别人的非议或评价都显得微不足道，所以他创作出《神曲》。可见，成功者永远都不会是战战兢兢的胆小鬼。

能登山之高峰者，必不惧路之险恶；能跨江之激流者，定不畏水之湍急。若想得到"冠军销售员"的荣誉称号和丰厚的收益，同样必须克服内心的惧怕和紧张，通过一些科学的训练，达到销售技巧运用的稳定、娴熟。

（1）大量的情景演示训练（每个礼拜10％的时间）必不可少，这是克服恐惧、解决销售难题的最好方法。

（2）想想那些伟大的、先苦后甜的人物，然后给自己永不言弃的精神和不畏艰难的勇气，去克服每一个销售障碍。

每一个梦想成功的销售员都必须铭记：没有人生来就具备成功的条件——圆熟的技能和巧妙的陈述只能用自己的汗水来换取。

13. 精彩的问候

以令人信服的精神面貌出现在顾客面前，使顾客的焦虑感减少，给顾客一种轻松自在的交流气氛，打好互相信任的基础，这就是一个销售员通过对顾客的问候所要达到的效果。

（1）销售员给顾客的第一件礼物应该是真诚的微笑，只有这样，顾客才有可能乐意接受最后的"礼物"。

（2）对待顾客不只需要注意力集中，目光中还必须带着你的自信和兴趣。

（3）手掌展开、掌心微微向上，有力地与顾客握手，但不能捏疼别人。

（4）热情地向顾客介绍自己，但要自然，比如用上扬的声调告诉他你的名字："我叫汤姆·霍普金斯。见到你非常高兴。"

（5）利用一个问题，让顾客轻松地谈谈自己，比如，提起他最为得意的事，这样，他自然会提供更多关于自己的信息给你。

（6）挖掘共同话题，创造默契。

（7）对他的优点表示赞扬，但要适度，否则，别人会觉得你这人虚伪。

打好以上细微的铺垫，便可以转入正题了。当顾客对你说出"好"的时候，你便可以体验到一个精彩的问候的力量是多么巨大。

### 14. 需求鉴定

希腊著名哲学家、教育家苏格拉底主张以讨论问题的方式与人交谈，从而一步一步引导出正确的结论。这种方法被后人称为"苏格拉底方法"或"产婆术"。

如果你在对顾客的真正需求不甚了解的情况下，盲目地急于陈述自己产品的性能，那最大的结果就是顾客无法接受你的介绍和帮助。尽管你的产品很棒，但因为不能很好地解决他所面临的问题，所以你前功尽弃、销售失败，因此你必须学会正确鉴定顾客的需求。具体的方式是怎样呢？苏格拉底已经告诉你该怎么行事：采用提问式的方法推进与顾客的交流，使顾客积极地参与你的介绍、接受你的鼓励，从而帮助你跨越销售环节中最困难的障碍，找到问题的解决办法或方案。

这种做法的优势在于，让顾客更有信心、更主动地向购买靠近。它截然不同于销售员一厢情愿的灌输，给顾客以主动的感觉。

需求鉴定的任务不仅是辨别顾客已经意识到的需求，刺激顾客还没意识到的需求，而且还必须促使顾客心理上产生紧迫感，让他想买。

（1）询问他以前用过的产品和当前产品最大的优劣势分别是什么、是什么让他决定购买你的产品、他对你的产品最感兴趣的地方在哪儿等。

（2）不仅要给顾客提供有用的信息，更重要的是关注顾客感兴趣的。比如，刺探他对价格的态度、让他知道你有着最好的售后服务等。要知道，对顾客每一点细小的探知，都有助于你最终得到他肯定的回答。

### 15. 排除竞争

排除对手，就是成全自己、让自己离成功更靠近一步。在销售人员向顾客展示自己的产品时，顾客很可能已经开始与市场上的同类产品进行暗自比较。面对这种情况，你能视而不见、避而不谈吗？不行。但是你必须采取欲擒故纵的策略，大方地给顾客作出详细介绍和比较，从而打消顾客的疑惑。假如你没有这样做，反而说竞争对手的坏话，只顾强调自己的产品如何得好，那你就等着顾客将你扫地出门吧！

竞争是残酷的，时间就是你在竞争中占据优势的资本。冠军销售员一致认为：最好的销售就是让顾客立即购买。拖延意味着这笔生意很可能被你优秀的竞争对手随后抢去。所以，需要再次强调和强化顾客的紧迫感。价格是这个环节中最有效的武器，如果你能为顾客做出有效的算计，钞票的节省会让顾客为之动心。

从顾客身上得到的任何信息，都将是你参与竞争的法宝，不容忽视。只要将它们有条理地汇集起来并加以利用，再强的竞争对手也休想夺走你美味的蛋糕。

16. 强有力的展示

病人承受身心的折磨而向医生求救时，医生总是经过仔细的检查给出极为有效的治疗，从而使病人恢复健康。销售员在帮助顾客解决麻烦时，同样需要学习医生的治疗手段。训练有素的销售员知道，一味地向顾客强调产品，就像不合格的医生一味地提醒病人的病情一样极其无聊甚至有害；只有从"治疗疾病"的角度（这样对病人的康复最为有利）来为顾客考虑（怎样对顾客更有利），才会出色地完成产品展示，掌握顾客最乐意接受的销售方式。

强有力展示的另外一个关键是有效地向顾客传递简练、可信度高和具有充分价值的信息，必须让顾客感觉到：他的利益，你是放在第一位的。同时，影响展示效果的还有以下几点技巧。

（1）尽量使你陈述信息的节奏与顾客的语言习惯保持一致，过快或过慢都可能不能让顾客很好地领会你的意思，甚至会使他厌烦。

（2）言语吐字要尽量含蓄、得当，具有轻松的气息或人情味儿，但需要有力度和激情；避免僵硬、拘束的词汇和疲软的语气，要做到既可以感染顾客、赢得顾客的尊重，又能轻松交流信息。

（3）尽量制造更多情景互动，让顾客积极参与讨论和产品试验，加深顾客的印象。

（4）必须避免常犯的错误，如急于求成导致顾客的不信任、忽略了销售过程中的某部分人、语言陈旧呆板等。

（5）最后一点，诚实可靠最为重要，你的职业道德可能决定了顾客对你产品的态度。

展示环节是整个销售过程中最核心的部分。它直接决定着顾客对下一环节的交流是否还有兴趣。

17. 异议预防

一般情况下，顾客对产品所关心的事项，总会在销售人员忙于陈述的时候突然提出。如果销售人员事先没有预料到这个问题，那他匆忙的解释可能并不能使顾客满意。所以，冠军销售员总会提前着手准备、分析种种假设的问题，并将解决方案贯穿在自己的展示中，做到防患于未然。

而且，顾客虽然在倾听你的讲述、接受你的知识，但他的心里始终会有自己的盘算。如果他的想法是以直接提问的方式流露出来，你还可以通过解释来进行扭转或更正；如果只是隐藏在他的一个小动作里，你就必须留意，洞察他还未说出口的关心事项，在接下来的陈述中，有针对性地解决他的后顾之忧。

### 18. 成交戒律

销售员不辞辛苦地进行准备、约见顾客，就是为了等待最后成交的一刻。那么，如何才能让你的销售活动顺利展开，且不致在最后关键时刻因为你的某些不当而使成交与你失之交臂呢？医生明明清楚手术的每一个程序，但如果太过紧张，就可能导致手术失败，危及病人生命安全。所以，销售员保证成交顺利的最好办法就是，通过情景演练克服心中的紧张和恐惧。

此外，足够的耐心也必不可少。因为一个人在作出某些选择时，大脑往往需要消耗时间搞清利弊。

这两点都是销售员在明确接收到顾客的购买信号之后所必须注意的。顾客的购买信号，一般是他觉得对产品的型号、质量、价格都比较满意之后才会做出。它直接或间接向销售员表露顾客的购买意向，并试探着去涉及成交的其他条件。它或者是顾客直接的话语，或者是肢体语言的暗示。总之，需要销售员随时随地地关注。差劲的成交者往往是在这点上表现得过于疏忽，于是导致虽然成交但顾客仍然对这次服务表示不满。

### 19. 战胜最后的异议

当你与顾客最后的成交手续办完时，你觉得自己终于可以松口气了。但是，像某些历史剧的旁白一样，"其实事情还远远没有结束……"。有些顾客为了确定自己眼光没错，总会向你提出异议。服务顾客是你的宗旨，所以你不能不耐烦，你必须运用平日训练所得的知识灵活地战胜这些异议。伟大的销售人员会经常以下面这些方法为此次销售画上完美的句号。

（1）他们会认为这是顾客感兴趣的表现，首先对顾客表示理解，然后以丰富的经验（早已收集过这些常见的异议，并做了准备）去解决异议。

（2）他们可能将顾客的疑问进行巧妙的处理："很乐意为您讲得再详细点……"

（3）他们会引导顾客重新获得"嗯，是很划算"的感觉（包括回想策略和分摊策略）。

销售人员要克服顾客在成交后提出的异议，同样需要销售前期善意诱导的艺术，真诚地帮助顾客，使顾客觉得这样的购买不但非常有益、有价值，而且还能带来快乐。

20. 追踪现实和对追踪的恐惧

不管是你经由推荐建立新的销售关系还是维护已有的客户关系，持续地追踪都是极其必要的。如果客户得到了你的推荐但仍然没有回应，你就必须运用高超的追踪技巧去捕获潜在的机会；或者你能经常与已成交过的客户保持联系，并且表示你乐意为他们提供出乎预料的服务。这两者都将显示出你具有优秀的职业道德、专业人士的风范。

（1）电话因为它的便捷和互动而成为销售人员追踪的最好方式。

（2）坚持，才能享受追踪的良好效果。半途而废，就是给竞争对手送去机会。

（3）写感谢信，是一种比较优雅的方式。获得顾客的称赞，是销售良性循环的开始。顾客的口碑是对你最好的宣传。

（4）为了防止新顾客的不满或抱怨，你的展示一定要带来愉快的交流气氛。还须记住，苏格拉底教给你的提问方法，能让你清楚地了解顾客的偏好。

（5）在任何时候，恐惧心理都是一个恶贼。你只有将它赶跑，才能拥有自己想要的东西或结果。

21. 推荐的竞争优势

无论是一个企业还是一个销售员，没有什么比很多人知道他们更为重要。企业和销售人员都需要源源不断的顾客来支持他们，所以，宣传尤为重要。比起在报纸上占据整个版面、在街头树立巨幅的广告牌、在网上制作精明的广告语，顾客的任何口头推荐都将是更为经济、更为有效的宣传方式。

虽然不是每个人都会购买你的产品，但他们的关系网将会为你带来大量的有此需求的人——潜在顾客或顾客。当然，这需要你的诚恳和不懈努力。

（1）完成一次交易时，告诉顾客："很乐意为你和你的朋友继续服务。"

（2）通过恳请老顾客，获得一份推荐名单；展开新一轮的追踪和拜访，提供优质服务。

22. 冠军销售员对未来的展望

奇迹往往只青睐于那些有所准备的人，无数人士的成功都验证了这个观点。只有学会制订目标、清晰地界定方向与能力并且坚持执行下去，你才会取得出类拔萃的成绩，成为顶尖级的销售人士。一个伟大的冠军销售员一定是一个伟大的目标设置者。你应该做到以下几点：

（1）写下清晰的并且在时间上、数量上都是可以度量的目标计划。

（2）你的所有目标并非天马行空的想象，而是有现实根据的。

（3）单位时间段内的计划任务必须完成。

（4）努力让你的数字增长。销售日记上的数字（清晰地显示着你与潜在顾客达成交易的几率），是最有说服力的回报，它将促使你不断寻求挑战。没有什么可以阻碍你向更远更美好的未来展望，怕的只是你没有一颗顽强的心。

23．时间安排

时间是一切事物存在的前提，如果你做到合理利用，将收到事半功倍的效果；反之，只能丧失机会、业绩和成功。销售人员明智地安排时间，不但可以免去许多不必要的麻烦，还可以获得精神上的充实，有效地提高销售业绩。

合理地安排时间，需要做到以下几点：

（1）制订详细的计划（时间、区域、任务以及每月计划一览表）。

（2）随身携带计划工具（确保带着电话目录）。

（3）确保办公环境的整洁。

（4）只有你的顾客量完全能够保证你的目标收入时，你才不必花大量的时间去寻找新客源。

井井有条的时间配置，使全新的生活从你认真执行的那一刻开始。

24．冠军销售员的自我分析

冠军销售员总是如同一个喜欢挑战的将军。战场上没有永远胜利的将军，销售行业也没有次次获胜的销售员。战败的将军通常会反省自己的指挥艺术，以求下次力挫敌人；偶尔受挫的冠军销售员同样会客观评估和思考自己的不足，以建立更加稳固的顾客基础。

事实证明，许多进步都蕴藏在对过去的反思中。销售日志不仅是销售员的进步标尺，每一次约见都会上升一个刻度，它还充当着为销售员发现销售问题、寻找新客户的有效追踪系统。

任何一个行业，所有成功的人，都是由自身勤恳的生活态度与无比顽强的信心共同造就的。

# 四 《营销管理》

## ◎简介

人类社会在 21 世纪进入了新经济时代，对于数以万计的企业和其他组织来说，这种新经济不但带来了新的发展契机，也带来了严峻的挑战。毫无疑问，谁能够对市场上出现的新情况做出快速、正确的反应，谁就能成为未来商业环境中的佼佼者。

自从 1910 年，威斯康星大学的拉尔夫·巴特勒在人们长期研究、思考市场问题的基础上提出市场营销学，该学科就在日益变化的市场和频繁的实践中迅速成长。在这个问题上，谁也无法说谁的理论成熟或者完美。市场营销是经济、管理学中最具有动态性的一个领域，环境不断变化，它的内容也不断变化。因此，"适应"是一种营销理论或模式得到的最好评价。

当代市场学权威、美国西北大学教授菲利普·科特勒博士所著的《营销管理》，就是当代市场最游刃有余的适应者。它纵观世界经济局势，批判传统营销模式，对新世纪的营销作了精辟独到的阐述。面对大众市场的逐步瓦解，很多营销者陷入迷茫。相信这位营销"圣经"的作者一定可以为这些"迷途的羔羊"带来新的启示。

《营销管理》一书的首版在 1967 年，历经 10 版，作者对它的完善和修订工作一直没有停止。除了细致的理论知识，该书还集中介绍了营销学中大量的经典案例，以供读者学习时参考。

菲利普·科特勒在 1981 年与其胞弟——实战派营销大师米尔顿·科特勒在美国华盛顿共同成立了科特勒咨询集团（Kotler Marketing Group），该集团是目前营销战略领域最大的、服务最广的全球顶尖咨询公司之一。

《科特勒营销新论》是菲利普·科特勒教授的另一本经典之作。该书由他和迪派克·詹恩教授（美国西北大学凯洛格管理学院院长）及苏维·麦森喜教授（泰国曼谷大学沙升企管研究所营销学教授）合作完成。

## ◎核心内容

### 1. 21 世纪的营销

当今世界文化环境和商业环境急剧变化，企业营销既面临难得的机遇，也面临着巨大的挑战。能否适应业务全球化的趋势、能否实现科技的迅速进步、能否在更加开放的市场上站住脚跟，是营销在 21 世纪面对的三大主要问题。

为了适应日益变化的经济环境和消费者需求多元化的新形势，营销人员必须将以下几点作为成功的必备要素来看待。

（1）摸清市场和消费者需求，才可能开展营销。当今营销人员不仅要会调查需求，更重要的是学会管理需求。只有在市场上具备一定的主动性，公司才可能从策划、产品设计到销售等环节都在同行业占据优势地位。

（2）选择市场。任何事情之间的匹配，都不是以大、多或广为标准，而是合适。企业产品设计、营销等活动只有通过选择目标市场、针对类型顾客群体，为他们创造利益和价值，才能为企业获得生存之道。

（3）选择多元化的价值流通渠道。基于社会科学进步，人与人之间的沟通方式和信息传播途径发生了前所未有的改变。对营销来说，这应该是一种契机。

（4）组织观念多元化。单一的企业运营观念，根本无力在市场上游刃有余。从生产流程、产品本身、库存到营销、交易及服务，每个阶段无疑都需要与其特性相适应的管理态度。

新世纪，新营销。事实上，我们对营销需要重新认识的并不仅仅是这些。其他内容，下文将逐一进行揭示和说明。

### 2. 建立客户满意、价值和关系

企业的首要任务是创造顾客，这是"现代管理学之父"彼得·德鲁克在 30 多年前作出的著名论断。只可惜在这几十年，众多企业被丰厚的短暂利益所迷惑，哪里顾得上考虑长远的回报。

但凡杰出的管理学者及营销学者，他们都坚信：价值能否实现最大化，关键取决于顾客。甚至可以这样断言：企业营销收益完全决定于他们对总顾客价值和总顾客成本之间的评估以及与竞争者之间的差别化。如果在这两点上做不到，营销者就根本无从确定完善的产品的上市方案。

要维持公司长久的盈利能力，最好的办法就是树立顾客忠诚度，避免顾客流失，尤其是价值最大的那部分顾客。吸引新顾客虽然是企业发展壮大不可缺少的部分，但其成本巨大且不一定取得良好效果。因此，建立企业与顾客之间强烈的品牌感情才是保持营销成功的明智之举。

当然，留住顾客的根本是必须让顾客满意。如果你的产品和服务只会让顾客充满抱怨和牢骚，那从何来谈销售业绩和公司利润？做好这点，企业必须在自身管理上注意以下两点：

（1）现代企业的核心业务类别繁杂、流程环节颇多，较为松散的传统管理模式无法保证它们的高效运转。那么，要实现价值在企业、合作伙伴及顾客之间的有效传递，企业必须创建一个全新的营销网络，加强各要素之间的合作。

（2）影响顾客满意度的直接因素就是产品或服务的质量问题，只有产品或服务在特色和品质两方面都出色，市场上的各种需求才可能得到最大满足。因此，企业积极开展质量评估活动、坚决执行全面质量管理计划，当属刻不容缓。

总之，企业的一切出发点只有放在顾客身上，才会获得持久的盈利能力。

3. 赢得市场：制订市场导向的战略计划

如果一个企业由于不能适应不断变化的市场环境而无法在战略和业务上做出快速的反应，那么这肯定是一个失败的企业，至少是不太成功。再试想一下，倘若营销活动没有计划，那又将是一个怎样的交易场面？

这样的状况只因为缺少一种意识，这种意识就是秩序。只有营销规划人员有序地展开调查、有序地组织设计、有序地执行，营销工作才能够顺利完成。这些步骤综合起来就是营销计划。

相应地，营销计划只有在公司战略计划的指导之下才能有效制订。企业没有战略方针，就无法选择和组织业务，无法克服在它的领域不断出现的各种障碍，最终只能以失败告终。因此，你必须理解战略计划的重要性。

（1）它能帮助企业塑造并不断调整业务或产品，为企业带来更多发展机会和更大利润空间。

（2）它能帮助企业处理好与市场各要素（包括市场目标、科学技术和资源等）之间的平衡关系。

（3）它能帮助企业内部实现有序运转。

除此之外，它可以清晰各个管理层面和各个业务的具体战略计划，为每个业务确定任务、分析形势优劣和提高竞争力、安排业务活动的资源和收集反馈信息。企业有了它的存在，就如帆船有了方向。

企业战略计划主要通过定义公司使命、建立战略业务单位和为每个战略业务单位安排资源 3 个方面的工作来实现，它必须以市场为导向。营销大师科特勒认为：战略的正确性比它是否能立即盈利更重要。

4. 收集信息和测量市场需求

信息就是企业的生命之源。收集信息等于企业在集合生命要素，培养生命力。

现在，面对营销全球化、顾客购买新焦点的出现及非价格竞争因素增长的新趋势，营销信息尤其重要。营销信息系统就诞生在这种新趋势的要求下。它通过完成以下 4 个方面的工作来对各种各样的信息进行评估、过滤和开发。

（1）建立一个从订单到收款循环和销售报告的内部系统。

（2）给营销经理提供有助于营销发展的新信息。

（3）创建信息数据库，总结营销成果，分析营销前景。

（4）帮助和支持营销者分析复杂的相关信息，并积极促使它们向实践转化。

第三个方面实质就是营销调研系统。它开展工作的方法和工具都呈现出多元化。但无论你选择什么样的调研方法和调研工具，它的运行程序都遵守这个规律：首先确定调研课题，其次是制订计划，再次是收集信息，最后是通过信息分析得出结论。

一个具有科学性、创造性、思考性、调研方法多样性、共存性（数据和模型）的调研系统，通过成本—收益分析得出的结论，定能够帮助管理层理性认识市场，发现新的市场机会。

对于企业确定目标市场来说，工作进行到这一步，仍不能松懈。还有一点必须要完成的就是衡量这些市场机会背后的利润空间。换句话说，就是需要测量市场需求和公司需求。前者是为了预测某种产品在一定条件下顾客愿意购买的总数量，而后者是为了了解公司尽最大努力所能争取的市场份额。经过两个参数的衡量，管理层就可以判定哪一块市场作为目标市场所遇到的风险更小。

5. 扫描营销环境

时势造英雄，这句话我们每个人都见过许多次。我们都知道，它强调的是环境对人的重要性。在市场竞争激烈、风云多变的现代社会，各个经济领域都英雄辈出。尽管各自的经历、行业有所不同，但在这点上，他们却出奇的一致：深深地懂得抓住社会环境带给他们的机会。

当今社会变迁无时无刻、无处不在，大到政治格局、科学技术、经济环境、文化环境及自然环境，小至人口年龄、受教育程度及家庭结构等因素都不断呈现出新的趋势。而这些趋势总是对市场环境产生或大或小的影响。试想，如果营销人员忽略不顾，可以吗？让我们看看那些曾经因此而遭受挫折的巨人吧：汽车巨头通用、IBM 公司和希尔斯百货公司等世界知名企业。

在当前环境中，对市场影响最大的莫过于文化。核心的文化价值和亚文化价值曾一度造成主流市场和非主流市场之间的明显界限。

除此之外，人文环境中的人口因素、经济环境中的财富、收入与分配因素、自然环境中的资源因素和受污染因素、技术领域的创新与更替因素、政治环境中的不安定因素和法律因素，都是需要营销管理层时刻注意的环境变量。企业只有善于在这些变量中发现新趋势，寻找新机会，才可能在越来越艰难的商业环境中生存下去。

6. 分析消费者市场和购买行为

如果你对一个人毫无所知，你能否对他有所判断？当然不能。为什么？因为没有依据。对营销者来说，也是同样道理。如果对消费者心理和行为没有任何了解，他们就无法预测顾客行踪，无法拿出促使顾客满意的方案。因此，研究消费者市场和消费者行为是一项在制订营销计划之前必须完成的工作。

影响消费者行为的因素主要有四大类，它们分别为文化因素、社会因素、个人因素及个人心理因素。为了彻底了解消费者购买过程的每个详细步骤，营销人员必须对四大类因素进行深入分析和探讨，而并非只是笼统地归类。

**购买决策过程**

消费者购买决策主要分 5 个阶段完成。如下图所示：

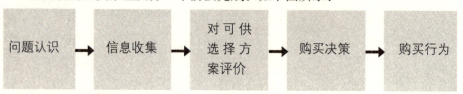

7. 分析企业市场和企业购买行为

市场上的购买行为并非只发生在个体顾客身上，参与消费的还有组织。

它们必须不断购进生产设备、技术及原材料等必需品来保证自己的生产计划顺利完成。因此，营销者对影响组织购买者决策的因素进行研究，是企业追求利益最大化的必然。

组织购买是各种正规组织为了满足购买产品和劳务的需要，在可供选择的品牌与供应者之间进行识别、评价和挑选的决策过程。这是韦伯斯特和温德对组织购买的定义，这个定义透露了以下几个重要信息：

（1）市场上的组织需求。这应该是相对于消费者市场而言的。组织需求的根源是消费者市场的需求，如果没有消费者市场，企业市场也就不会存在。然而，企业市场的营销者在分析组织需求时必须掌握它们之间的区别。

（2）组织采购是一个系统的过程。因为采购规模及其后果、影响的关系，组织采购往往要比个体顾客采购程序复杂很多。个体顾客的决策过程只有 5 个阶段，而组织采购的决策过程则有问题识别、总需求说明、产品规格、寻杂货供应商、征求供应建议书、供应商选择、常规订购的手续规定及绩效评价等 8 个阶段。

（3）关于组织采购决策。个体消费的决策者通常都是消费者个人，而组织采购的决策者必须是由组织批准者、决策者、购买者、控制者、发起者及使用者等相关人员组成的采购中心。因此，企业市场的营销者只有对购买组织的目标、政策、传统作风及部门结构有深入了解，才可能明确采购者的决策过程。

在以后，组织采购者的采购方式会越来越先进，所以企业市场的营销者绝对不能满足于现有的营销能力。如果对企业市场和企业购买行为的分析没有深度或者缺少新发现，则他们很可能无法立足于这个环境。

8. 参与竞争

有句很有意思的话叫做"敌人才是自己最好的朋友"。人一旦失去与对手的竞争，很可能就变得慵懒、落后和不求上进，企业也是一样。

企业营销者不但要参与竞争，更重要的是需要管理竞争。增强企业竞争力，并非有观念就行，它更需要企业制订强有力的竞争措施并坚决执行。管理竞争有 5 个方面的问题需要企业营销者努力解决：

（1）确定竞争者。识别竞争者不那么简单。企业很容易知道自己的明确竞争者，比如奔驰把宝马当做主要竞争者。然而，潜在的竞争者存在范围广泛且很难辨识，有时甚至是跨行业的，它可能突然对你造成威胁。比如，一家绿色食品制造公司也许会成为生物技术公司的竞争对手。

（2）确定竞争目标、制定竞争战略及分析当前优劣势。这是明确竞争者之后企业必须当即展开的活动。战略主要解决企业即将进入哪一个特定市场的问题。竞争动力和竞争目的是什么、长期愿望和当前利益是否冲突，这3个问题的答案构成竞争目标。而辨别竞争者的特点、优势和劣势及反应模式，则是企业制定具体竞争措施的必要前提。

（3）创建竞争情报系统。该系统主要通过收集、估计和分析战略群体的数据资料，为营销管理层制定竞争战略提供情报支持。

（4）在竞争中的战略定位。你是领导者、挑战者、追随者，还是补缺者？只有正确定位自身，企业才能实现一定时间段内的利润最大化。

（5）选择竞争导向。企业不能为了竞争而竞争，市场份额和业绩只是表象，利润才是本质。是否同时给予顾客和竞争者恰当的注意，是衡量企业能否健康发展的标准之一。

科特勒认为：没有竞争的企业往往会成为绩效差的企业，只有敢于向竞争对手挑战、不畏困难的企业才会成为市场的领航者。

9. 辨认市场细分和选择目标市场

顾客需求不同决定市场类型繁多。一家电器企业不可能满足所有电器市场上的顾客需要。因此，企业需要准确找到属于自己的那一片天地，否则面对茫茫市场，一定手足无措。

综合了解不同社会变量（地理因素、人文因素、心理因素、行为因素、经济因素、环境因素等）对顾客的影响程度之后，企业应该根据消费者特征和消费者反应进行市场细分，从而增加公司营销的精确性。

企业对细分市场的评估是最关键的一步，这决定着目标营销的方向。只有评估客观、正确，企业才能把目标对准其最有利的细分市场（确定目标市场）。

在确定目标市场后，企业营销者必须为各个目标市场制定严格、精确的市场进入计划。同时，对各个细分市场之间的关系要予以重视。这样做的目的是寻找发展规模经济和制造大范围营销的机会。

10. 在产品生命周期中定位市场供应品

科特勒认为：企业不应该去考察产品的生命周期，而应该考察市场的生命周期。

现代制造技术和信息的开放，使得产品的特征和益处很难长时间在市场上保持优势，因此企业只能对它们的产品或服务进行差别化。企业为了保持在竞争上的现有优势，就必须赋予该产品或服务新的亮点和增加新价值。

尽管企业努力使它们的市场供应品不断地更新换代，以此来吸引对价值敏感的顾客，但这些供应品仍然会经历购买者兴趣和要求此时起彼时伏的阶段。面对市场环境的变化，竞争者一轮接一轮地围攻，企业只能被动修改其原有的营销计划，力求使融入了新元素的计划能够适应新阶段的消费者需求。

绝大多数的产品在其产品生命周期内都要在市场上经历 4 个阶段，且每个阶段都要求营销者拿出与之相适应的营销战略。

（1）导入阶段。产品初入市场，阻力比较大，因此企业收获不大。在此阶段，有快速"撇脂"、缓慢"撇脂"、快速渗透和缓慢渗透 4 种导入战略可供营销者选择。

（2）成长阶段。产品成长阶段的标志是销售额和利润快速增大。这时，大多数企业为了开拓新的细分市场和分销渠道，不断地尝试产品改进和更新，并且在价格上作出适当调整。

（3）成熟阶段。一旦销售增长缓慢且利润稳定，产品就进入了成熟阶段。此时，企业通常都热衷于放弃弱势产品，改进或开发获利能力比较强的产品，争取新顾客和现有营销组合（价格、分销、广告、打折扣、销售人员及服务等 5 种要素）的改进。

（4）衰退阶段。这是任何产品都免不了的结局，销售要么停止，要么很长时间持续在一个低水平上。因为没有可能恢复往日销售，所以绝大多数企业选择终结这一产品。但也有例外：如果不给企业带来负利润，营销者可能将它和其他产品搭配，暂时保留它。

以上所讲，都是大多数企业传统的营销策略。现在，让我们返回科特勒的观点：企业不应该去考察产品的生命周期，而应该考察市场的生命周期。这位营销大师提倡企业主动认识和预测市场的新形势，他并不赞同以上被动的适应。

11. 开发新的产品

任何企业因循守旧，都会导致破产的悲剧。进步和发展不仅需要技术和管理观念的革新，还需要产品的革新。产品革新可能是改进旧产品，但它更强调新产品开发。

要开发新产品，企业的环境、理念、组织结构、技术等各方面现状都可能不能满足要求，因此企业必须克服现有障碍，为它的诞生创造条件。在准备过程中，组织者有 3 点必须注意：

（1）确定未来的顾客群（主要包括"谁"和"有多少"两个问题）。评估该生产计划的可行性。

（2）吸引营销人员的积极参与。没有什么其他理由，只因为他们是最熟悉市场的。

（3）成立专门负责该产品计划的组织。该组织必须独立、高效，只有这样，才能保证新产品的构思得到彻底的贯彻。

直接涉及计划实质内容的有创意产生、创意筛选、概念发展与测试、营销战略发展、商业分析、产品开发、市场试销和商品化这8个环节（也称为开发过程的8个阶段）。对于这8个步骤，必须实行严格控制，尤其是以下3个是重中之重。

（1）创意是该项计划的根本。创意筛选决定着这个"新"到底有多大吸引力。

（2）市场测试（不管是消费品市场测试还是企业市场测试）和商业分析，都是为了验证该创意的可行性和能够取得的利润回报。

（3）关于营销。该产品一旦商品化，接下来的任务几乎全由营销人员承担。而这也是决定该产品成功打入市场获得高利润的关键一步。做好这一步，要求营销者必须根据早期消费者的线索或信息深入了解消费者采用的全过程，分析影响消费者购买的各个因素和制订最大限度完善的营销计划。

目前，许多营销者把产品的目标用户定为早期采用者和大用户。

12. 设计全球市场提供物

经济全球化的大趋势要求企业必须打破地域与文化等因素的限制，充分利用技术、原材料以及客户等资源优势，寻找更多、更大的发展契机。

虽然开展国际化经营成为企业获取更大生存空间的一种有效理念和趋势，可当你真正决定进入国外市场时，仍然有许多需要慎重讨论和研究的问题。

（1）商业环境的不稳定性。很多社会负面现象在不同的国家和地域恶劣的程度不一样。比如，你有意把你的建筑生意扩展到巴勒斯坦或伊拉克的某些地区，那你就必须克服战争可能造成的伤害。

（2）市场选择。是进入这个国家还是进入那个国家？或是同时进入几个国家？根据已经成功将业务国际化的那些企业的经验，选择全球市场应按3个标准排序：市场吸引力、竞争优势和风险。

（3）进入方式。一旦企业决定向异国市场出售其产品，那么它就必须考虑采取何种方式进入该市场才能取得最佳效果。按照企业涉及的战略深度，一般有 5 种进入方式：间接出口、直接出口、许可证贸易、合资和直接投资。

（4）营销方案。相比本国营销，主要是加强灵活性和因地制宜策略的运用。

（5）管理方式。小规模的出口销售一般以建立出口部的方式进行管理；如果一家公司的业务已经涉及好几个异国市场且拥有了合资企业，那么最好的决策营销组织就是国际事业部；而业务全面国际化的企业则是一个全球组织，地域影响几乎不存在。

值得一提的是，现代科学技术（尤其是运输行业和网络）是促进市场国际化的最大功臣。

### 13. 管理产品线和品牌

无论是实体产品还是一种解决问题的方案，只要是能够提供给市场用来满足需求的东西都可以称其为产品。不管是在传统营销中还是新型营销中，产品始终都是营销组合中最重要的因素。

按照消费动机由基本需要向各种欲望的递升，产品通常呈现出 5 个层次，即基础产品、期望产品、附加产品、消费系统和潜在产品。在当前市场上，企业之间的竞争主要集中在附加层次。

随着企业业务范围和产品种类的扩大，产品组合（销售者给市场提供一组产品，包括产品线和产品项目，实质是产品品种搭配）成为企业满足更广泛需求的一种有利手段。它往往由数条产品线构成。营销者可以根据当前销售额、利润和其他市场特征来调整它的宽度（不同产品线的数目）、长度（产品项目总数）、深度（产品线中的每一种产品有多少品种）和相容度（各条产品线之间的关联程度）。但是这个过程需要营销者作出精密的分析。

品牌是企业在产品方面上升到一个高度和知名度的标志。它具有吸引广大顾客和赢得顾客高度忠诚的威力。它的生命周期长度可能是企业内任何一种产品都无法比拟的。品牌管理的目的是为了保证企业的品牌权益，它应该属于公司的资产管理，是营销人员拓展产品寿命价值的有力工具。

然而，要想把某商品品牌化，以下 5 点挑战是营销管理层面临的主要问题：

（1）关于品牌化决策。总体说，品牌化是商品发展的一种趋势，但也有例外。比如，有些商品在树立品牌之后又退回到无品牌的状态。

（2）品牌使用者决策。其实质是到底是采取产品制造品牌还是分销商或私人品牌。

（3）品牌名称决策。此举目的是选择合适的品牌名称，以便产品在市场上获得独特的识别和影响力。

（4）品牌战略决策。通常企业可以在产品线扩展、品牌延伸、多品牌、新品牌和合作品牌5种战略类型中作出与自身条件相符的选择。

（5）品牌重新定位决策。这根据现有品牌在市场上的运行状况而定。一旦现有品牌不能适应市场，企业则必须重新定位。

品牌建设并非一朝一夕的事，它需要很长一段时间，而且代价高昂。因此，它是产品战略中极其重要的一个课题。

14. 设计与管理服务

要想设计与管理服务，必须先对服务的定义作深刻了解：服务是一方能够向另一方提供的基本上是无形利益的任何活动，并且不导致任何所有权的产生。它的产生可能与某种有形产品联系在一起，也可能毫无关系。

虽然服务与产品同属商品，但两者甚有区别：无形是服务的首要特点；服务的产生和消费无法分离，而实体产品则不是；前者因为无形，所以具有很强的可变性和易消失性，而后者一直呈现着稳定的性状。服务正是由于以上主要特点，才使它的设计方案和营销方案与实体产品有很大差别。

现代服务业的营销法赶不上制造业，和服务不稳定的特性有很大关联。因此，如何利用各种途径将无形的服务转化为看得见的服务是现代营销者最主要的任务。其他任务还有：增加服务的效率、提高服务质量和标准化程度、根据市场需求调节服务供给。

实现服务差别化是企业参与激烈竞争必不可少的一种手段。在这点上，和实体产品相同。营销者进行服务差别化应该针对3个方面：

（1）提供物。其重点是加强服务创新，尽量让竞争者在短期内无法模仿。

（2）交付方式。服务交付主要通过人和环境实现。拥有好的服务人员和舒畅的物质环境是其主要优势。

（3）形象。形象核心是品牌，因此，塑造有意义的、个性的品牌是其根本。

企业服务营销战略所强调的营销组合不但包括传统4P，它还需要加进人（People）、实体证明（Physical evidence）及过程（Process）这3个要素。

服务营销战略是服务公司的核心战略，同时也是以产品为基础的企业提高顾客忠诚度的重要战略。

15. 设计定价战略与方案

消费者对商品要素最敏感的无非是价格，从传统营销到现代新的消费品营销，这种状况一直没变。从这里就能看到定价战略对企业的重要性。

当一个新产品问世准备投入市场时，企业首先面临的就是为该产品制定决策、进行价格定位。整个工作可分为6步完成。

（1）选择定价目标。企业需要利用提供物完成一个什么样的任务（生存、最大当期利润、最高当期收入、最大市场份额、最高销售成长、最大市场撇脂、产品——质量领先），这是营销者在这个环节必须回答的问题。

（2）确定需求。价格往往是根据需求来表现它的弹性的，需求又是市场对价格的反应。两者既相互刺激又能相互制约。

（3）估计成本。成本是营销者制定价格的底线。它不仅指生产成本，还指包装、营销等后期成本。

（4）分析竞争者的成本、价格和提供物。价格本身是一种竞争手段，因此了解对方的价格方案，对于营销者设定价格战略有很大参考价值。

（5）选择定价方法。营销者通过3个标准（产品成本、竞争者的价格、顾客评估独特的产品特点）之一（或一个以上）来选择定价方法。

（6）选定最终价格。在确定产品价格范围之后，营销者将引进其他因素（比如，顾客心理作用、该地域消费者的收入水平等）选定最终价格。

企业定价战略设计且执行之后并不意味着产品价格设定工作结束，营销者还必须根据市场反馈对现有战略作出进一步的修改，以赢得更多顾客。

16. 管理营销渠道

在当今社会，生产者为了将产品顺利地传递给顾客、获取利润，往往需要一些中间商、代理商及运输企业的协助，否则产品很可能无法在市场流通，产品价值也不能实现。由此，便引出了营销渠道的概念：促使产品或服务顺利地被使用或消费的一整套相互依存的组织。

营销渠道是营销的命脉，它决定产品或服务接近顾客的程度。因此，营销渠道管理是保证组织正常运行的一件大事。营销渠道管理经历两大阶段：

（1）渠道设计。分析市场需求和顾客对渠道服务产出（批量大小、等候时间、空间便利、产品品种和服务支持）的接受度，确定目标服务产出水平（渠道目标）。通过这3个方面要素（商业中间机构类型、中间机构的数目、每个渠道成员的条件及其相互责任）决定最终的主渠道。主渠道和其他渠道成员必须经过营销者在经济性、可控制性和适应性3个方面的评估，否则，企业会承受巨大的渠道风险。

但主渠道并非时时都容易执行，有些情况下，营销者还得借助其他的非常规渠道。

（2）渠道管理。渠道设计好之后，必须着手执行。这包括对中间商的选择及协商、内部人员培训、管理体制的完善、评价等任务。

渠道管理的主要内容涉及广泛：根据特性鉴定出好的中间商；对企业旗下的分销商和经销商进行计划、培训；为中间商制订一定的激励措施；对渠道成员进行阶段性评价；随时弥补渠道缺陷、处理渠道矛盾等。

渠道和渠道之间毫不相关的很少。大多数情况下，它们之间往往存在或多或少的矛盾，即渠道冲突，这些冲突有时还表现为竞争。解决渠道冲突最好的办法是渠道成员之间建立合作。

此外，营销者必须重视营销渠道连续和偶尔发生剧烈变化的特性，清楚认识它们的变化趋势。

### 17. 管理零售、批发和市场后勤

当前激烈的竞争并没有让零售行业的商家们好过，和大多数产品一样，零售店没有逃脱产生——成长——壮大——衰退的历史规律。为了适应行业内部的竞争，零售商只能将以往的"特色"方式换为"强化服务"的方式，从而展开新的角逐，专业商店、百货商店、超级市场、便利店、折扣商店、廉价零售商、超级商店及样品目录陈列室等各种形式的零售商几乎都没有例外。

零售商在新的市场条件下，在其目标市场、产品品种、服务、定价、促销和地点等问题上都制订了新的决策——新的营销计划形成。在这点上，批发商与零售商达成一致。商业批发商、经纪人和代理商、制造商和零售商的分部及其他诸如农产品集货商和拍卖商、批发商都积极开展市场、产品、服务、价格、促销及地点等方面的探索，并以此提高服务质量，为渠道增加价值。

由于制造商和批发商之间的矛盾越来越激化（批发商没有尽力推销制造商的产品、批发商对市场情报反应迟钝、批发商抑制存货、批发商从制造商那里拿取高额费用、直销使批发商受到零售商和制造商的排挤等），未来批发商的前途一点都不乐观。不过，现在仍然有个别批发商通过有效的服务改革而获得成功。

无论是制造、零售还是批发，本质都是为顾客创造价值、传递价值。营销学者们为了更加系统地描述这个价值过程，特别提出了"市场后勤"的观点：指对原材料和最终产品从原点向使用点转移，以满足顾客需要，并从中

获利的实物流通的计划、实施和控制。

市场后勤解决的主要问题是寻找最好方式实现价值传递。这个过程需要各个市场成员之间的协作——通过建立由信息技术支持的整合后勤系统来实现。

### 18. 管理整合营销传播

当传统营销传播不再满足市场运行的要求和顾客需求时，整合营销传播应运而生。整合营销传播主要通过广告、销售促进、公共关系与宣传、人员推销和直接销售等5种主要传播工具的有效组合，强化了各个利害关系人之间互惠互利的原则。

整合营销传播，要求营销者必须明确每一种传播工具的优势和劣势，实现各种营销资源的优化配置。它主要经历8个开发步骤：

（1）确定目标受众（目标顾客和购买组织）。其目的是对受众进行印象分析，了解企业现在的状况。

（2）确定传播目标。营销者根据它们所期望的受众反应定位传播目标，实质是尽最大努力能取得的良好效果。

（3）设计信息。寻找最能够引起受众注意、兴趣、欲望甚至行动的有效信息，以此投入实践。不过，在现实中几乎没有如此理想的信息能够促使消费者经历这个全过程。

（4）选择传播渠道。营销传播者必须选择合适的传播渠道，否则经过传播的信息可能无效。

（5）编制传播总预算。通常情况下，促销费用越高，企业占有的市场份额越大。但大多数企业会把这当成一种投资而不是代价来加以控制。

（6）营销传播组合决策。确定市场类型和引导购买的方式、讨论产品的生命周期和企业在市场上的位置。

（7）衡量传播结果。通过受众信息反馈了解此项促销计划的实际效果，且对现有计划作进一步的完善。

（8）管理整合营销传播。市场多元化和传播工具多元化要求企业整合营销传播。

整合营销传播使各种职能机构、传播工具及各种信息得到了前所未有的协作与融合。它对营销活动进行全方位的指导，因此，对企业的产品销售产生了巨大的推动作用。

### 19. 管理广告、销售促进和公共关系

放眼街头商铺、各个媒体和互联网，广告犹如潮水般泛滥在我们的生活

中。商家打出广告无非只有一个目的，即宣传其产品或服务、创意，招揽顾客。

一套完整的广告方案需要营销者和广告人员至少在 5 个方面作出努力：

（1）明确广告目标。广告目标必须建立在市场战略和产品战略的框架之下。它的目标一般是刺激消费者尽可能多地使用该品牌或产品。

（2）制订广告预算。营销学者们主张通过在众多市场要素上建立的广告开支模型制订预算（增加广告预算），而约翰·利特尔教授建议预算人员通过适应控制模型来确定广告预算。

（3）拟定广告信息。信息必须能够体现一个明确的销售主题，且极具感染力。

（4）选择媒体。本质是寻找成本最低、效益最佳的传播途径。

（5）效果评价。能够判断一个广告计划是否成功的方法就是衡量广告效果。广告效果包括传播效果和销售效果。

虽然广告能提高产品或品牌知名度，扩大销售量，但它仍然有一些特殊的性状需要营销者明白，比如，它受环境影响大、对获得新顾客效果并不好、还可能带来负面影响等。

销售促进和公共关系也是刺激消费者购买的有力工具。前者和广告一样强调目标、制订、工具、执行和评估等环节，其核心还是产品；后者则是以关系为核心，强调与消费者和社会的互动。

公共关系对产品或品牌形象的潜在影响有时甚至超过广告和销售促进，这也印证了营销大师科特勒说的一句话：顾客的满意是最好的广告。

20. 管理销售力量

任何企业如果离开了优秀的销售队伍，即使管理和制度非常完美，也难成大器。销售人员在企业与消费者之间充当着桥梁的角色。

管理销售力量的主要任务是解决如何设计、管理销售队伍这个问题。

（1）销售队伍设计。确定销售队伍必须达到的目标、组织销售队伍以良好姿态进入市场、考虑队伍的规模和报酬这 3 个方面的工作是设计阶段的主要内容。

销售队伍的结构并非是一成不变的，它需要企业营销高层根据市场情况的变化作出及时合理的调整。

（2）营销队伍管理。销售队伍设计结束后，管理阶段开始执行计划。从招聘和挑选销售代表到培训销售代表，再到销售代表的激励与监督以及最后的评价，这个过程直接决定着销售队伍面貌。

销售人员培训是队伍管理的重点。销售人员的推销技巧、谈判和关系营销的能力能否得到开发和强化，关键是看他们接受培训的效果。

在推销（包括推销技巧、谈判和关系营销 3 个方面）中，精于市场分析和懂得客户管理是它们共同的基础。最成功的谈判是双方互惠互利。而关系营销饱含智慧，它强调买卖双方关系的长远性。

21. 管理直接营销和在线营销

没有网络技术的支持，直接营销和在线营销规模不会发展得如此之快。现在，越来越多的企业开始提供直销服务，新型的信息载体逐渐代替了早期的中介机构。

作为一种趋势，直接营销以它的快捷性和灵活性给销售人员增加了更多的销售可能；同时，它的隐秘性使竞争者难以探听到直销人员的计划和策略。这种益处在很长时间内并不能为众多企业或营销组织所重视，但渐渐有所改变。

随着直接营销地位的上升，营销者对它的认识也越来越完善。在长期积累中，营销者发现：数据库是一种最有力的直销工具，它丰富的顾客信息为企业作各种决策提供了客观、全面的数据支持。直接与顾客接触并建立长期关系是直销的最大特点。邮寄营销、目录营销、电话营销、杂志等广泛的渠道形式，再加上直接营销者对营销目标、价格等要素的精心策划，往往能够获得丰厚的利润回报。

在线营销对电子技术和网络技术的依赖巨大，甚至可以说，没有这两种力量，在线营销阵营便会顷刻崩溃。因此，很多企业已经开始通过实践整合来提高直接营销和在线营销在传播营销组合中的地位，开发它们更大的潜在价值。但它们在规范化、透明度等方面的缺陷，也值得营销者深思、克服。

22. 管理整体营销所作的努力

经济全球化、政策放宽、新技术更替频繁、大众市场的没落等环境变化，都要求企业对自身的组合结构、业务范围和营销方式进行改革。因循守旧只能在未来市场上坐以待毙，尤其是营销组织和活动，在这个趋势中将接受新的洗礼与考验。

现代营销组织从简单的销售部门演变成今天复杂的营销公司，其形式也呈现多样化。比如，某些企业主张市场细分管理，还有企业根据职能特征来构建组织，进行地区化管理的企业。

　　传统营销组织倡导的以产品为中心的营销模式已成为过去。新的商业环境要求现代营销组织必须以客户为核心并加强内外部的合作，通过互惠互利的合作方式创造价值、传递价值。

　　一个有效的组织，应该要求它的营销、研究与开发、工程、采购、制造、营运、财务、会计和信贷各个部门制定出与现代营销相符合的部门战略计划，而且执行得当。"以客户为中心"反映在组织运营上就是"以营销为中心"，因为后者是实现前者的途径或方式。开展营销导向型的战略计划，是企业从产品和销售驱动真正向市场和顾客驱动转变的必然。

　　实际操作中，各项营销活动的进行离不开营销部门强有力的监督、评价和控制。不管是年度计划控制（保证组织实现年度计划中所制定的销售、利润及其他目标）还是盈利率控制（寻求、衡量和控制不同的产品、地区、顾客群、销售渠道、订单等的盈利率），效率控制（提高销售队伍、广告、销售促进和分销的效率）和战略控制（利用营销效益评核和营销审计完成战略方法评价），都是为了使组织战略中的各个计划更好地完成。

　　此外，道德和社会责任是企业营销活动不可忽略的问题。任何一个优秀企业都不会只把公司效益当做衡量实践活动的标准。它们不只为自己，还为顾客权益和社会进步而贡献力量。